WISSENSCHAFTLICHE BEITRÄGE
AUS DEM TECTUM VERLAG

Reihe Politikwissenschaften

WISSENSCHAFTLICHE BEITRÄGE
AUS DEM TECTUM VERLAG

Reihe Politikwissenschaften

Band 38

Fabian Beigang

Großbritannien und die Vereinten Nationen

Kontinuität und Wandel der britischen UN-Politik unter Tony Blair

Tectum Verlag

Fabian Beigang

Großbritannien und die Vereinten Nationen.
Kontinuität und Wandel der britischen UN-Politik unter Tony Blair
Wissenschaftliche Beiträge aus dem Tectum Verlag:
Reihe: Politikwissenschaften; Bd. 38
ISBN: 978-3-8288-2594-9
ISSN: 1861-7840
Umschlagabbildung: © UN Photo
Umschlaggestaltung: Heike Amthor | Tectum Verlag

Besuchen Sie uns im Internet
www.tectum-verlag.de

Bibliografische Informationen der Deutschen Nationalbibliothek
Die Deutsche Nationalbibliothek verzeichnet diese Publikation in der Deutschen Nationalbibliografie; detaillierte bibliografische Angaben sind im Internet über http://dnb.ddb.de abrufbar.

Inhaltsverzeichnis

Vorwort

Kontinuität und Wandel wird so mancher nationalen Außenpolitik diagnostiziert oder als Wunschvorstellung politischer Führungspersönlichkeiten in Reden und Programmen formuliert, um einerseits in einer festen politischen Tradition stehen zu können und andererseits Bereitschaft und Mut zur Veränderung zu signalisieren. Doch nur selten lässt sie sich so plastisch nachvollziehen wie im Falle Großbritanniens im Juli 2010. Den Hintergrund dafür bildeten die Vereinten Nationen, eine internationale Friedensinstitution, die sich seit ihrer Gründung selbst in einem andauernden Spannungsverhältnis zwischen Kontinuität und Wandel befindet, das mit den neuen Herausforderungen seit dem Ende des Ost-West-Konflikts nochmals intensiviert wurde. Vor diesem Hintergrund ist der zweite Auftritt von Elisabeth II., Königin von 16 UN-Mitgliedstaaten und Oberhaupt des 54 Nationen umfassenden Commonwealth, vor der UN-Generalversammlung nach 53 Jahren ein besonderes Zeichen von Kontinuität. Dies umso mehr, als dass die Königin die Weltorganisation im Rückblick auf die durch sie selbst miterlebten sechs Jahrzehnte als „real force for common good" lobte. Die Krönung Elisabeths fand 1953, also zu einer Zeit statt, als sich das mächtige britische Empire zwar bereits deutlich im Auflösungsprozess befand, jedoch noch immer als eine Großmacht betrachtet werden konnte – ein Status, der der Siegermacht des Zweiten Weltkriegs das Privileg eines ständigen Sitzes im UN-Sicherheitsrat eingebracht hatte.

Das Element des Wandels akzentuierte dagegen mit Beginn seiner Amtszeit der Labour-Premierminister Tony Blair, der für seine Regierungszeit eine „ethische Außenpolitik" deklarierte, die den Ansprüchen und Gefahren einer globalisierten Welt und den Interessen Großbritanniens im 21. Jahrhundert gleichermaßen gerecht werden würde. Auch Blair benutzte dabei symptomatischerweise den einprägsamen Begriff einer „force for good" – allerdings, um das Ziel seiner nationalen Außen- und UN-Politik zu beschreiben. Blairs Begriffsprägung und die Rhetorik seiner Außenpolitik weisen auf den ersten Blick eine große Nähe zu den Zielen und Werten der Weltorganisation auf.

Und doch führte die „ethische Außenpolitik“ in der Deutung des Premierministers in den nicht durch den UN-Sicherheitsrat legitimierten Irak-Krieg, der eine einschneidende Wegmarke im Verhältnis des Landes zu den Vereinten Nationen und der weltweiten Wahrnehmung Großbritanniens als globale „force for good“ darstellte. Das innen- und außenpolitische Nachbeben dieser Entscheidung sorgt auch nach der Amtszeit Blairs und dem Abzug der britischen Truppen immer wieder für Kontroversen. So bezeichnete der im Mai 2010 ins Amt gekommene, stellvertretende Regierungschef und Vorsitzender der Liberal Democrats, Nick Clegg, den gemeinsamen Einmarsch der Briten und Amerikaner in den Irak rückwirkend in einer offiziellen Rede vor dem Unterhaus als illegal. Die Aussage des multilateral orientierten Clegg sorgte somit schon früh für Verstimmungen innerhalb der Regierungskoalition, stimmten die Tories 2003 doch mehrheitlich für einen militärischen Schlag gegen das Regime Saddam Husseins – auch ohne UN-Unterstützung. Die Frage, wie sich Großbritannien zukünftig gegenüber der Weltorganisation verhalten wird und welche Schlüsse aus dem offensichtlichen Zerwürfnis über den Irak-Krieg auch von kommenden Regierungen geschlossen werden, wird also weiterhin eine für die britische UN-Politik existentielle bleiben. Den von Tony Blair initiierten Wandel und die Gründe für diesen im außen- und UN-politischen Auftreten des Vereinigten Königreiches zu verdeutlichen, soll Inhalt und Zweck der vorliegenden Studie sein.

Für die Erstellung dieser Studie möchte ich mich vor allem bei Prof. Dr. Manuel Fröhlich bedanken, der als Betreuer der zugrundeliegenden Magisterarbeit nicht nur mein Interesse für das Thema geweckt hat, sondern mir ebenfalls mit hilfreichen Ratschlägen, unvergleichlichem Expertenwissen im Bereich der Vereinten Nationen und jeder Menge Geduld während der Bearbeitung zur Seite stand. Ebenso gilt ein Dank auch dem Zweitbetreuer Prof. Dr. Michael Dreyer, der mich zu mancher Zeit mit beruhigenden Worten zurück zur Konzentration führte. Für die inhaltliche und grammatische Nachbearbeitung standen mir mit Tim Günter, Afra Kern und Cindy Salzwedel drei sehr kundige und kritische Leser zur Verfügung, bei denen ich mich für ihre intensive Hilfe bedanke. Natürlich gilt dieser Dank auch meinen Eltern und meinem Großvater, insbesondere für deren Unterstützung und Vertrauen während meines Studiums.

Fabian Beigang im August 2010

1 Einleitung: Großbritannien, die UN und Tony Blair

Eine besondere Stellung innerhalb des internationalen Systems einzunehmen heißt auch, eine besondere Verantwortung gegenüber diesem zu tragen. Das Vereinigte Königreich von Großbritannien und Nordirland nimmt zweifelsohne eine solche, im Vergleich zu anderen Staaten, außergewöhnliche Position ein. Das Land ist eines von nur fünf ständigen Mitgliedern im höchsten Organ der Vereinten Nationen, dem Sicherheitsrat. Diesen Sonderstatus verdankt Großbritannien vor allem seiner früheren Stellung als globale Macht in der Kriegs- und Nachkriegszeit. Die Organisation, die Werte, die sie vertritt, und ihre Autorität wurden wesentlich durch britisches Engagement und britische Realpolitik geprägt. Die Regeln für das Miteinander in der Welt, wie sie nach dem Zweiten Weltkrieg durch die Gründung der UN geschaffen wurden, sind somit zum großen Teil auch britische. Während der Konfrontation der ideologischen Blöcke funktionierte diese Weltordnung zwar nicht optimal, doch sie war ausreichend, um die Welt vor einem weiteren umfassenden Krieg bewahren zu können. Unter den seit den 1990er Jahren völlig neuen Bedingungen der Globalisierung und gesellschaftlichen wie politischen Interdependenz, muss sich das System der Vereinten Nationen jedoch grundlegend neuen Herausforderungen stellen. Dazu gehören neben der Bekämpfung der weltweit wachsenden Kluft zwischen Arm und Reich auch der Umgang mit der steigenden Gefahr durch international agierende Terroristen oder die Begegnung globaler Umweltprobleme. Um diesen Aufgaben gerecht zu werden, sind die Organisation, ihr Generalsekretär sowie die zahlreichen assoziierten Programme und Sonderorganisationen vor allem auf eine gute und fruchtbare Zusammenarbeit mit jenen Staaten angewiesen, die im internationalen System durch ihre wirtschaftliche und/oder militärische Stärke im Stande sind, wichtige Beiträge zur Aufrechterhaltung der 1945 geschaffenen Weltordnung zu leisten und den Prinzipien der Charta auf diese Weise Nachdruck zu verleihen. Großbritannien gehört auch nach der Auflösung seines Weltreiches zweifellos zu diesen Staaten.

Anthony Charles Lynton „Tony“ Blair, der junge und charismatische Labour-Parteichef, der 1997 zum ersten sozialdemokratischen Premierminister nach 18 Jahren der Tory-Regierung gewählt wurde, ist nun, nach seinen zehn Jahren im Amt, gewiss einer der umstrittensten britischen Regierungschefs seit langem. Viel zu diesem Bild beigetragen hat vor allem die anhaltende Kontroverse um die scheinbar bereitwillige Beteiligung Großbritanniens am 2003 ohne Mandat des UN-Sicherheitsrats geführten militärischen Einschreiten der USA gegen das Ba'ath-Regime Saddam Husseins im Irak. Die britische Außen- und UN-Politik, welche sich unter Labour, von Beginn der Amtszeit Blairs an, international vor allem damit zu profilieren suchte, moralisch richtig und nach „ethischen“ Gesichtspunkten handeln zu wollen, verlor mit den Ereignissen weltweit an Ansehen, Vertrauen und Glaubwürdigkeit. Tony Blair selbst wurde zudem innen- wie außenpolitisch als willfähriger Gehilfe einer unilateralen US-Politik, sogar als „Pudel“ George W. Bushs wahrgenommen.[1] Beide, so heißt es, hätten die völkerrechtliche Autorität der Vereinten Nationen sowie die Grundprinzipien der 1945 durch Mithilfe ihrer Länder formulierten Charta massiv verletzt.

Doch bedeutete das Verhalten Großbritanniens unter Blair tatsächlich einen historisch tiefen Einschnitt in das Verhältnis zwischen dem Vereinigten Königreich und den Vereinten Nationen? Lässt sich von der Irak-Politik gar derart auf die gesamten politischen Beziehungen Labours und Blairs gegenüber der Organisation schließen, dass behauptet werden kann, die britische Regierung hätte den UN insgesamt nicht jene internationale Bedeutung beigemessen, wie sie von einer Labour-Regierung erwartet wurde? Eine solche Einschätzung ist fraglos zu verallgemeinernd und beleuchtet kaum die verschiedenen Aspekte der UN-Politik Großbritanniens. Dieser Aufgabe soll das vorliegende Werk gerecht werden. Es soll einen wichtigen Überblick über die der Politik in den UN zugrundeliegenden Vorstellungen Tony Blairs und seiner Regierung geben. Dabei soll vor allem geklärt werden, ob sich die Politik des Labour-Premiers grundsätzlich von den traditionellen Linien britischer UN-Politik unterschied, oder ob er die vielen verschiedenen Rollen, welche Großbritannien seit jeher in der Organisati-

[1] Vgl. Rob Watson, Tony Blair: The US poodle? (31.01.2003), http://news.bbc.co.uk/2/hi/americas/2711623.stm Stand: 23.11.2008.

on und dem internationalen System einnahm, weiterführte. Die vorliegende Betrachtung geht somit der Frage nach, *ob die UN-Politik Blairs eine Kontinuität oder eine Diskontinuität des Verhältnisses Großbritanniens zu den UN darstellte und welche Einflüsse dieses Verhältnis hauptsächlich prägten.*

2 Theoretische Grundlagen und Methodik

2.1 Grundfragen an die nationale UN-Politik und State-Society-Ansatz

Die Vereinten Nationen, welche in ihrer nunmehr über 60-jährigen Geschichte eine Vielzahl an Sonderorganisationen und globalen Programmen entwickelt haben, umfassen derzeit 192 Mitgliedstaaten. Jeder dieser Staaten verfolgt eine auf die eigenen Bedürfnisse und Möglichkeiten zugeschnittene Außenpolitik, in der die Weltorganisation jeweils eine bestimmte Position in der internationalen Agenda einnimmt. Wie sich ein Land gegenüber den UN verhält und welche Bedeutung ihnen in der außenpolitischen Programmatik zuteil wird, hängt von sehr verschiedenen Faktoren ab, die sich von Land zu Land, je nach Größe, Regierungssystem oder wirtschaftlicher wie militärischer Stärke unterscheiden können. Die wissenschaftliche Betrachtung nationaler UN-Politiken muss also nach einer Reihe von miteinander zusammenhängenden Gesichtspunkten erfolgen, wie sie z.B. von dem kanadischen Politikwissenschaftler John E. Trent in seinem 1995 erschienenen Beitrag *Foreign Policy and the United Nations: National interest in the era of global politics*[2] formuliert wurden. In der Abhandlung, welche im Rahmen eines Sammelbandes zu den UN-Politiken verschiedener Staaten erschienen ist, werden von Trent zum Zwecke der Vergleichbarkeit, aber auch zur Erfassung der spezifischen Zugangsweisen eines Landes zum System der UN, vier grundlegende Fragestellungen for-

[2] John E. Trent, Foreign Policy and the United Nations: National interest in the era of global politics, in: Chadwick F. Alger/Gene M. Lyons/John E. Trent (Hrsg.), The United Nations System. The Policy of Member States, Tokyo 1995, S.463-508.

muliert,[3] welche bei der Betrachtung der UN-Politik notwendigerweise berücksichtigt werden sollten:[4]

1. Welche *Erwartungen* haben Staaten an die UN und welche *Funktion* erfüllt die Organisation in der nationalen Außenpolitik dieser Länder? *(„expectations states have of the United Nations and the functions it fulfils for their foreign policies")*
2. *Wer trifft die wichtigen Entscheidungen* in Bezug auf die UN und wen oder was repräsentieren diese Entscheidungen? *(„to understand who makes decisions about the United Nations and who and what they represent")*
3. Wie kann die generelle Natur der *nationalen Außenpolitik* auf die UN *erklärt* werden? *(„to explain the general nature of foreign policies towards the United Nations")*
4. Handeln die Entscheidungsträger mehr oder weniger selbstständig oder sind sie in höherem Maße an ihre nationale Kultur, ihre institutionelle Struktur, oder die Position des Landes im internationalen System gebunden? Repräsentieren sie die Meinung der regierenden Elite oder die einer breiteren Öffentlichkeit? *(„Are the decision makers more or less free agents or are they to a greater degree prisoners of their national cultures, or their institutions, or their country's position in the international system? Do they reflect the ideas of governing élites or of a broad consensus in the country and its public opinion?")*

Bei dieser Betrachtung der UN-Politiken einzelner Länder sollte jedoch, nach Trent, der Zusammenhang, der sich generell aus der Beschäftigung mit den Vereinten Nationen ergibt, nicht außer Acht gelassen werden.[5] Denn obwohl die heutige internationale Politik und insbesondere die Politik der Mitgliedstaaten in den UN noch immer hauptsächlich von nationalen Interessen und einem staatenzentrischen Weltbild bestimmt wird, trägt die Existenz der Organisation wesentlich dazu bei, dieser Weltordnung feste Regeln und gemeinsame Problemlösungsstrategien in die Hand zu geben. Einzig die UN sind aufgrund ihres universellen, beständigen und insbesondere die norm- und werteprägenden Charakters dazu in der Lage, ein ernstzunehmendes

---

[3] Trent formulierte tatsächlich fünf Fragestellungen. Die fünfte, die danach fragt, welche Aussagen aus den festgestellten Erwartungen, Funktionen und Entscheidungsprozessen über den Prozess einer Reform der Organisation getroffen werden können, wird hier aufgrund der anderen Grundfragestellung nicht einbezogen. Vgl. Trent, Foreign Policy and the United Nations, S.463.

[4] Vgl. ebd.

[5] Vgl. ebd., S.464f.

Forum für die internationale Verhandlungsdiplomatie sowie Instrumente für friedliche Einigungen, Rüstungskontrolle, die Durchsetzung von Menschenrechten, Entwicklungshilfe oder die ökologische Zusammenarbeit zur Verfügung zu stellen. Besonders nach dem Ende des Ost-West-Konfliktes und vor dem Hintergrund der weltweiten wirtschaftlichen und gesellschaftlichen Vernetzung sind diese Instrumente von zunehmend höherem Interesse. Nichtsdestotrotz stellen die Vereinten Nationen nach Auffassung vieler Politiker und Bevölkerungen nicht mehr und nicht weniger als die Summe ihrer Mitgliedstaaten dar.[6] Von den politischen Zielsetzungen und der Verhandlungsbereitschaft, insbesondere der Länder, die entscheidende Positionen im internationalen System einnehmen, ist daher abhängig, ob die Organisation als international bedeutsam wahrgenommen wird.

Die Hintergründe und Prozesse nationaler UN-Politik zu erfassen, ist das Ziel der ebenfalls 1995 von Keith Krause und W. Andy Knight formulierten State-Society-Perspektive.[7] Der Ansatz, welcher untrennbar mit den von John Trent formulierten Fragestellungen verbunden ist,[8] stellt einen Katalog von Faktoren zur Verfügung, um das spezifische Verhalten von Staaten im System der Vereinten Nationen festzustellen sowie eine mögliche Erklärung für dieses anbieten zu können. Der politikwissenschaftliche Beitrag dieser Perspektive für die Bestimmung nationaler UN-Politiken besteht vor allem darin, den Blickpunkt auf jene politischen und gesellschaftlichen Kräfte zu richten, welche innerhalb und zwischen Staaten wirken. Grundannahme ist, dass der herkömmliche, meist durch eine der drei „traditionellen“ Denkschulen, also des Realismus, Institutionalismus und Idealismus, geprägte

6 Eine Organisation wie die UN kann verschiedene Aufgaben im internationalen System ausfüllen. Zum Ersten ist sie ein *Instrument staatlicher Diplomatie*, d.h. sie wird von den Mitgliedstaaten zur Verwirklichung der eigenen nationalen außenpolitischen Zielsetzung genutzt. Zum Zweiten ist sie eine *Arena der internationalen Politik*, stellt also einen ständig verfügbaren Rahmen für zwischenstaatliche Kooperationsverhandlungen sowie ein Forum für internationale Politik dar. Zuletzt ist sie aber auch ein *Akteur in der internationalen Politik* und vermag es, die Grundmuster der internationalen Beziehungen aktiv mitzugestalten und innerhalb derer zu agieren. Vgl. Sven Gareis/Johannes Varwick, Die Vereinten Nationen. Aufgaben, Instrumente und Reformen, 3. Auflage. Bonn 2003, S.25f. Für die in diesem Band vorgenommene Betrachtung der nationalen UN-Politik Großbritanniens sind vor allem die Instrumenten- und Arenenfunktion der UN von hoher Bedeutung.

7 Keith Krause/W. Andy Knight, Introduction: Evolution and change in the United Nations system, in: Keith Krause/W. Andy Knight (Hrsg.), State, Society and the UN System. Changing Perspectives on Multilateralism, Tokyo 1995, S.1-36.

8 Die Sammelbände unter der Herausgeberschaft von Krause und Knight sowie von Alger, Lyons und Trent sind weitestgehend zeitgleich im Sommer 1995 erschienen und sind zusammenhängend zu betrachten, da innerhalb eines Bandes jeweils auch Bezug auf die Erkenntnisse des anderen genommen wird.

Blickwinkel auf die Außenpolitik eines Staates heute nur noch im eingeschränkten Maße auf die zwischenstaatlich und global vernetzten Gesellschaften angewendet werden kann.[9] Viele Möglichkeiten individueller und zivilgesellschaftlicher Partizipation sowie umfassende nationale Debatten zu außenpolitischen Themen, besonders im Kontext innerstaatlicher Interessenaggregation, werden durch die konventionellen Verfahrensweisen der internationalen Politikanalyse weitestgehend außer Acht gelassen. Krause und Knight argumentieren, dass es einen kausalen Zusammenhang zwischen nationaler und internationaler Politik gibt, der durch wechselseitigen Einfluss geprägt ist. Nach dieser Auffassung üben nicht nur Mitgliedstaaten und ihre Gesellschaften Einfluss auf die internationalen Organisationen, sondern umgekehrt ebenfalls die internationalen Organisationen auf die innere Struktur der Staaten, d.h. sowohl auf politischer als auch auf zivilgesellschaftlicher Ebene, aus.

Der Unterschied zu den traditionellen realistischen bzw. strukturalistischen Ansätzen besteht u.a. darin, dass der international agierende Nationalstaat nicht mehr nur als eine homogene Einheit mit einem einzigen, durch die Regierung bzw. durch Programme artikulierten Willen nach außen interpretiert wird. Er wird vielmehr als eine „natürlich geteilte Einheit“[10] einer Vielzahl an Teilinteressen wahrgenommen, die im zunehmenden Maße grenzüberschreitend formuliert werden. Somit wird der nationale und transnationale Politikprozess nicht länger als für die Außenpolitik eines Staates irrelevant, sondern im Gegenteil, als im hohen Maße mitbestimmend angesehen. Auch unterscheidet sich der State-Society-Ansatz von funktionalistischen bzw. institutionalistischen Betrachtungsweisen, die den Staat lediglich zu einem „ehrlichen Vermittler“ zwischen verschiedenen gesellschaftlichen Partikularinteressen erklären, da hierfür die Themen- und Schwerpunktsetzung noch immer zu sehr von den Regierungen einerseits, aber auch von innenpolitischen Entscheidungsprozessen andererseits abhängig ist.[11]

Neben diesen Betrachtungen bezüglich der Verteilung bzw. der Bedeutung spezifischer Interessen für die Außenpolitik eines Landes, spielen auch die politischen Möglichkeiten, also die Frage danach, wie diese Interessen im innerstaatlichen politischen Prozess eingebracht und nach außen umgesetzt werden, eine bedeutende Rolle.[12] Wichtig

---

[9] Vgl. Krause/Knight, State, Society and the UN System, S.2f.

[10] Ebd., S.5.

[11] Vgl. ebd., S.5f.

[12] Vgl. ebd., S.28.

hierfür ist z.B. die Verteilung UN-bezogener Aufgaben an verschiedene Ministerien oder Abteilungen oder die konkreten Möglichkeiten der Einflussnahme durch Interessengruppen, z.B. durch deren Einbeziehung in parlamentarische Arbeitskreise oder Konsultationen seitens der Regierung und Ministerien.

Zusätzlich zu den innerstaatlichen politischen Prozessen, welche die außenpolitischen Handlungen eines Landes in der Gegenwart bestimmen, werden auch die historischen Erfahrungen, besonders jene, die mit der zu betrachtenden internationalen Organisation in Verbindung stehen, in den State-Society-Ansatz einbezogen.[13] Vor allem bei Ländern wie Großbritannien, die in der Vergangenheit eine große sowie gegenwärtig noch immer einflussreiche weltpolitische Bedeutung innehaben und eine entscheidende Position im System der Vereinten Nationen einnehmen, ist es wichtig zu rekapitulieren wie sich das Land in der Vergangenheit den UN gegenüber verhalten hat. Aus diesen Informationen lässt sich schließen, ob eine Kontinuität oder eine Diskontinuität im außenpolitischen Handeln innerhalb eines bestimmten Zeitraumes vorlag. Ebenfalls von Interesse ist, ob sich aus der Vergangenheit des Staates gewisse Abhängig- bzw. Verantwortlichkeiten gegenüber anderen Staaten oder Regionen entwickelt haben, die wiederum ein bestimmtes Verhalten des Landes innerhalb der internationalen Organisation bedingen.

Einen weiteren, nicht zu unterschätzenden Faktor nationaler UN-Politik stellen für den State-Society-Ansatz auch Individuen, meist die Regierungschefs eines Landes dar.[14] Der individuelle Führungsstil sowie die Auswirkungen der Arbeit mit internationalen Organisationen auf das Verhalten von Führungspersönlichkeiten sollten in die Betrachtung internationaler Politik stärker einbezogen werden als dies bisher der Fall gewesen ist, da sich in Vergangenheit oft ein Zusammenhang zwischen den persönlichen Vorstellungen von Regierungsvertretern und der Politik des Landes nach außen gezeigt haben. Von ähnlichem Interesse wie die individuellen Eigenschaften und die wichtigen Themenbereiche einer politischen Führungsperson sind auch die der jeweiligen Politik zugrundeliegenden ideologischen und kulturellen Faktoren. So kann es entscheidend sein, ob die Regierung eines Landes von einer konservativen, liberalen oder sozialdemokratischen Partei gestellt wird und ob die Verankerung der Vereinten Nationen in

[13] Vgl. Krause/Knight, State, Society and the UN System, S.24f.

[14] Vgl. ebd., S.25f.

der Gesellschaft einen hohen Grad erreicht hat, ihre Ziele und Prinzipien sozusagen einen Teil der politischen Kultur eines Landes abbilden. Diese Überlegung kann auch von wechselseitiger Natur sein, also einerseits danach schauend, wie sich die landesspezifische Kultur auf das Verhältnis zu den UN auswirkt und andererseits danach, wie und ob die UN die Kultur eines Landes mitprägen.

Zuletzt wird auch die global im immer stärkeren Maße vernetzte Welt durch den State-Society-Ansatz berücksichtigt. Hierbei sind es vor allem transnational agierende Netzwerke und Interessengruppen, die in den Blickpunkt der politischen Forschung treten.[15] Daneben können auch grenzüberschreitende bzw. globale Probleme oder Veränderungen der Rahmenbedingungen des internationalen Systems, z.B. durch unvorhergesehene politische Einschnitte von weltweiter Bedeutung, die Politik eines Landes innerhalb der internationalen Gemeinschaft bestimmen. So ist es z.B. vom Grad der eigenen Betroffenheit von diesen Problemen oder von der jeweiligen weltpolitischen Rolle abhängig, wie stark sich ein Land in die Erarbeitung einer globalen Agenda zur Bekämpfung dieser Probleme einbringt und einbringen kann.

Zusammenfassend möchte der State-Society-Ansatz also fünf grundlegende, die Politik eines Staates gegenüber internationalen Organisationen bestimmende Faktoren analysieren:[16]

1. die historischen Einflüsse *(„historical influences“)*;
2. die Beziehungen zwischen staatlicher Macht und sozialen, politischen und wirtschaftlichen Interessengruppen *(„the relationship between state power and domestic political, social, or economic cleavages“)*;
3. die Rolle von Individuen *(„the role of individuals“)*;
4. politische, kulturelle und ideologische Kräfte bzw. Einflüsse *(„political, cultural and ideological influences“)*; sowie
5. transnationale und globale Kräfte *(„transnational or global forces“)*.

Sowohl die von Krause und Knight bestimmten Faktoren des State-Society-Ansatzes als auch die von Trent formulierten Grundfragen zur UN-Politik von Staaten versuchen, die mit der Mitgliedschaft in der Organisation verbundenen nationalen Entscheidungsprozesse aus einem umfassenderen Blickwinkel zu betrachten als bisherige Untersuchungsmethoden. Im Vordergrund steht, was Krause und Knight als

[15] Vgl. Krause/Knight, State, Society and the UN System, S.24.
[16] Vgl. ebd.

„the internationalization of domestic politics"[17] bezeichnen. Außenpolitische Entscheidungsprozesse finden demnach auch innenpolitisch nicht in einem luftleeren Raum statt, sondern sind von verschiedenen statischen und veränderlichen Einflüssen, welche von innen und außen auf diese Prozesse einwirken, geprägt. Der vorliegende Band soll die britische UN-Politik unter Labour-Premier Tony Blair auf Basis dieser Kriterien untersuchen und Aussagen über ihre Relevanz für die außenpolitischen Entscheidungen der Regierung treffen.

2.2 Literaturlage und Forschungsstand

Zur Außenpolitik der Labour-Regierung unter Tony Blair sind bereits eine Vielzahl an Aufsätzen und Büchern erschienen. Besonders hervor stechen dabei der Sammelband *New Labour's foreign policy. A new moral crusade?*,[18] herausgegeben von Richard Little und Mark Wickham-Jones im Jahr 2000, sowie die 2005 erschienene Monographie von Paul D. Williams *British Foreign Policy Under New Labour*,[19] da nur sie sich ausschließlich mit der Außenpolitik New Labours befassen. Des Weiteren ist eine Reihe von Titeln erschienen, welche das außenpolitische Handeln Tony Blairs unter stark den Irak-Krieg kritisierenden Gesichtspunkten oder in Form von Tagebucheinträgen dokumentieren. Zu nennen seien hier vor allem das 2004 von John Kampfner verfasste *Blair's Wars*,[20] welches durch eine Vielzahl an direkten Zitaten aus der Regierung Blairs für viele der in dieser Betrachtung verwendeten Texte eine bedeutende Referenz darstellte; das 2003 veröffentlichte *Thirty Days. An Inside Account of Tony Blair at War*[21] von Peter Stothard; *Dirty Politics?*[22] (2006) von Steven Kettell; oder die deutlich Blair- und Labour-kritischen *Web of Deceit. Britain's Real Role in the World*[23] (2003) von Mark Curtis sowie *The Accidental American. Tony Blair and the Presidency*[24] (2004) von James Naughtie.

17 Vgl. Krause/Knight, State, Society and the UN System, S.26.

18 Richard Little/Mark Wickham-Jones (Hrsg.), New Labour's foreign policy. A new moral crusade? Manchester 2000.

19 Paul D. Williams, British Foreign Policy under New Labour, 1997-2005, Basingstoke/New York 2005.

20 John Kampfner, Blair's Wars, London 2004.

21 Peter Stothard, Thirty Days. An Inside Account of Tony Blair at War, New York 2003.

22 Steven Kettell, Dirty Politics? New Labour, British Democracy and the Invasion of Iraq, London/New York 2006.

23 Mark Curtis, Web of Deceit. Britain's Real Role in the World, London 2003.

24 James Naughtie, The Accidental American. Tony Blair and the Presidency, New York 2004.

Zusätzlich finden sich eine Reihe von Betrachtungen der Persönlichkeit sowie der persönlichen Umstände für die innen- und außenpolitischen Entscheidungen Blairs, entweder aus erster Hand stammend, wie das 2007 veröffentlichte *The Blair Years. Extracts from the Alastair Campbell Diaries*[25] des ehemaligen Regierungsspechers Alastair Campbell, oder in einer eher analytischen Form wie die Monographie des Blair-Biographen Anthony Seldon *Blair*[26] von 2004. Seldon gab bereits 2001 einen Sammelband unter dem Titel *The Blair Effect*[27] zu verschiedenen Themenbereichen um den Premierminister heraus. Alle genannten Werke bieten einen Zugang zur Außenpolitik, zu den ideologischen Grundhaltungen von New Labour und ihres Regierungschefs sowie zu den Handlungen der Regierung in bestimmten Problemfällen, allen voran der Beteiligung Großbritanniens am Krieg im Irak 2003 oder dem Engagement Blairs in der Kosovo-Frage 1999. Sie beinhalten durch den Zusammenhang zwischen Völkerrecht, welches maßgeblich durch die UN-Charta definiert wird, und der Problematik der Intervention somit auch Informationen über das Verhalten der britischen Regierung gegenüber den Vereinten Nationen. Die verschiedenen Texte treffen jedoch keine generelle Aussage über die Kontinuität bzw. Diskontinuität der Blair-Regierung in Bezug auf die britische UN-Politik oder über die Beiträge britischer Regierungsvertreter in der Generalversammlung. Sie setzen sich eher mit der Bedeutung der UN für Tony Blair in diesen Krisenzeiten auseinander, jedoch meist im Kontext des allgemeinen außenpolitischen Handelns Großbritanniens. Dass viele dieser Werke vor allem einen kritischen Beitrag zur Irak- und Interventionspolitik Blairs beisteuern, zeigt bereits, wie umstritten die Politik der Regierung in dieser Thematik war und im Nachhinein noch immer ist. Über britische Entwicklungszusammenarbeit und insbesondere die entwicklungspolitischen Haltungen Großbritanniens in den UN finden sich dagegen nur wenige Erkenntnisse. Lediglich Paul Williams betrachtet in seiner umfassenden Darstellung der Außenpolitik New Labours auch entwicklungspolitische Aspekte, insbesondere im Rahmen der „ethischen" Außenpolitik New Labours, eingehender.

Seit dem 1957 erschienenen Band *Britain and the United Nations*[28] von Geoffrey L. Goodwin ist keine eigenständige politikwissenschaftli-

[25] Alastair Campbell/Richard Scott (Hrsg.), The Blair Years. Extracts from the Alastair Campbell Diaries, 2. Auflage. London 2008.

[26] Anthony Seldon, Blair, London 2004.

[27] Derselbe (Hrsg.), The Blair Effect, London 2001.

[28] Geoffrey L. Goodwin, Britain and the United Nations, London 1957.

che Monographie, die sich ausschließlich mit der Politik des Vereinigten Königreiches in den Vereinten Nationen auseinandersetzt, erschienen. Das etwa 450 Seiten umfassende Werk ist in der Reihe *National Studies on International Organizations* erschienen, die ebenfalls Bände zur UN-Politik anderer Länder beinhaltet. Es setzt sich u.a. mit der Rolle Großbritanniens bei der Entstehung der Organisation, der Unterstützung der UN in ausgewählten Ländern sowie in spezifischen Themenbereichen wie Abrüstung oder dem internationalen Bretton-Woods-System auseinander. Aussagen über die Rolle der sich im Amt befindlichen Regierungen oder der Zivilgesellschaft werden in Goodwins Analyse britischer UN-Politik nur am Rande getroffen. Eine zweite prominente Betrachtung Großbritanniens in den Vereinten Nationen wurde von A.J.R. Groom und Paul Taylor innerhalb des 1995 herausgegebenen Sammelbandes *The United Nations System. The Policy of Member States* veröffentlicht. Der dortige, etwa 40-seitige Beitrag *The United Kingdom and the United Nations*,[29] welcher unter Maßgabe des State-Society-Ansatzes bereits einen ersten wesentlichen Blick auf die Positionen des Landes in der Organisation und die inneren Entscheidungsprozesse bezüglich den UN geworfen hat, schließt mit Spekulationen der Autoren über die UN-Politik einer zukünftigen Labour-Regierung. Die von Groom und Taylor beobachteten Merkmale britischer UN-Politik sowie die getroffenen Mutmaßungen stellen einen wichtigen Bestandteil der Untersuchungen der vorliegenden Betrachtung dar. Somit ist sie neben einer Erklärung bzw. Veranschaulichung der UN-Politik unter New Labour und Tony Blair, die bisher nicht direkt politikwissenschaftlich untersucht wurde, gleichzeitig auch eine Revision der Erkenntnisse Grooms und Taylors. Des Weiteren soll auch eine Aussage darüber getroffen werden, inwiefern die Erwartungshaltungen der beiden Politikwissenschaftler erfüllt werden konnten. Gleichwohl werden in diesem Band im Gegensatz zum Beitrag von 1995 die verschiedenen Faktoren des State-Society-Ansatzes anders gewichtet [30] und dem Ziel der Erklärung des Verhaltens einer einzigen Regierung auf bestimmte Themenfelder sowie der Vergleichbarkeit mit der bisherigen Außen- und UN-Politik Großbritanniens angepasst. Bisher liegt zudem nichts Vergleichbares zur britischen Außen- oder UN-Politik unter Blair in deutscher Sprache vor.

[29] A.J.R. Groom/Paul Taylor, The United Kingdom and the United Nations, in: Chadwick F. Alger/Gene M. Lyons/John E. Trent (Hrsg.), The United Nations System. The Policy of Member States, Tokyo 1995, S.364-409.

[30] Siehe: Kapitel 2.3.

2.3 Methodisches Vorgehen

Für die in diesem Band angestrebte Untersuchung der nationalen UN-Politik Großbritanniens unter Tony Blair und New Labour werden die Grundprinzipien des in Kapitel 2.1 erläuterten State-Society-Ansatzes von Krause und Knight verwendet. Dieser Ansatz ist besonders relevant, da sich nicht nur zivilgesellschaftliche Elemente immer stärker in der Außenpolitik von Staaten wiederfinden, sondern sich mit der Persönlichkeit Tony Blairs und der „ethischen" Außenpolitik New Labours ebenfalls zwei dem State-Society-Ansatz entsprechende Einflüsse herauskristallisieren, welche schon bei flüchtiger Betrachtung als bedeutsam für das Verhalten britischer Vertreter auch in den UN identifiziert werden können. In Anbetracht des für diese Betrachtung geforderten Umfangs und der Konzentration auf die Politik einer einzigen Regierung gegenüber den Vereinten Nationen, müssen jedoch Abgrenzungen und Anpassungen vorgenommen werden. Insbesondere die auf die Blair-Regierung wirkenden zivilgesellschaftlichen Kräfte, z.B. durch nationale und transnationale Interessengruppen oder die öffentliche Meinung, können nur skizzenhaft dargestellt werden, da z.B. die öffentlichen Debatten, wie im Falle des Irak-Krieges, so umfassend waren, dass sie hier nicht in ihrer Gesamtheit dargestellt werden können und sollen.[31] Auch werden jene Einflüsse, welche im State-Society-Ansatz als „transnationale und globale Kräfte" bezeichnet werden, nur bedingt bzw. in angepasster Form betrachtet. Letztere werden vor allem auf die Beziehungen Großbritanniens zu Staaten und Staatengruppen bzw. auf die weltpolitische Stellung des Landes übertragen. „Globale Kräfte" heißt hier also, dass Einflüsse auf die britische UN-Politik untersucht werden, die sich aus den weltweiten politischen Abhängigkeiten des Landes ergeben. Die für diese Analyse zentralen Aspekte des State-Society-Ansatzes stellen demnach die historischen, die international und national strukturellen, die ideologischen sowie die individuellen Faktoren dar. Dass auch eine Reihe anderer, vom State-Society-Ansatz eingeschlossene Einflüsse auf die Politik Blairs gegenüber den UN wirken konnten, wird jedoch bei den zu betrachtenden Fallbeispielen deutlicher.

[31] Weiterführend zur öffentlichen Meinung und die zivilgesellschaftliche Kritik am Irak-Krieg in Großbritannien, siehe: Steve Chan/William Safran, Public Opinion as a Constraint against War: Democracies' Responses to Operation Iraqi Freedom, in: Foreign Policy Analysis, 2006, Nr. 2, S.137-156; sowie: Jan Stuchlik, Public Opinion and Foreign Policy Discourse in the United Kingdom and France during the Iraq Crisis (September 2002–March 2003), in: Perspectives. Central European Review of International Affairs, 2004, Nr. 23, S.3-35.

Der vorliegende Band ist in drei aufeinander aufbauende Teile gegliedert. Der erste Teil setzt sich mit der Politik des Vereinigten Königreiches im Völkerbund und in den Vereinten Nationen bis zum Amtsantritt Tony Blairs als Premierminister auseinander. Dabei wird ein historischer Abriss des Verhaltens britischer Regierungen in und gegenüber der Weltorganisation vorgenommen sowie das bisherige Verhältnis zu anderen Staaten und Staatengruppen, welche für die Außenpolitik des Landes maßgeblich sind, betrachtet. Diese Betrachtungen, die den historischen und globalen Einflüssen nach dem State-Society-Ansatz gerecht werden, sollen hauptsächlich auf der Grundlage bereits erschienener Abhandlungen zur britischen Außen- und UN-Politik vorgenommen werden. Im Anschluss an die Darstellung der UN-Politik Großbritanniens und der wichtigsten Einflussfaktoren im außenpolitischen Umfeld des Landes, sollen, auch unter Zuhilfenahme der von Groom und Taylor geäußerten Erwartungen an die Politik einer Labour-Regierung, eine Reihe von Annahmen über das zu diesem Zeitpunkt zu erwartende Verhalten der Regierung in der Organisation formuliert werden. Die Annahmen gehen der Frage nach, *welcher Art die Erfahrungen mit dem Vereinigten Königreich in den UN bis 1997 waren, und welche allgemein britischen UN-politischen Leitlinien auf Basis dieser Erfahrungen auch für die Zeit der Labour-Regierung erwartet werden konnten.*

Der zweite Teil untersucht jene Einflüsse auf die britische UN-Politik, welche selbst von der Blair-Regierung in den politischen Entscheidungsprozess eingebracht wurden oder diesen Prozess zusätzlich geprägt haben. Damit gemeint sind vor allem die ideologischen, d.h. parteipolitisch geprägten, und individuellen, also von der Persönlichkeit und den Vorstellungen des Regierungschefs abhängigen Bestimmungsfaktoren des State-Society-Ansatzes. Außerdem wird ein Blick auf die Verteilung der Aufgaben mit Bezug zu den UN im politischen System Großbritanniens geworfen, also u.a. auf die Zuständigkeiten der für die Arbeit mit den UN relevanten Ministerien. Zusätzlich wird die Bedeutung nationaler Interessengruppen, vorrangig der UNA-UK, für den Policy-Making-Prozess erörtert. Zur Feststellung dieser Faktoren werden vorrangig Sekundärliteraturen, z.B. über die Außenpolitik New Labours und die Persönlichkeit Tony Blairs,[32] sowie eigene Publikationen der Ministerien und Interessenverbände herangezogen. Am Ende werden auch hier wieder eine Reihe von Erwartungshaltungen

[32] Siehe: Kap. 2.2.

formuliert, die sich, in Weiterführung der Vermutungen aus dem Fazit des vorhergehenden Kapitels, der Frage widmen, *welche politischen Grundhaltungen der Blair-Regierung in den folgenden Fallbeispielen der Politik gegenüber den UN unter Berücksichtigung der in dem Kapitel festgestellten Einflüsse zu erwarten gewesen wären.*

Den dritten und für die britische UN-Politik unter Tony Blair signifikanten Teil der Analyse, stellen die detaillierteren Betrachtungen des Verhaltens Großbritanniens in den Vereinten Nationen während der Irak-Krise und in Bezug auf die Bedeutung der UN für die britische Entwicklungszusammenarbeit dar. Diese beiden Themenbereiche wurden deshalb für die Untersuchung ausgewählt, da sie für die öffentliche Wahrnehmung der britischen UN-Politik von entscheidender Bedeutung gewesen sind. Besonders die Rolle Tony Blairs bzw. der britischen Regierungsvertreter in den Vereinten Nationen während des gemeinsam mit den USA geführten militärischen Einsatzes im Irak, war das nach außen hin sichtbare und meist diskutierte Merkmal britischer Politik in der Weltorganisation. Kritik kam dabei vor allem an der Nähe Blairs zu US-Präsident George W. Bush, der damit einhergehend empfundenen Distanz zu anderen wichtigen europäischen Mittelmächten wie Deutschland und Frankreich, die den Einsatz entschieden ablehnten, auf. Auch irritierte und erzürnte die scheinbare Gleichgültigkeit Großbritanniens und der USA gegenüber der Autorität des UN-Sicherheitsrats zuweilen große Teile der eigenen Bevölkerung. In Bezug auf die internationalen Entwicklungsziele und die Unterstützung des UN-Entwicklungshilfesystems vertrat die britische Regierung ebenfalls eine sehr öffentlichkeitswirksame Politik. Besonders die von Tony Blair initiierte Afrika-Kommission war ein wichtiger Beitrag für die Entwicklung des Kontinents, ebenso wie die Stärkung der UN-Millenniumentwicklungsziele und das Konzept von „good governance“. Beide Themen lassen einen guten Blick auf die Relevanz der in Kapitel 3 und 4 festgestellten Einflussfaktoren zu und helfen dabei, die Politik Blairs innerhalb der britischen UN-Traditionen zu verorten.

Die Betrachtung der britischen Außen- und UN-Politik zu bestimmten Themenbereichen soll unter Einbeziehung von verschriftlichten Reden Blairs und seiner Vertreter,[33] welche sowohl in der Generalver-

[33] Zu den Unterschieden in der Wahrnehmung und der Bedeutung gesprochener und geschriebener Rede in der Generalversammlung, siehe: Ray T. Donahue/Michael H. Prosser, Diplomatic Discourse. International Conflict at the United Nations. Adresses and Analysis, Greenwich/London 1997, S.21ff.

sammlung als auch außerhalb der UN, dafür jedoch mit klarem Bezug zu den Thematiken oder der Bedeutung der Organisation, gehalten wurden, durchgeführt werden. Ihre Einbeziehung ist deshalb lohnenswert, da politische Reden eine wichtige Funktion in der alltäglichen nationalen wie internationalen Politik einnehmen und welche die Selbst- und Fremdwahrnehmung sowohl von Individuen als auch von Gesellschaften formen.[34] Für die Politik einer Regierung sind sie der sprachliche Ausdruck einer bestimmten Zielsetzung und der jeweiligen ihr zu Grunde liegenden Weltanschauungen und Einflüsse, im weitesten Sinne also der nationalen politischen Kultur. Besonders die Reden von Regierungsvertretern auf den Generalversammlungen der Vereinten Nationen sind in zweifacher Hinsicht von Bedeutung. Sie richten sich an die gesamte Weltgemeinschaft und nicht nur an einen ausgewählten Kreis von Staatenvertretern, wie z.B. innerhalb Sicherheitsrats. Auf die Betrachtung der Reden und Stellungnahmen vor diesem wird deshalb in dieser Analyse verzichtet, da dies zum einen den angestrebten Umfang des Bandes sprengen würde und zum anderen sowohl eine gleichmäßige diachrone wie synchrone Vergleichbarkeit der beiden Fallbeispiele erschweren würde. Der Irak-Konflikt würde im Gegensatz zur Entwicklungszusammenarbeit deutlich mehr Aufmerksamkeit auf die Geschehnisse im Sicherheitsrat lenken. Die Generalversammlung soll deshalb wegen ihres thematisch und publikumstechnisch universellen Charakters als Betrachtungsgrundlage dienen, gleichwohl durchaus anzunehmen ist, dass auch Äußerungen im Sicherheitsrat durch entsprechende mediale Verwertung als genuin öffentlich bezeichnet werden können. Vor sämtlichen Mitgliedern der Vereinten Nationen und damit auch der Weltöffentlichkeit eine Erklärung für nationales außenpolitisches Handeln darzulegen, ist folglich deutlich schwieriger, da die Staatenwelt naturgemäß heterogen in ihren Ansichten, Wertvorstellungen und Zielen beschaffen ist. Somit ist stets von einer streng formalisierten Wortwahl gegenüber den Vertretern anderer Länder auszugehen, die jedoch den nationalen Zielen in der Organisation angepasst bzw. untergeordnet ist.[35] Es kann sogar davon ausgegangen werden, dass die Ansprachen sprachlich derart gestaltet werden, dass nicht allen in den UN vertretenen Meinungen entsprochen werden kann (und soll) sowie durch bestimmte Rhetorik öffentlichkeitswirksam Nähe oder Distanz

[34] Vgl. Donahue/Prosser, Diplomatic Discourse, S.7.

[35] Vgl. ebd., S.68.

zu anderen Ländern, Regionen oder Thematiken hergestellt wird.[36] Zudem sind die Reden auch Ausdruck der eigenen weltpolitischen Wahrnehmung und der nationalen Kultur.[37] Die Thematisierung bestimmter Problemstellungen hängt u.a. davon ab, inwiefern das Land von ihnen betroffen ist, von einer Lösung der angesprochenen Probleme profitieren kann oder über die notwendige Legitimation, z.B. durch ein international hohes moralisches Ansehen oder militärische Macht, verfügt.

Im Hinblick auf die oben genannten Funktionen und Eigenschaften von Reden in den Vereinten Nationen bietet sich für die in diesem Band durchgeführte Betrachtung einer nationalen UN-Politik, welche insbesondere die Reden von Regierungsvertretern einbeziehen soll, die Prinzipien einer sog. Diskursanalyse an.[38] Obwohl diesem methodischen Ansatz keine allgemein festgelegte Verfahrensweise unterliegt, ist sie vor allem darauf ausgelegt, Gesagtes oder Geschriebenes in einen ganz bestimmten, meist sozialen, jedoch sehr wohl auch politischen Kontext einzuordnen. Schwerpunkt einer Diskursanalyse ist die Klärung, wo, wann und warum, also unter welchen Umständen, ein Text veröffentlicht bzw. eine Rede gehalten wurde. Ebenso ist von Interesse, wie sich bestimmte grundlegende Ziel- und Konzeptvorstellungen, z.B. die einer Regierung bzw. ihrer offiziellen Vertreter, darin äußern und in Hinblick auf das angestrebte Endziel entwickeln. Mit Hilfe von bereits vorhandener Sekundärliteratur, jedoch auch durch die Einbeziehung von Regierungsveröffentlichtungen, insbesondere im Bereich der Entwicklungspolitik, soll der Kontext, innerhalb dessen sich die britische UN-Politik bewegt, verdeutlicht werden.[39]

Die Betrachtung der nationalen UN-Politik Großbritanniens unter den Bedingungen der Diskursanalyse und des State-Society-Ansatzes findet grob in zwei Schritten statt. Zunächst sollen die dem spezifischen Engagement zugrundeliegenden Einstellungen der britischen Regierungsvertreter gegenüber den zu behandelnden Grundthematiken veranschaulicht werden. Im Falle des Irak-Konflikts folglich die Haltung der britischen Regierung zu militärischen Interventionen sowie im Falle des entwicklungspolitischen Engagements die Standpunkte,

---

36 Vgl. Donahue/Prosser, Diplomatic Discourse, S.59f.

37 Vgl. ebd., S.25f.

38 Vgl. Joachim Behnke/Nina Baur/Nathalie Behnke, Empirische Methoden der Politikwissenschaft, Paderborn u.a. 2006, S.337ff.

39 Weiterführend zur Diskursanalyse, insbesondere von UN-Reden, siehe: Donahue/Prosser, Diplomatic Discourse.

Ziele und Rollenbilder britischer Entwicklungszusammenarbeit unter Blair. Diese Grundeinstellungen sollen anhand von die jeweilige Thematik betreffenden Auszügen aus den Reden vor den UN, Reden mit Bezug zum durch die Organisation geprägten internationalen System durch relevante Strategiepapiere dargelegt werden. Im jeweils zweiten Schritt werden die Argumentationslinien und Rollen Großbritanniens während der stattgefundenen Debatten und die Anstrengungen bei der internationalen Umsetzung genannter Grundeinstellungen nachvollzogen. Natürlich werden, insbesondere bei der Irak-Thematik, auch die Entwicklungen im Sicherheitsrat bzw. zwischen dessen Mitgliedern Berücksichtigung finden. Es werden jedoch keine Redebeiträge der britischen Vertreter im Sicherheitsrat in die Betrachtung einbezogen, da dies im Rahmen dieser Abhandlung eine zu umfassende Untersuchung darstellen würde. Vielmehr werden, besonders beim Thema Irak, generelle Entwicklungen von diplomatischer Relevanz berücksichtigt, da sie einen wichtigen Teil des Umfelds darstellen, in dem die Politik durch Sprache agieren muss. Von Interesse ist daher auch, ob und wie die britische Regierung auch in sicherheitspolitischen Fällen ihre Politik im Sicherheitsrat gegenüber der Generalversammlung zu rechtfertigen suchte. Bezüglich entwicklungspolitischer Maßnahmen sind es insbesondere die drei von 1997 bis 2006 veröffentlichten Weißbücher des *Department for International Development*, welche Aufschluss über das eigene Rollenverständnis Großbritanniens, aber auch über die von der britischen Regierung geforderte Rolle des UN-Entwicklungssystems geben können.

Die Operationalisierung der Hauptfragestellung findet anhand der Formulierung von Annahmen über das zu erwartende Verhalten Großbritanniens in den UN am Ende von Kapitel 3 und 4 statt. Diese Erwartungshaltungen werden durch den Schlussteil der Betrachtung einer Überprüfung unterzogen. Je nachdem, wie sich diese durch die Betrachtungen ausgewählter Themenbereiche bestätigen oder widerlegen lassen, können Rückschlüsse auf die eigentlich festzustellende Kontinuität oder die Diskontinuität gezogen werden. Außerdem sollen, basierend auf den Feststellungen zu den Grundeinstellungen, Einflussfaktoren und der Rolle Großbritanniens in den ausgewählten Themenbereichen, Aussagen über die allgemeine Natur der Beziehung des Landes zu der Weltorganisation sowie über die für die Arbeit mit ihr wichtigen Entscheidungsprozesse unter New Labour getroffen werden.

3 Britische UN-Politik bis 1997 und außenpolitische Beziehungen

3.1 Historische Entwicklung und Schwerpunktsetzung seit 1914

Jedwede Politik eines Landes, ungeachtet dessen, ob es sich um außen- oder innenpolitische Themenbereiche handelt, steht in einem historischen Zusammenhang bzw. einer Tradition. Sie basiert auf den Erfahrungen, die in der Vergangenheit auf verschiedenen Gebieten gesammelt wurden. Zum Zeitpunkt der Amtsübernahme Tony Blairs blickte die britische UN-Politik bereits auf 80 Jahre aktive Beteiligung in einem durch eine umfassende intergouvernementale Organisation geprägten internationalen System zurück. Sowohl die Vereinten Nationen als auch deren Vorgängerorganisation, der Völkerbund, wurden insbesondere auf Basis britischer Vorstellungen von einem friedlichen internationalen Miteinander geprägt. Die folgenden Abschnitte sollen einen Überblick über die wichtigsten historischen Entwicklungen von der Gründung des Völkerbundes über die Suezkrise und den Kalten Krieg bis hin zu der in den 1980er Jahren einsetzenden Debatte über eine Management- und Sekretariatsreform der UN geben. Im Rahmen der vorliegenden Betrachtung können jedoch nur exemplarisch geschichtliche und thematische Schwerpunkte zum Zwecke der Vergleichbarkeit gesetzt werden. Es lassen sich dennoch Rückschlüsse auf bestimmte, historisch gewachsene britische Themenbereiche und Traditionen ziehen, welche die Grundlage für die Untersuchung einer Kontinuität oder Diskontinuität der UN-Politik Großbritanniens unter der Blair-Regierung bilden.

3.1.1 Großbritannien und die Erfahrung des Völkerbunds

Der Erste Weltkrieg begann zunächst auch für Großbritannien als für damalige politische Verhältnisse durchaus übliche zwischenstaatliche Auseinandersetzung.[40] Als die Folgen der Kampfhandlungen durch neue Methoden der Kriegsführung, welche nun auch die Entfernung zwischen dem europäischen Festland und den Britischen Inseln überwinden konnten, das Leben der britischen Zivilbevölkerung in immer stärkerem Maße beeinträchtigten und sich der Konflikt somit zu einem neuartigen Krieg der Massen steigerte, begann man im Vereinigten Königreich erste Ideen und Konzepte für eine internationale Nachkriegsordnung zu formulieren, die einen Frieden auf Dauer garantieren konnte. Der bis auf Immanuel Kants Schrift *Zum ewigen Frieden* zurückgehenden Thematik eines Völkerbunds, welcher als ein „Föderalism freier Staaten"[41] gedacht war, nahmen sich verschiedene nationale und transnationale Vereine, aber auch einzelne Individuen in einem bis dahin einmaligen quantitativen und qualitativen Maße an.

Als Vorreiter der Bewegung gilt die *Fabian-Society*, eine in den 1880er Jahren gegründete sozialistische Vereinigung, in der eine Vielzahl an bekannten intellektuellen Mitgliedern aus Kultur und Politik vertreten war.[42] Die Gesellschaft erarbeitete schon früh, teilweise bereits vor Ausbruch des Ersten Weltkrieges, detaillierte Pläne für eine Weltorganisation. Ebenso ehrgeizig verfassten auch andere Gruppierungen politische und philosophische Pamphlete mit Völkerbundsbezug, welche die Regierung Großbritanniens sowie die öffentliche Meinung von der Notwendigkeit und Realisierbarkeit einer den Staaten übergeordneten Organisation zur Wahrung des Weltfriedens überzeugen sollten. Zu diesen zählten u.a. die noch junge Labour-Partei, die als Mitglied der 2. Internationalen ohnehin einen steten zwischenstaatlichen Austausch sowie Völkerverständigung vertrat. Des Weiteren engagierte sich die 1915 aus einer Gruppe um den angesehenen Juristen, Historiker und Politiker James Bryce hervorgegangene *League of Nati-*

[40] Vgl. Joachim Wintzer, Deutschland und der Völkerbund. 1918-1926, Paderborn 2006, S.61.

[41] Immanuel Kant, Zum ewigen Frieden. Ein philosophischer Entwurf (1795), Stuttgart 1993, S.16.

[42] Vgl. Henry R. Winkler, The Development of the League of Nations Idea in Great Britain. 1914-1919, in: The Journal of Modern History, 20 1948, Nr. 2, S.97.

ons Society stark für die Idee des Bundes.[43] Die LoNS unterstützte den Aufbau einer Vielzahl ähnlicher Organisationen weltweit, u.a. auch in den USA.

Ausgangspunkt aller Überlegungen zum Völkerbund war, dass es in der Vergangenheit vor allem an wirkungsvollen institutionalisierten Verständigungs- und Streitschlichtungsmöglichkeiten fehlte. Die Verbesserung der Kommunikation sowie die Implementierung neuer völkerrechtlicher Prinzipien, gemeinsam mit den zu diesem Zeitpunkt verfeindeten Staaten der Mittelmächte, war von entscheidender Bedeutung, um Kriege in einem ähnlich zerstörerischen Ausmaße wie den gerade erlebten in naher Zukunft zu bannen.[44] Waren sich die Gruppen noch relativ einig, was die Funktion einer solchen Organisation als internationales Forum betraf, so unterschieden sie sich vor allem in den Vorschlägen der Umsetzung eines wirkungsvollen Systems zur Aufrechterhaltung des Friedens durch Sanktionsmöglichkeiten. Die Vorschläge reichten von einer bloßen regelmäßigen Zusammenkunft der Regierungschefs über die Einrichtung einer international verbindlichen Gerichtsbarkeit bis hin zu einer unter die Aufsicht der Organisation gestellten Friedenssicherungsarmee.[45]

Neben der Idee einer *League to Enforce Peace*,[46] welche zur Erhaltung des Friedens auch auf militärische Sanktionen im Rahmen eines Systems kollektiver Sicherheit zurückgreifen sollte, standen auch die Reaktivierung des Europäischen Konzerts von 1814 sowie eine erneute britische Politik zur Erhaltung des Mächtegleichgewichts durch gezielte Bündnisse mit anderen Großmächten zur Debatte.[47] Die erste Alternative stieß jedoch vor allem bei konservativen Politikern auf Skepsis, würde sie doch schnell an den Eigeninteressen der Staaten scheitern. Zudem sah die britische Regierung im Empire schon eine

---

[43] Vgl. Shiva-Kumar Sharma, Der Völkerbund und die Großmächte. Ein Beitrag zur Geschichte der Völkerbundpolitik Großbritanniens, Frankreichs und Deutschlands 1929-1933, Band 98, Europäische Hochschulschriften, Reihe III, Frankfurt a.M., Bern, Las Vegas 1978, S.2.

[44] Vgl. George W. Egerton, The Lloyd George Government and the Creation of the League of Nations, in: The American Historical Review, 79 1974, Nr. 2, S.421.

[45] Weiterführend zur konkreten Ausgestaltung der einzelnen Völkerbundvorschläge durch die verschiedenen Gruppierungen in Großbritannien, siehe: Winkler, The Development of the League of Nations Idea in Great Britain, S.95-112.

[46] Das englische Verb „to enforce“ kann in diesem Kontext auf verschiedene Art und Weise ins Deutsche übersetzt werden. Mögliche Übersetzungen wären „durchführen“, „durchsetzen“, „stärken“, „geltend machen“ oder aber „erzwingen“. Letztere Möglichkeit würde der Konzentration auf den Einsatz militärischer Mittel zur Friedenserhaltung besonderen Nachdruck verleihen.

[47] Vgl. Egerton, The Lloyd George Government, S.421.

Art internationale Institution zur Friedenswahrung, in der Großbritannien als Kernstaat über das Höchstmaß an Einfluss verfügte. Trotzdem waren sich die englischen Politiker darüber bewusst, dass dieses Weltreich in seiner bisherigen Form ein Auslaufmodell sein würde.[48] Eine steigende Anzahl an Kolonien strebte nach innen- und außenpolitischer Autonomie. Um den Einfluss des Mutterlandes weiterhin so groß wie möglich zu halten und ein Auseinanderbrechen des Empire zu verhindern, wurde bereits vor dem Weltkrieg überlegt, eine internationale Organisation zu schaffen, in der alle Kolonien zwar als gleichberechtigte Mitglieder eingebunden waren, das britische Außenministerium jedoch die gesamte Außenvertretung dieses Bündnisses übernahm. Die Völkerbundidee bot eine günstige Gelegenheit, diese Vorstellung in die Tat umzusetzen, war jedoch noch nicht ausgereift genug, um tatsächlich realisiert werden zu können. So wurden die Pläne zwar über die Kriegsjahre von den verschiedenen idealistisch[49] geprägten Vereinen wie der weltweit handelnden *League of Nations Union* weiter ausformuliert, eine ernsthafte Erwägung dieser Option seitens der liberal-konservativen Regierung unter Premierminister David Lloyd George fand jedoch aufgrund der Bedenken in Bezug auf die Erhaltung staatlicher Souveränität und der offensichtlichen Vorteile des Großmachtstatus vorerst nicht statt. Die Regierung stellte sich vielmehr ein institutionalisiertes Konzert der Großmächte vor, welches auf dem *Imperial War Cabinet* sowie der Allianz während des Weltkriegs basieren sollte.[50]

Dass sich die britische Regierung weiterhin für die Etablierung des Völkerbunds einsetzte und 1919 doch der Unterzeichnung des Versailler Vertrages und damit der Satzung der Organisation zustimmte, war nicht zuletzt dem beharrlichen Einsatz der inzwischen mächtigen Völkerbundsbewegung und ihren Vertretern zu verdanken.[51] Diese beteiligten sich im nationalen Rahmen an der Erarbeitung des Konzepts

---

[48] Vgl. Sharma, Der Völkerbund und die Großmächte, S.5f.

[49] Idealismus steht hier im Sinne einer Weltanschauung, die auf die Bildung von internationalen Institutionen zur Friedenserhaltung konzentriert ist und vom Idealbild einer auf ewigen Frieden basierten Weltgemeinschaft ausgeht. Er steht damit im Gegensatz zur realistischen Schule, welche den Nationalstaat als den einzig legitimen Akteur internationaler Politik betrachtet, der sich stets im Wettbewerb zu anderen Nationalstaaten befindet. Geprägt wurde der idealistische Begriff u.a. auch von der britischen Fabian-Society und ihrem Vertreter, dem Autor und Verleger Leonard Sidney Woolf. Woodrow Wilson gilt bis heute als einer der bekanntesten Vertreter dieser Denkströmung. Vgl. Ulrich Menzel, Zwischen Idealismus und Realismus. Die Lehre von den Internationalen Beziehungen, Frankfurt a.M. 2001, S.66-71.

[50] Vgl. Egerton, The Lloyd George Government, S.443.

[51] Vgl. ebd., S.444.

und verbreiteten es derart öffentlichtskeitswirksam, dass es im letzten Jahr des Krieges, der auch auf britischer Seite viele Menschenleben kostete, sogar zum Wahlkampfthema in Großbritannien avancierte. Obwohl sich ein Großteil der britischen Bevölkerung für die Idee eines institutionalisierten Friedens durch einen Völkerbund begeistern konnte, überwog zunächst jedoch das Verlangen, das Deutsche Kaiserreich für seine Kriegsschuld hart zu bestrafen.[52] Ein Friedensvertrag mit Deutschland musste also die verschiedenen Forderungen nach einem Ausgleich der durch den Krieg verursachten Verluste erfüllen, jedoch ebenso die Basis für einen dauerhaften Frieden bieten können. Die britische Regierung tat sich aus diesem Grunde schwer damit, der harten französischen Linie zur Behandlung Deutschlands nach dem Weltkrieg zu folgen, obwohl das gute Verhältnis zu Frankreich als einer der wichtigsten Stützpfeiler der kommenden Organisation betrachtet wurde.[53] Besonders deutlich wurde die Ambivalenz des neuen Friedenssystems in dem Dualismus zwischen Versailler Vertrag und dem durch die Völkerbundsatzung konstituierten Genfer System.[54] Während ersterer durch die Reparations- und Abrüstungsbestimmungen auf einer Ungleichbehandlung Deutschlands im Gegensatz zu den anderen europäischen Mächten basierte, lag der Kern des Genfer Systems in der souveränen Gleichheit aller Staaten und dem Recht auf faire Verfahrensweisen. Hierin ergab sich ein Spannungsverhältnis, welches durch ein geschicktes Taktieren innerhalb des Völkerbunds in seinen Auswirkungen gemildert werden musste. Ausschlaggebend für die britische Position war nicht zuletzt ein hoher Grad an Pragmatismus, der die Einbindung der Mittelmächte in das neue System kollektiver Sicherheit als entscheidend für den Erfolg der zukünftigen Friedensordnung betrachtete.[55] Das letztendlich realisierte Völkerbundsystem basierte vor allem auf dem kleinsten gemeinsamen Nenner zwischen den Großmächten und versprach nur schwerlich den angestrebten Zielen der Bewegung Genüge zu leisten. Der größte Mangel der Organisation lag vor allem in der geforderten Einstimmigkeit seiner Entscheidungen durch die Mitgliedstaaten. Diese war nur selten zu erreichen und schränkte somit den Handlungsspielraum enorm ein.[56] Des Wei-

[52] Vgl. Egerton, The Lloyd George Government, S.430.

[53] Vgl. Wintzer, Deutschland und der Völkerbund, S.74f.

[54] Vgl. ebd., S.69-73.

[55] Vgl. ebd., S.76f.

[56] Weiterführend zur Struktur und Organisation des Völkerbunds, siehe: Alfred Pfeil, Der Völkerbund. Literaturbericht und kritische Darstellung seiner Geschichte, Darmstadt 1976.

teren stellte die Abwesenheit der USA, trotz des hohen Engagements Großbritanniens, diese in die Organisation einzubinden, eine kaum bis gar nicht zu schließende Lücke bei der Durchsetzungsfähigkeit des Völkerbunds dar.

Der britische Diplomat und Wegbereiter der Völkerbundidee, Lord Robert Cecil,[57] sah, ähnlich wie der britische Premierminister Lloyd George, die unbedingte Notwendigkeit einer zukünftigen Kooperation mit den USA und baute zusammen mit dem britischen Außenminister Arthur Balfour freundschaftliche Beziehungen zu Präsident Wilson und dem Weißen Haus auf.[58] Gemeinsam mit Wilson erarbeitete Cecil die Pläne für die Realisierung einer Nachkriegsordnung auf Basis eines Systems kollektiver Sicherheit, jedoch nicht ohne das Interesse des britischen Empires an einer herausgehobenen Position dabei deutlich in den Vordergrund zu stellen.[59] Nach den Vorstellungen der Lloyd George-Regierung sollte der Völkerbund vor allem ein Instrument britischer Außenpolitik werden und lediglich deklaratorisch der idealistischen Vorstellung einer institutionalisierten Friedensordnung entsprechen. Diese zutiefst konservative Politik der britischen Administration sowie Zweifel an der Realisierbarkeit des Systems kollektiver Sicherheit führten letztlich auch dazu, dass der US-amerikanische Senat die Ratifizierung des Versailler Vertrages ablehnte und somit dem Völkerbund fernblieb.[60] Mit dem Rückzug der USA war nun ebenfalls ersichtlich, dass die Hauptverantwortung für die Durchsetzungs- und Funktionsfähigkeit des Völkerbunds bei Großbritannien[61] und Frankreich lag, welche nur in wenigen Fragen gemeinsame Standpunkte vertraten. Innerhalb des Völkerbundsrats, dem höchsten Gremium der

[57] Eine ebenfalls herausragende Bedeutung bei der Etablierung und Umsetzung der Völkerbundidee in Großbritannien erlangte der südafrikanische Politiker und General Jan Christiaan Smuts, welcher in seiner 1918 als Broschüre veröffentlichten Abhandlung *The League of Nations: A Practical Suggestion* konkrete Vorstellungen zur strukturellen Gestaltung des Völkerbunds äußerte. Viele dieser Ideen flossen in die Anforderungen der Lloyd George-Regierung an die zu etablierende Organisation mit ein. Vgl. Pfeil, Der Völkerbund, S.41.

[58] Vgl. Sharma, Der Völkerbund und die Großmächte, S.1f.

[59] Der amerikanische Diplomat Edward Mandell House war zudem als außenpolitischer Berater Woodrow Wilsons maßgeblich an der Erarbeitung des 14-Punkte-Plans sowie der Völkerbundsatzung, in enger Zusammenarbeit mit Lord Cecil, beteiligt. Vgl. Pfeil, Der Völkerbund, S.39.

[60] Weiterführend zur Völkerbunddebatte in den USA, siehe: John Milton Cooper, Breaking the Heart of the World. Woodrow Wilson and the Fight for the League of Nations, Cambridge 2001.

[61] Die britische Völkerbundpolitik versuchte stets, die durch die Abwesenheit der USA entstandene Lücke durch einen Führungsanspruch des Empires innerhalb der Organisation zu schließen und in wichtigen Punkten einen Kurs zu verfolgen, der auch mit den Interessen der amerikanischen Politik einherging. Absprachen mit Vertretern des Weißen Hauses waren nicht unüblich. Vgl. Egerton, The Lloyd George Government, S.437.

Organisation, hatten beide Länder neben Japan und Italien, welche jedoch 1933 bzw. 1937 aus dem Bund austraten, einen ständigen Sitz inne. Zudem stellte Großbritannien von 1919 bis 1933 auch den ersten Generalsekretär der Organisation, Sir James Eric Drummond.[62] Trotz dieser ausgezeichneten Möglichkeit, schwierige Entscheidungen durch multilaterales Handeln nachhaltig zu legitimieren, verfolgten auch die britischen Regierungsvertreter jedoch noch immer eine auf Konkurrenz zu anderen Staaten ausgerichtete, wenn nicht sogar eine fortgesetzte imperialistische Außenpolitik, die nur dann mit kleineren Ländern, auch im Rahmen des Völkberbundes, kooperieren wollte, wenn diese selbst von den zu erörternden Problemen betroffen waren.[63]

Bei einer Differenzierung der unterschiedlichen Interessenlagen der Mitgliedstaaten rechneten die zeitgenössischen Beobachter Großbritannien zu Beginn gemeinsam mit Italien und Japan jener Gruppierung zu, die vornehmlich an der Erhaltung des Friedens durch ein kooperatives System interessiert waren und auf diese Art und Weise ihre bi- und multilateralen Verpflichtungen zu reduzieren suchten.[64] Im Gegensatz zur Position Frankreichs war die Sicherung der territorialen Integrität der Mitglieder durch eine starke militärische Sanktionsmöglichkeit eher zweitrangig bzw. undogmatisch angelegt. Diese Unterschiede führten zu einer Anzahl von Meinungsverschiedenheiten zwischen den beiden Großmächten, vor allem als über den Abzug der alliierten Truppen aus dem Rheinland in Folge der Locarno-Verträge 1925 oder den Beitritt Deutschlands zum Völkerbund im Jahr darauf verhandelt wurde.[65] Dennoch waren sich Briten und Franzosen darüber einig, dass der Rückzug, vor allem Großbritanniens, aus dem Völkerbund dessen Ende zur Folge hätte und eine bilaterale Kooperation innerhalb der Organisation im höchsten Interesse beider Staaten lag. Nach der Aufnahme Deutschlands in den Völkerbund besserte sich zwar das Verhältnis zwischen den Großmächten, jedoch entwickelte sich zwischen den drei Staaten eine exklusive Beziehung, die alle kleineren Staaten ausschloss und sich auf dem besten Weg zurück zur Geheimdiplomatie des 19. Jahrhunderts befand, welche durch die Schaffung des Völkerbunds eigentlich beseitigt werden sollte. Besonders für den britischen Außenminister Austen Chamberlain waren die Beziehungen zwischen den Großmächten stets von höherem Wert als

62 Vgl. Pfeil, Der Völkerbund, S.51.

63 Vgl. Egerton, The Lloyd George Government, S.438.

64 Vgl. Wintzer, Deutschland und der Völkerbund, S.73.

65 Vgl. George Scott, The Rise and Fall of the League of Nations, London 1973, S.161f.

die Resolutionen des Völkerbunds.[66] Daher wurden wichtige Probleme vornehmlich nur zwischen Großbritannien, Frankreich und Deutschland erörtert und selten in die Versammlung eingebracht. Chamberlain betrachtete die Organisation zudem in erster Linie als eine europäische Institution und zeigte wenig Interesse daran, dass diese sich auch in koloniale Themenbereiche wie die Politik des Empires in China während des dortigen Bürgerkriegs einmischte.[67] Zwar erstattete der britische Außenminister vor der Versammlung und dem Rat Bericht, verlangte aber weder Hilfe noch eine internationale Intervention in dieser Angelegenheit. Ähnliches gilt für den Abbruch der diplomatischen Beziehungen Großbritanniens zur Sowjetunion 1927, der vor dem Völkerbund noch nicht einmal thematisiert wurde. Grundsätzlich hat die britische konservative Regierung, zuerst unter dem Liberalen David Lloyd George und anschließend, mit kurzer Unterbrechung durch eine Labour-Regierung, unter dem Tory Stanley Baldwin, versucht, Themen von der Versammlung fernzuhalten, welche die vitalen Interessen des Landes tangierten. Dieser realistische, auf die eigenen Interessen ausgerichtete Habitus, setzte sich auch in der Anerkennung von neuen Mitgliedern innerhalb des Völkerbundrat durch, z.B. als der Antrag Ägyptens auf Beitritt zur Organisation von Großbritannien abgelehnt wurde, da Unklarheit über den Status des Suez-Kanals und die britische Militärpräsenz in dem nordafrikanischen Land herrschte.[68] Erst als sich Großbritannien in diesen Punkten klar durchsetzen und den eigenen Einfluss im Nahen Osten sichern konnte, stimmte es 1936 der Aufnahme Ägyptens zu. Diese Beispiele, die nur exemplarisch für weitere zahlreiche Begebenheiten stehen,[69] zeigen deutlich, dass das Vereinigte Königreich dem Völkerbund nicht die Position innerhalb seiner außenpolitischen Beziehungen einräumte wie ursprünglich durch die Völkerbundbewegung erwartet und erhofft wurde. Nichtsdestotrotz legte Großbritannien höchsten Wert auf die Erhaltung des Friedens in Europa und die generelle Ächtung des Krieges als politisches Mittel. Diese Grundeinstellung wurde auch in dem 1928 von zunächst 11 Staaten, zu denen auch Großbritannien zählte, unterzeich-

[66] Vgl. Scott, The Rise and Fall of the League of Nations, S.180.

[67] Vgl. ebd., S.167.

[68] Vgl. ebd., S.171.

[69] Zu nennen seien hier der Disput zwischen Großbritannien und Persien 1928 über den Zugang zum Persischen Golf oder die Befürchtungen der britischen Regierung, durch ein Einschreiten in der Krise zwischen Bolivien und Paraguay die Beziehungen zu den USA durch Verletzung der Monroe-Doktrin zu beeinträchtigen. Vgl. ebd., S.172-177.

neten Briand-Kellog-Pakt deutlich, der den Krieg als Mittel nationaler Politik weltweit konsequent ablehnte und eine friedliche Beilegung von Konflikten zur völkerrechtlichen Verbindlichkeit erklärte.[70] Besonders die Unterzeichnung der USA und der Sowjetunion verlieh dem Briand-Kellogg-Pakt genau jene Durchsetzungskraft, an der es der Völkerbundsatzung stets fehlte.

Das Ende des Völkerbunds hing ebenso eng mit der Politik jener Staaten zusammen, die ursprünglich für seine Existenz Sorge trugen, wie mit den organisatorischen Mängeln, die seine Satzung aufwies. Die beiden Kolonialmächte Großbritannien und Frankreich setzten trotz der anfänglich hohen Ambitionen in Bezug auf ihre Kooperationsbereitschaft in Fragen der internationalen Sicherheit ihre Vorkriegspolitik weitestgehend fort. Da der Völkerbund Kriege nicht verhindern konnte und Sanktionen selten jene Wirkung entfalteten wie es die internationale Gemeinschaft in ihrer Satzung beabsichtigte, entwickelte sich der Genfer Palais des Nations mehr und mehr zu einer bedeutungsschwachen Arena rein deklaratorischer Friedenspolitik. Spätestens mit dem Austritt Deutschlands 1933 und der Besetzung Abbessiniens 1935 durch das faschistische Italien[71] wurde deutlich, dass das erste institutionalisierte System kollektiver Sicherheit an seiner mangelnden Durchsetzungs- und Handlungsfähigkeit gescheitert war. Von 1936 bis zur Gründung der Vereinten Nationen ein Jahrzehnt später, blieb die Organisation zwar formal bestehen, doch erfuhr sie durch die Mitgliedstaaten keine Beachtung mehr.

3.1.2 Mitbegründer der Vereinten Nationen

Die Gründung der Vereinten Nationen fand vor dem Hintergrund des Versagens des Völkerbunds sowie des erneut von Deutschland ausgegangenen Zweiten Weltkriegs statt. Der Krieg, von dessen Gesamtkosten Großbritannien etwa 20 Prozent tragen musste und dessen Ausmaß zu unvergleichbar hohen Opferzahlen auf der gesamten Welt führte,[72] änderte die weltpolitischen Machtkonstellationen nachhaltig. Deutschland als eindeutiger Aggressor sowie das von ihm 1940 geradezu im Handstreich besiegte Frankreich kamen als potentielle Ord-

70 Vgl. Pfeil, Der Völkerbund, S.97ff.

71 Weiterführend dazu: George W. Baer, Sanctions and Security. The League of Nations and the Italian-Ethiopian War, 1935-1936, in: International Organization, 27 1973, Nr. 2.

72 Vgl. Manfred Hergt Hermann Kinder, Werner Hilgemann, DTV-Atlas Weltgeschichte. Band 2. Von der Französischen Revolution bis zur Gegenwart, 38. Auflage. München 2005, S.496.

nungsmächte eines neuen internationalen Systems kaum mehr, zumindest aus militärischen Erwägungen, in Frage.[73] Auch Großbritannien und das mit ihm assoziierte Commonwealth wurden entscheidend in ihrer globalen Durchsetzungskraft geschwächt. Die neuen Akteure, vor allem der Tatsache geschuldet, dass ohne ihr Eingreifen der Krieg kaum zugunsten der Gegner des Nationalsozialismus entschieden worden wäre, waren die Vereinigten Staaten und die Sowjetunion. Ausgehend davon war auch den beiden Hauptinitiatoren der Vereinten Nationen, Franklin D. Roosevelt und Winston Churchill, bewusst, dass eine zukünftige internationale Organisation mit dem Ziel der Friedenswahrung ohne die Beteiligung Russlands nicht möglich war.[74] Uneinig war man sich jedoch zunächst darüber, ob sich die Organisation an der Struktur des gescheiterten Völkerbunds orientieren sollte oder ob ein grundlegend neues System zu schaffen war.

Der britische Premierminister Winston Churchill führte das Scheitern des Völkerbunds vor allem auf die Abwesenheit der USA zurück, während die französischen Vertreter die Schwächen nicht vorrangig in der Organisation und ihrer Struktur an sich sahen, sondern im Unvermögen der Mitglieder, ihre Eigeninteressen zum Wohle der Staatengemeinschaft zurückzustellen.[75] Der amerikanische Präsident Roosevelt forderte bereits 1937 eine Abkehr seines Landes vom Isolationismus, um der drohenden Gefahr des Faschismus, die von Deutschland, Italien und Japan ausging, entgegenzuwirken. Eine Wiederbelebung des Völkerbunds kam für Roosevelt jedoch nicht in Frage. Es ist vor allem dem britischen Premierminister zu verdanken, dass die Atlantik-Charta, unterzeichnet von den USA und Großbritannien im August 1941 zur Festlegung gemeinsamer Kriegsziele, ein breit angelegtes und dauerhaftes System umfassender Sicherheit nach dem Krieg in Aussicht stellte.[76] Nach den ursprünglichen Vorstellungen Roosevelts und Churchills sollte die Organisation der Welt auf regionalen Gruppierungen beruhen, welche von einem Triumvirat der Großmächte – den USA, Großbritannien und der Sowjetunion – zusammengehalten werden. Jede Macht wäre demnach für den Erhalt des Friedens in ihrem eigenen Bereich verantwortlich gewesen und man hätte in regelmäßigen Konsultationen Probleme globaler Natur un-

[73] Vgl. Hermann Weber, Vom Völkerbund zu den Vereinten Nationen, Bonn 1987, S.133.

[74] Vgl. Goodwin, Britain and the United Nations, S.3.

[75] Vgl. Alfredo Märker/Beate Wagner, Vom Völkerbund zu den Vereinten Nationen, in: APuZ, 2005, Nr. 22, S.6.

[76] Vgl. Goodwin, Britain and the United Nations, S.4.

ter den Großmächten erörtert. Für Großbritannien wäre diese Lösung selbstverständlich vorteilhaft gewesen, da sie die Integrität des Commonwealth sowie die Vormachtstellung der Briten in Europa gesichert hätte. Auf längere Sicht bestand jedoch die Gefahr, dass diese Konstellation zu erneuten Spannungen auf dem Kontinent geführt hätte, da die globalen Interessen der kleinen und mittleren Staaten fast vollkommen außer Acht gelassen worden wären. Zudem wuchs die Sorge der britischen auswärtigen Politik darüber, dass es an einer starken militärischen Pufferzone zwischen England und der Sowjetunion in Europa fehlen könnte. Schon aus diesem Grunde war die Wiederherstellung der französischen Stärke auch für die britische Sicherheitspolitik von entscheidender Bedeutung.

Eine universelle internationale Organisation zur Aufrechterhaltung des Friedens, deren Mitgliedschaft allen Staaten, unabhängig von ihrer Größe grundsätzlich offenstand, war demnach deutlich weniger spannungsgeladen.[77] Die generelle Absicht dazu wurde auf der Moskauer Konferenz im Oktober 1943 sowohl von den USA und Großbritannien als auch von der Sowjetunion und China in einer gemeinsamen Erklärung unterstrichen. Obwohl eine universelle Organisation nach Vorbild des Völkerbunds den Interessen Großbritanniens nicht im vollen Maße entsprach, stimmte die Regierung letztlich doch gegen den bisher von ihr präferierten Plan regionaler Konföderationen. Dies geschah womöglich auch aufgrund vermehrter innenpolitischer Kritik, die in dem angestrebten Regionalismus der Regierung eine Wiederbelebung der Locarno-Diplomatie und damit schon im Vornherein eine Schwächung der neuen internationalen Organisation befürchtete.

Der Weg zur Charta der Vereinten Nationen, welche am 24. Oktober 1945 in Kraft trat und zunächst von 51 Staaten der Kriegsallianz gegen die Achsenmächte unterzeichnet wurde, war geprägt von einer Vielzahl vorhergehender Konferenzen und Erklärungen, meist zwischen den drei Großmächten. Ein erster Grundstein der Charta war bereits Anfang 1942 durch die *Deklaration vereinter Nationen* gelegt. Diese war ein gegen die Aggressoren des Zweiten Weltkriegs gerichtetes Dokument, welches die gemeinsame Anstrengung von 26 Staaten[78] zur Wiederherstellung des Friedens formalisierte und den Willen aller Staaten des Kriegsbündnisses zum Aufbau einer dauerhaften Lösung für den Erhalt dieses Friedens zusätzlich bekräftigte. Die grundlegen-

[77] Vgl. Goodwin, Britain and the United Nations, S.8ff.

[78] Bis zum März 1945 stieg die Zahl der Unterzeichnerstaaten auf 45.

de Ausgestaltung einer institutionellen Weltordnung oblag jedoch den USA, Großbritannien und der Sowjetunion. Zu den wichtigsten Zusammenkünften in Bezug auf die Etablierung der neuen Organisation zählen die Konferenz von Dumbarton Oaks in Washington D.C. 1944, die Konferenz von Jalta (Ukraine) 1945 sowie die Konferenz von San Francisco nur wenige Monate vor Gründung der UN.[79] Bei den Treffen wurden die Rahmenbedingungen für eine Struktur internationaler Kooperation festgelegt, die einerseits die Wiederholung der Schwächen des Völkerbunds vermeiden, und andererseits die grundsätzlich gleichen Ziele verfolgen sollte wie die Vorgängerorganisation.[80]

Zu den wichtigsten Änderungen gehörte vor allem die Einführung einer qualifizierten Mehrheit bei Abstimmungen innerhalb der geplanten Generalversammlung, in der jedes Mitgliedsland über eine Stimme verfügen sollte.[81] Zugleich sollte den Beschlüssen der UN-Generalversammlung lediglich ein empfehlender Charakter zukommen. Die Funktion eines Gremiums, das dauerhaft tagt und Sanktionen über Staaten verhängen kann, die das Völkerrecht missachten, sollte einem Sicherheitsrat übertragen werden, welcher sich aus ständigen und nichtständigen Mitgliedern zusammensetzt und zudem über eine stärkere Durchsetzungsfähigkeit bei der Umsetzung seiner Beschlüsse verfügen konnte. Ihm sollte es außerdem obliegen, darüber zu entscheiden, ob ein Land eine Bedrohung für den Weltfrieden darstellt und ob präventiv einzugreifen sei bevor es zu einem Konflikt kommt. Die Zusammensetzung des Sicherheitsrats sowie die Regeln der Abstimmung waren Gegenstand heftiger Debatten zwischen den Großmächten. Großbritannien vertrat vor allem die Ansicht, dass die Mittelmächte über eine Art semi-permanenten Sitz im Rat verfügen sollten und zudem unter den nichtständigen Mitgliedern stets ein Land aus dem Commonwealth

[79] Vgl. Märker/Wagner, Vom Völkerbund zu den Vereinten Nationen, S.7.

[80] Als die schwerwiegensten Fehler, welche die Satzung des Völkerbunds aufwies und die in der neuen Organisation unbedingt vermieden werden mussten, galten die Einstimmigkeitsregel bei Abstimmungen; das Fehlen einer Verpflichtung der Mitglieder, mit Gewalt in einen Konflikt einzugreifen, bevor dieser tatsächlich ausgebrochen war; der dezentrale Charakter von Sanktionen, der es jedem Mitgliedstaat selbst überlies, ob und in welchem Maße es an ihnen teilnahm; sowie die Ausklammerung von wirtschaftlichen und gesellschaftlichen Thematiken aus dem Zuständigkeitsbereich des Völkerbunds. Vgl. Goodwin, Britain and the United Nations, S.16. Doch auch die Bindung der Satzung an den Friedensvertrag von Versailles galt als nicht zu wiederholender Fehler, da eine Assoziation des Völkerbunds mit der Ungerechtigkeit des Vertrags nicht zu vermeiden war. Vgl. Edwin Borchard, The Dumbarton Oaks Conference, in: The American Journal of International Law, 39 1945, Nr. 1, S.100.

[81] Vgl. Hans Kelsen, The Old and the New League. The Covenant and the Dumbarton Oaks Proposals, in: The American Journal of International Law, 39 1945, Nr. 1, S.56f.

vertreten sein müsste.[82] Zudem forderten die Briten den Ausschluss eines von einem Konflikt betroffenen Landes, unabhängig davon ob es sich um ein ständiges oder nichtständiges Mitglied handelt, aus dem Abstimmungsverfahren. Nach langem Zögern stimmten die USA diesem Vorschlag zu. Jedoch scheiterte die Initiative am Einspruch der Sowjetunion, die sogar für die friedliche Beilegung von Konflikten, in welche die Großmächte verwickelt sein könnten, eine unqualifizierte Einstimmigkeit unter den ständigen Mitgliedern forderte. Schon im Vorfeld der Gründung der UN wurde Kritik laut, die in diesem Verfahren die Instrumentalisierung der neuen Organisation durch die Großmächte gegenüber kleineren Staaten bei gleichzeitiger Unantastbarkeit ihrer selbst sah. Dennoch kann man sagen, dass zumindest die USA und Großbritannien versucht haben, auch die Stimmen kleinerer und mittlerer Staaten, vor allem aus den Reihen des Commonwealth und Lateinamerikas, in ihre Entscheidungen über die Charta einzubeziehen.[83] Die Integration Chinas und Frankreichs als ständige Mitglieder in den Sicherheitsrat ist vor allem der Initiative Großbritanniens geschuldet, das dadurch zum einen die Universalität der Organisation repräsentiert sah und zum anderen den Einfluss Europas und der ehemaligen Kolonialmächte auf die internationale Politikgestaltung zu sichern hoffte.

Eine wichtige Ergänzung zum System des Völkerbunds war die Einbeziehung von Themenbereichen, die sich auf die Bedürfnisse des Individuums oder der Gesellschaft und weniger auf die Regierungstätigkeit an sich bezogen.[84] Während im Völkerbund fast ausschließlich Fragen internationaler Sicherheit auf intergouvernementaler Ebene behandelt wurden, sollte sich die neue Organisation auch darauf konzentrieren, den „wirtschaftlichen und sozialen Fortschritt aller Völker zu fördern" (Präambel UN-Charta). Dieser Fortschritt schloss ebenfalls eine stärkere Hervorhebung der Menschenrechtsthematik ein. Die britische Delegation bei den Gründungskonferenzen hatte jedoch gegenüber der Forderung nach der Umsetzung von Menschenrechten in der entstehenden Charta Bedenken.[85] Zum einen wurde die Meinung vertreten, dass sich die Konzentration auf die Rechte des Individuums nicht mit dem Prinzip des internationalen Rechts, d.h. mit der

[82] Vgl. Goodwin, Britain and the United Nations, S.21.

[83] Vgl. ebd., S.27.

[84] Vgl. William C. Johnstone, The San Francisco Conference, in: Pacific Affairs, 18 1945, Nr. 3, S.218f.

[85] Vgl. Goodwin, Britain and the United Nations, S.35ff.

Streitbelegung *zwischen* den Staaten, sowie der Souveränität nach innen vereinbaren ließ.[86] Zum anderen befürchteten die Briten, durch die Gewährung umfassender Freiheits- und Selbstbestimmungsrechte dem ohnehin schon fortschreitenden Prozess der Dekolonialisierung des Empire zusätzlichen Vorschub zu leisten und dem Zusammenhalt des Commonwealth zu schaden.[87] Die letztliche Zustimmung Großbritanniens auf Drängen der USA erfolgte jedoch nur unter starken Vorbehalten bezüglich des Grades der weltweiten Durchsetzung, vor allem auf dem Territorium des britischen Empire. Die Implementierung wirtschaftlicher Themengebiete in das System der Vereinten Nationen verlief dagegen reibungslos. Bereits bestehende Organisationen wie die ILO oder der IWF wurden als Sonderorganisation in die UN-Struktur aufgenommen. Des Weiteren wurde der Wirtschafts- und Sozialrat der Vereinten Nationen eingerichtet, der die Anstrengungen bezüglich der Menschenrechte und der wirtschaftlichen Zusammenarbeit in einem Gremium bündeln sollte. Auch einem Treuhandrat, der ehemalige Kolonien in die politische Selbstständigkeit überführen sollte, stimmte Großbritannien unter dem Vorbehalt zu, dass dies nur Territorien betreffen würde, die nicht unter britischer Ägide standen.

Trotz aller institutioneller Veränderungen im Vergleich zum Völkerbundsystem war unklar, ob sich die neue Organisation der Vereinten Nationen in den internationalen Beziehungen durchsetzen würde. Die Erfahrungen des Völkerbunds waren noch zu frisch, um mit einem Übermaß an Enthusiasmus eine neue universelle Organisation aus der Taufe zu heben. Zudem zeichneten sich bereits erste Tendenzen ab, dass durch den ideologischen Gegensatz zwischen den Vereinigten Staaten und der Sowjetunion die Gefahr bestand, die UN schon von Vornherein zum Scheitern zu verurteilen.[88] Obwohl die Aufgabenbereiche der Organisation, die Zahl ihrer Mitglieder sowie ihre Abstimmungsmodalitäten so angepasst wurden, dass eine derart umfassende Lähmung wie es beim Völkerbund der Fall war, nicht eintreten würde, schienen sich die neuen Regelungen innerhalb des höchsten Gremiums, dem Sicherheitsrat, im Lichte der bipolaren politischen Teilung der Welt umso unvorteilhafter auszuwirken. Nichtsdestotrotz war al-

[86] Diese Ansicht teilte Premierminister Winston Churchill mit dem sowjetischen Präsidenten Josef Stalin. Die USA hingegen forderten von Beginn an eine angemessene Berücksichtigung der Menschenrechte innerhalb der Charta. Vgl. Weber, Vom Völkerbund zu den Vereinten Nationen, S.140f.

[87] Vgl. ebd., S.141.

[88] Vgl. Geoffrey L. Goodwin, The Political Role of the United Nations. Some British Views, in: International Organization, 15 1961, Nr. 4, S.583.

len beteiligten Nationen spätestens nach dem verheerenden Einsatz der ersten Atombombe am 6. August 1945 bewusst, dass es in Zukunft einer zentralen Instanz zur friedlichen Beilegung von Konflikten und zur Rüstungskontrolle dringend bedurfte. Ein erneutes Scheitern einer universellen Organisation und ein eventuell damit verbundener weltweiter Konflikt war auch für Großbritannien in keiner Weise zu tolerieren oder wünschenswert.[89]

3.1.3 Entkolonialisierung, Suezkrise und Kalter Krieg

Der Krieg zwischen der kommunistischen Volksrepublik Korea (Nordkorea) und der Republik Korea (Südkorea) 1950 bis 1953 stellte sich als die erste große Bewährungsprobe für die Vereinten Nationen und ihre Mitgliedstaaten heraus.[90] Die Auseinandersetzung weckte weltweit Hoffnungen, dass sich die UN als eine bedeutende Kraft der internationalen Politik etablieren würden. Auch in Großbritannien unterstützte man das Einschreiten der internationalen Organisation in dieser Krise, da man aus den Erfahrungen des Völkerbundes und des Münchner Abkommens 1938 gelernt hatte, dass das Vermeiden von harten Strafen gegen Aggressor-Staaten nicht immer zu einem zukünftigen Frieden führen kann.[91] Im Gegenteil. Im Vereinigten Königreich regte sich kein nennenswerter Widerstand gegen eine britische Beteiligung am Koreakrieg unter Schirmherrschaft der Vereinten Nationen. Die Involvierung der UN bot für Großbritannien ein moralisches Grundgerüst, welches ein westlicher Alleingang im Sinne der amerikanischen Eindämmungspolitik nie hätte leisten können. Schon während der Debatten um eine adäquate Reaktion auf die Invasion nordkoreanischer Soldaten in Südkorea zeigte sich, dass die Briten in erster Linie den Weg diplomatischer Verhandlungen zu beschreiten suchten, als durch die Verhängung von militärischen oder harten wirtschaftlichen Sanktionen womöglich einen größeren Konflikt heraufzubeschwören. Da der Koreakrieg vor allem als ein Exempel zu betrachten war, dass die beiden Supermächte USA und Sowjetunion hier zum ersten Mal ideologisch und indirekt militärisch aneinander gerieten, aber auch da das kommunistische China begann, immer stärker auf Seiten Nordkore-

[89] Weiterführend zur Gründung der Vereinten Nationen, siehe: Stephen C. Schlesinger, Act of Creation. The Founding of the United Nations. A Story of Superpowers, Secret Agents, Wartime Allies and Enemies, and Their Quest for a Peaceful World, Boulder (Colorado) u.a. 2003.

[90] Vgl. Helmut Volger, Geschichte der Vereinten Nationen, 2. Auflage. Oldenburg 2008, S.66.

[91] Vgl. Goodwin, The Political Role of the United Nations, S.583ff.

as zu intervenieren, entwickelte er sich schnell von einem vergleichsweise kleinen Konflikt zu einer handfesten, den Weltfrieden bedrohenden Krise. Die Positionierung der britischen Politik hin zu einer diplomatischen Verhandlungslösung ist vor allem auf den Druck der asiatischen Mitgliedstaaten im Commonwealth zurückzuführen, geschah jedoch sehr zum Missfallen des amerikanischen Verbündeten. Aus dem Krieg auf der koreanischen Halbinsel ergaben sich auch weitere transatlantische Verständigungsschwierigkeiten, da unklar war, wie mit dem kommunistischen China umzugehen sei. Während die USA hofften, dass sich durch eine Vertagung der Verhandlungen über die 1950er Jahre hinweg das kommunistische Problem in China von selbst lösen würde, vertraten die Briten mehrheitlich den Standpunkt, dass es dem Konzept der Universalität der UN nur entgegenkommen würde, wenn man ideologische Schranken innerhalb der Organisation überwinden und weniger das Ziel eines Vereins der Gleichgesinnten verfolgen würde. Tatsächlich sprachen einige britische Vertreter bei den UN sogar davon, dass durch eine frühere Vertretung der Volksrepublik in der Organisation der Koreakrieg schon im Keim hätte erstickt werden können.[92] Ein weiteres Problem, welches im Zuge der Krise aufkam, war, dass sich amerikanische und britische Politiker uneins in der Frage gegenüberstanden, welche Themen in die Generalversammlung und welche in den Sicherheitsrat getragen werden können. Die USA versuchten, durch das Einbringen sicherheitsrelevanter Themen in die Generalversammlung die Problematik des Vetos, das in der ideologisch zweigeteilten Welt den Sicherheitsrat entscheidend lähmte, zu umgehen. Zwar unterstützte Großbritannien viele der amerikanischen Initiativen, blieb aber weitestgehend misstrauisch über diese Verfahrensweise. Es waren vor allem die verschiedenen Ansichten über die Aufgaben und Ziele der Organisation, die hier zu Tage traten. Während Großbritannien an der Idee der Vereinten Nationen als Forum zur friedlichen, diplomatischen Streitbeilegung festhielt, betrachteten die USA sie eher als ein Instrument kollektiver Sicherheit zum Schutze der „freien“ Welt. Ein ähnliches, weitaus effektiveres Modell wurde jedoch schon in der NATO verwirklicht. Das Vereinigte Königreich verweigerte sich deshalb zum Teil der Vorstellung, dass die UN lediglich zu einem verlängerten Arm der NATO degradiert wer-

[92] Der chinesische Sitz im Sicherheitsrat wurde bis 1971 von der Republik China (Taiwan) besetzt. Auf Initiative der Sowjetunion wurde durch die Resolution 2758 der Generalversammlung die Volksrepublik China als alleinige Vertretung Chinas anerkannt. UN General Assembly, UN Doc. A/RES/2758 (XXVI) v. 25.10.1971.

den sollten. Zwar gelang es den Vereinten Nationen nicht, dem Vorwurf der westlichen Parteinahme während der Koreakrise zu entgehen, doch sie ging aus ihr mit einer verstärkten Autorität in der Weltpolitik hervor, was nicht zuletzt auch auf die starke Schlagfähigkeit der zur Verfügung gestellten Truppenverbände von USA und Großbritannien zurückzuführen war. Zum ersten Mal stellte die „neue" Weltorganisation unter Beweis, dass sie im Gegensatz zu ihrer Vorgängerin sehr wohl dazu fähig war, Sanktionen auch mit der zuweilen notwendigen Härte durchzusetzen.

Eines der wichtigsten Ziele zu Beginn der Arbeit der Vereinten Nationen war die Überführung von kolonialen Gebieten in die staatliche Unabhängigkeit durch die temporäre Einbindung dieser in ein von den UN verwaltetes internationales Treuhandsystem. 1945 galt dies zunächst für elf Gebiete, die sich mehrheitlich aus dem kolonialen Erbe der besiegten Aggressorstaaten der beiden Weltkriege zusammensetzten.[93] Obwohl sich daraus ein starker ideologischer Gegensatz im Handeln der UN ableiten ließ, der zuweilen herbe Kritik von Nicht-Kolonialstaaten zur Folge hatte, blieben jene Territorien, die von den sechs noch verbliebenen Kolonialmächten[94] verwaltet wurden, vom Ziel der Erreichung nationaler Selbstbestimmung aller Völker ausgeschlossen. Nichtsdestotrotz herrschte, auch durch das Drängen der freiheitlich-demokratischen USA und der deklarativ antiimperialistischen Sowjetunion in den Vereinten Nationen, eine allgemeine globale Tendenz zur Unabhängigkeit von den Kolonialmächten. Zum Teil verlief der Dekolonisationsprozess, besonders in vielen afrikanischen Gebieten, sehr blutig. Vor allem Frankreich, Spanien und Portugal bezahlten einen hohen Preis für den Versuch, ihre Macht auf dem „Schwarzen Kontinent" und in weiten Teilen Asiens zu erhalten. Die britische Außenpolitik zielte dagegen in erster Linie darauf ab, den unvermeidbaren Verlauf der Entkolonialisierung für alle Beteiligten so schonend wie möglich und ohne Gesichtsverlust für London zu gestalten. Dabei konnten die Briten nicht nur auf einen breiten Erfahrungsschatz bezüglich der ständigen Veränderung kolonialer Besitztümer zurückblicken, sondern hatten mit dem Commonwealth und einem dreistufigen System der Abhängigkeit von Staaten und Gebie-

[93] Vgl. Harold Karan Jacobson, The United Nations and Colonialism. A Tentative Appraisal, in: International Organization, 16 1962, Nr. 1, S.37.

[94] Großbritannien, Frankreich, Portugal, Belgien, die Niederlanden und Spanien.

ten[95] eine funktionierende Nachfolgestruktur zum Empire im Aufbau. Die britische Politik fühlte sich verpflichtet, ihre ehemaligen Kolonien nicht in einen Zustand des Chaos zu entlassen, der später zu tiefer greifenden Problemen führen könnte, und sie auch weiterhin auf ihrem Weg zu stabiler politischer und wirtschaftlicher Unabhängigkeit, vor allem nach Vorbild des britischen politischen Systems, zu unterstützen. In diesen Bemühungen Großbritanniens können durchaus die Anfänge moderner Entwicklungspolitik identifiziert werden.[96] Nichtsdestotrotz fiel es dem Vereinigten Königreich schwer, von seinem Großmachtstatus Abstand zu nehmen und sich stattdessen als starke Mittelmacht zu etablieren. Dieses Verhalten nach außen, das sich zum Teil auch in der Politik des Landes innerhalb und gegenüber den Vereinten Nationen widerspiegelte, lässt sich auf verschiedene Gründe zurückführen. Zum einen betrachtete sich das Vereinigte Königreich als den einzigen weltpolitischen Akteur, der zwischen einer direkten Konfrontation von USA und UdSSR stand. Nur durch den Erhalt des Status als politische und militärische Macht von Weltbedeutung konnte dem Anspruch Britanniens, ein Mittler zwischen den Supermächten zu sein, weiterhin Genüge geleistet werden. Zum anderen befand sich die britische Wirtschaft seit dem Ende des Zweiten Weltkriegs in einem Zustand, der den Zugang zu Ressourcen aus den kolonialen Gebieten dringend erforderte, auch wenn sich das geschrumpfte Empire dabei hoffnungslos übernahm. Allein die Ausgaben für die Aufrechterhaltung eines Heeres, das den Status einer Großmacht gerechtfertigt hätte, verschlangen 1947 beinahe ein Fünftel des Bruttosozialprodukts der Insel.[97] Zu guter Letzt verdankte das britische Mutterland den Soldaten aus den mit ihm assoziierten Gebieten den Sieg über die Achsenmächte. Die Kolonien erwarteten im Gegenzug Zugeständnisse von London in Bezug auf ihre Selbstverwaltung. Als unabhängig galt ein Land spätestens dann, wenn es als selbstständiges Mitglied in den Kreis der Vereinten Nationen aufgenommen wurde. Für einige der einstmals britischen Kolonien wie Indien und Ceylon (Sri Lanka) wurde dieser Status schon schnell, im Falle Indiens sogar noch vor seiner offiziellen Unabhängigkeit Rea-

95 Unterschieden werden konnte hier zwischen den weitestgehend selbständigen Dominions wie Kanada, Australien und Neuseeland, den Kolonien, die der direkten Verwaltung durch Großbritannien unterstanden, sowie den Gebieten, die nur indirekt, z.B. durch den Aufbau von Eliten durch britische Sozialisation und Beratern in den Regierungen beeinflusst wurden. Vgl. Thomas Mergel, Großbritannien seit 1945, Göttingen 2005, S.78.

96 Weiterführend dazu: Herward Sieberg, Colonial Development. Die Grundlegung moderner Entwicklungspolitik durch Großbritannien. 1919-1949, Stuttgart 1985.

97 Vgl. Mergel, Großbritannien seit 1945, S.80f.

lität. Doch nicht immer war das Verhältnis zwischen diesen Ländern und dem Vereinigten Königreich, obwohl im Commonwealth noch immer verbunden, von Harmonie innerhalb der UN-Generalversammlung geprägt. Insbesondere Indien verfolgte eine klar gegen die Interessen der Kolonialmächte gewandte Außen- und UN-Politik. Dennoch profitierte Großbritannien auf längere Sicht von den guten Beziehungen, die sich durch das Commonwealth ergaben.

Den Höhepunkt des Abstiegs vom Großmachtstatus Großbritanniens sowie eine einschneidende Wegmarke in der Entwicklung der Vereinten Nationen stellte die Suezkrise 1956 dar. Am 26. Juli des Jahres verstaatlichte der ägyptische Präsident Gamal Abdel Nasser den in den 1860er Jahren als koloniales Gemeinschaftsprojekt erbauten Kanal zwischen Mittelmeer und Rotem Meer. Nasser sah sich zu dieser Reaktion gezwungen, nachdem amerikanische und britische Finanzhilfen für den im Bau befindlichen Assuan-Staudamm aufgrund des Verdachts der Nähe Ägyptens zum Kommunismus zurückgezogen wurden. Großbritannien, dessen wirtschaftliche Stärke maßgeblich von der Nutzung des Kanals abhing und zu 44 Prozent an der Suezkanal-Gesellschaft beteiligt war, sah in der Verstaatlichung einen eindeutigen Akt der Aggression. Der damalige UN-Generalsekretär Dag Hammarskjöld versuchte schon unmittelbar nach der Enteignung zwischen den Kontrahenten Großbritannien, Frankreich[98] und Ägypten zu vermitteln.[99] Obwohl die Vermittlungsversuche des Generalsekretärs u.a. durch die Erarbeitung eines aus sechs Punkten bestehenden Planes kurz vor einer möglichen Lösung der Krise standen, entschlossen sich die beiden Kolonialmächte, das Problem auf unilaterale Weise anzugehen und damit gegen die fundamentalen Prinzipien der Charta, an deren Formulierung sie zu großen Teilen beteiligt waren, zu verstoßen. Unter dem Vorwand, in einen Konflikt zwischen Israel und Ägypten im Oktober 1956 einzugreifen, den sie in Geheimverhandlungen mit Israel selbst geschürt hatten, stellten die Regierungen Großbritanniens und Frankreichs Nasser ein Ultimatum, bei dem sie davon ausgehen konnten, dass dieser nicht darauf eingehen würde. Nach Ablauf der Frist besetzten britische und französische Truppen die Kanalzone

---

98 Die Parteinahme Frankreichs ist darauf zurückzuführen, dass die französische Regierung Ägypten unterstellte, durch Waffenlieferungen indirekt den blutigen Unabhängigkeitskrieg in Algerien zu unterstützen. Zudem hatte natürlich auch Frankreich, neben zahlreichen anderen Nationen, ein großes wirtschaftliches Interesse an der freien Nutzung des Kanals. Vgl. Mergel, Großbritannien seit 1945, S.89.

99 Vgl. Manuel Fröhlich, Dag Hammarskjöld und die Vereinten Nationen. Die politische Ethik des UNO-Generalsekretärs, Paderborn u.a. 2002, S.248f.

mit der Forderung, dass sich die Kriegsgegner je 10 Meilen vom Kanal zurückziehen sollten. Dadurch gedachten die europäischen Mächte, die Kontrolle über den Kanal zurückzugewinnen und unter Umständen sogar den unliebsamen ägyptischen Präsidenten zu stürzen. Als der Sicherheitsrat das Verhalten Israels offiziell verurteilen wollte, legte Großbritannien zum ersten Mal in seiner UN-Geschichte ein Veto ein. Für Dag Hammarskjöld war das völkerrechtswidrige Vorgehen der beiden P5-Mächte nicht tolerierbar. Er betrachtete die Situation als eine Bedrohung für die der Charta zugrundeliegenden fundamentalen Prinzipien, sowohl in Bezug auf die Bedeutung der Organisation und ihres Generalsekretärs an sich, als auch generell für den Frieden der gesamten Welt. Vor dem Sicherheitsrat drohte Hammarskjöld sogar mit seinem Rücktritt, sollten sich die Kombattanten nicht auf eine Lösung einigen, die die in der Charta vorgesehenen Mechanismen der Friedensschaffung berücksichtigt. Der Plan des Schweden, sich und die Organisation auf diese Art und Weise zurück an den Verhandlungstisch zu bringen, hatte Auswirkungen, insofern die britischen und französischen UN-Vertreter ihr Vertrauen in die Fähigkeit und Bedeutung des Generalsekretärs bekräftigten. Ansonsten nahmen sie wenig Abstand von ihrer bisherigen Vorgehensweise in dieser Angelegenheit. Beide Staaten machten weiterhin von ihrem Veto Gebrauch, wenn der Sicherheitsrat beabsichtigte, in irgendeiner Weise gegen ihre bzw. die Interessen Israels zu handeln. Die Spannungen innerhalb des Gremiums luden sich sogar so weit auf, dass die Sowjetunion offen mit dem Einsatz von Kernwaffen drohte, sollten Großbritannien und Frankreich ihre Truppen nicht unverzüglich aus der Konfliktregion abziehen. Die USA waren unschlüssig über ihr Vorgehen in der Krise.[100] Einerseits verurteilte die Eisenhower-Regierung das unilaterale Vorgehen der beiden verbündeten Staaten zutiefst. Andererseits hätte ein allzu rigoroses Eintreten der Amerikaner oder ein tiefgreifender Disput zwischen den westlichen Ländern der Sowjetunion nur in die Hände gespielt. Aus diesem Grunde hielten sich die USA weitestgehend zurück, setzten die Briten allerdings durch das Einfrieren kriegswichtiger Kredite zusätzlich unter Druck. Ähnlich heftig wie die Debatten innerhalb der Vereinten Nationen gestalteten sich auch die Meinungsverschiedenheiten in Großbritannien selbst. Tory-Premierminister Anthony Eden sah sich einer aufgebrachten Labour-Opposition gegenüber, die den Bruch

[100] Vgl. Gerhard Altmann, Abschied vom Empire. Die innere Dekolonisation Großbritanniens 1945-1985, Göttingen 2005, S.155f.

mit den in der UN-Charta gefassten Prinzipien als den Zielen der britischen Außenpolitik gegenläufig betrachtete.[101] Die Labour-Partei sah in der Wahrnehmung des Landes als Aggressor, der sich über das System und die Beschlüsse der Vereinten Nationen hinwegsetzt, einen Verlust an Ansehen der britischen Politik sowie der westlichen Welt im Allgemeinen und erschwere zudem die Aufrechterhaltung eines hohen Einflussgrades der Briten auf internationale Entscheidungsprozesse. In diese innerparlamentarische Auseinandersetzung stimmten die englischen Medien, allen voran die großen überregionalen Tageszeitungen, sowohl auf Seiten der Regierung als auch der Opposition mit ein.[102] Die Presse trug die Diskussion, die sich schnell auch auf die generelle Bedeutung der britischen Empirepolitik sowie der Mechanismen des durch die UN bereitgestellten Friedenssystems ausweitete, auf die zivilgesellschaftliche Ebene weiter. Der nun alle Teile der Gesellschaft einbeziehende Diskurs war ein bis dahin einmaliges Ereignis in der Geschichte britischer Außenpolitik.[103] Der Krise selbst wurde letztlich durch die Inanspruchnahme der in Folge des Koreakrieges formulierten „Uniting-for-Peace-Resolution“[104] entgegengewirkt.[105] Der Entschluss zur Anwendung der Resolution ebnete den Weg für die erste UN-Friedenstruppe in der Suezkanalzone, UNEF. Die neuen Blauhelmsoldaten, die direkt den Vereinten Nationen unterstanden, sollten den Waffenstillstand zwischen Israel und Ägypten sichern sowie die britischen und französischen Truppenkontingente auf dem Sinai überflüssig machen.

Das Suez-Debakel hatte weitreichende Folgen für die britische Außen- und UN-Politik. Zum ersten Mal wurde unmissverständlich deutlich, dass die Zeiten, in denen Großbritannien ungehindert als einer der einflussreichsten Akteure der Weltpolitik auftreten konnte, endgültig der Vergangenheit angehörten.[106] Schon allein die starke Abhängigkeit der Briten vom amerikanischen Wohlwollen und Finanzmitteln ließ in

[101] Vgl. Leon D. Epstein, Partisan Foreign Policy. Britain in the Suez Crisis, in: World Politics, 12 1960, Nr. 2, S.S.204f.

[102] Vgl. ebd., S.219-222.

[103] Weiterführend zu den verschiedenen Positionen innerhalb der innerstaatlichen Auseinandersetzung mit der Suezkrise in Großbritannien, siehe: Ebd., S.201-224; sowie: Altmann, Abschied vom Empire, S.129-176.

[104] Die Resolution sieht vor, dass Themen und Entscheidungen über Frieden und Sicherheit, die ein Mitglied des Sicherheitsrats direkt tangieren und aus diesem Grunde Abstimmungsschwierigkeiten im Sicherheitsrat zur Folge haben, an die Generalversammlung übertragen werden können.

[105] Vgl. Fröhlich, Dag Hammarskjöld und die Vereinten Nationen, S.288.

[106] Vgl. Mergel, Großbritannien seit 1945, S.90.

keiner Weise den Schluss zu, dass das Land für die Aufgaben einer weltweit aktiven Polizeimacht weiterhin gewappnet war. Zudem demonstrierte der Rückzug vom Suezkanal das Unvermögen des Vereinigten Königreiches, seine koloniale Vormachtstellung dauerhaft zu sichern. Der Unabhängigkeitsprozess in vielen der mit der Insel assoziierten Gebiete wurde durch diese Erkenntnis zusätzlich vorangetrieben. Bereits Ende der 1960er Jahre waren die meisten der britischen Kolonien in die staatliche Selbstverwaltung, zum großen Teil unter Zuhilfenahme des UN-Treuhandsystems, überführt.[107] Mit ähnlichen Auswirkungen hatte auch der Interventionspartner Frankreich zu kämpfen. Die britische Außenpolitik befand sich zweifellos in einer Identitätskrise, auf einer Art Schlingerkurs zwischen Europa, dem Commonwealth, den transatlantischen Beziehungen und den Vereinten Nationen. Es fiel Großbritannien schwer, jenseits des Großmachtstatus eine neue Rolle in den internationalen Beziehungen als Mittelmacht, wenngleich mit einem privilegiertem Status durch den noch immer vorhandenen Sitz im Sicherheitsrat und einem beträchtlichen Kontingent an Atomwaffen, zu finden.

Nachdem offensichtlich war, dass die britische Stellung als „Dritte Macht“ auf der Welt ihrem Ende entgegenging, die Transformation des Empire in das Commonwealth bis auf wenige Ausnahmen abgeschlossen war, sowie die wirtschaftliche Stärke der Insel zusehends von den in der Europäischen Gemeinschaft aktiven Staaten relativiert wurde, versuchte die britische Regierung ihr Augenmerk verstärkt auf die diplomatischen Qualitäten ihres Landes zu richten. Die Besinnung auf diese verhandlungstechnischen Kernkompetenzen sollte auch die Vereinten Nationen wieder intensiver in die außenpolitische Agenda einbinden.[108] Großbritannien wollte, auch im Hinblick auf seine Position im Sicherheitsrat, insbesondere weiter als Mittler zwischen den beiden verfeindeten Supermächten auftreten. Dies war zunächst auch möglich, verfügte es doch über jahrhundertelange Erfahrungen im Bereich der zwischenstaatlichen Diplomatie und über zahlreiche direkte und indirekte Kontakte in beide Blöcke. Durch die führende Mitgliedschaft des Vereinigten Königreichs im weiterhin stetig expandierenden Commonwealth war dem Einfluss britischer Diplomaten ein vergleichsweise hoher internationaler Wert beschie-

[107] Vgl. John Darwin, The End of the British Empire. The Historical Debate, Oxford/Cambridge 1994, S.72ff.

[108] Vgl. John W. Young, Britain and the World in the Twentieth Century, London u.a. 1997, S.172.

den. Trotz ihrer ideologischen, kulturellen, wirtschaftlichen und militärischen Abhängigkeiten von den USA und der daraus resultierenden Zugehörigkeit zum westlichen Block, waren es zuerst die Briten, welche neben den Konzepten von Eindämmung und Abschreckung auch die Ideen des Globalismus und der Entspannung in ihren außenpolitischen Umgang mit der Situation des Kalten Kriegs einbrachten.[109] Die Nähe zum „großen Bruder“ USA ließ sich allerdings nie verbergen. Großbritannien nahm dabei zunehmend die Rolle eines Juniorpartners ein. Dies wirkte sich nicht nur auf die militärische und geheimdienstliche Zusammenarbeit aus, sondern ebenfalls auf das Abstimmungsverhalten im Sicherheitsrat. In den 45 Jahren des Kalten Krieges von 1946 bis 1991 machte das Vereinigte Königreich nur in zwei Problemlagen alleinigen Gebrauch des Vetos. Zweimalig kam diese Möglichkeit der Entscheidungsblockade während der Suezkrise 1956 zum Einsatz sowie weitere sieben Male im Zeitraum von 1963 bis 1972 als die Frage der Unabhängigkeit Südrhodesiens (Simbabwe) und die Beendigung des dortigen Bürgerkrieges behandelt wurde.[110] Ansonsten lässt sich feststellen, dass alle weiteren britischen Veto-Einsätze stets gemeinschaftlich mit den USA, ab und an ergänzt durch Frankreich, erfolgten. Dieser Befund bedeutet jedoch nicht, dass im Umkehrschluss Großbritannien immer dann ein Veto eingelegt hat, wenn die USA dies taten. In ihrer Analyse der britischen UN-Politik von 1995 konstatieren Groom und Taylor ergänzend, dass viele Initiativen des Westens innerhalb der Organisation eher von Großbritannien statt den USA ausgingen, da dem Königreich auch unter den übrigen Mitgliedstaaten ein höheres Maß an Vertrauen zu Teil wurde.[111] Zudem hatten die amerikanischen UN-Vertreter trotz unterschiedlicher Ansichten in einigen wenigen Themenbereichen stets großen Respekt vor den Fähigkeiten ihrer britischen Kollegen. Diese fielen durch ihre vergleichsweise hohe diplomatische und verwaltungstechnische Qualität und vor allem hohe Arbeitseffizienz auf. Für die britische Außenpolitik war eine hohe personelle Güte im Arbeitsalltag der Vereinten Nationen wie auch im Sicherheitsrat von enormer Bedeutung, stellte die privilegierte Stellung des Landes im Rat doch eine besonders hohe weltpolitische Verantwortung für eine europäische Mittelmacht dar.

---

[109] Vgl. Sean Greenwood, Britain and the Cold War 1945-91, London u.a. 2000, S.194.

[110] Vgl. Global Policy Forum, Subjects of UN Security Council Vetoes, http://globalpolicy.org/security/membship/veto/vetosubj.htm Stand: 31.07.2008.

[111] Vgl. Groom/Taylor, The United Kingdom and the United Nations, S.378ff.

Kontinuierlich sollte der Beweis dafür erbracht werden, dass Großbritannien dieser Herausforderung in vollem Umfang gewachsen war.

Effizienz-Defizite in der UN-Verwaltung waren auch das Thema der 1980er Jahre und führten zu zahlreichen Spannungen zwischen der Organisation und deren größten Beitragszahlern. Die britische Tory-Premierministerin Margaret Thatcher meldete – genauso wie der republikanische US-Präsident Ronald Reagan – starke Zweifel sowohl an der politischen Unabhängigkeit einiger Sonderorganisationen als auch an der wirkungsvollen Verwendung finanzieller Mittel an.[112] Bereits seit 1964 existierte auf Initiative der USA und Großbritanniens ein informeller Zusammenschluss jener Mitgliedstaaten, die je mehr als 1 Prozent zu den regulären Haushalten von FAO, ILO, UNESCO und WHO beitrugen, um kritisch über die Ausgaben der gesamten UN-Organisation zu wachen.[113] Dies geschah vor allem in Hinblick auf die steigende Mitgliederzahl und den somit immer weiter sinkenden Einfluss der großen Geberländer. Diese so genannte „Genfer Gruppe", und darunter ganz besonders das Vereinigte Königreich, trat seit Mitte der 80er Jahre für eine konsequente Politik eines Nullwachstums bei den regulären Ausgaben der UN ein. Friedenseinsätze dagegen wurden von Großbritannien, auch unter Margaret Thatcher und später unter John Major, stets durch stärkere finanzielle Hilfe unterstützt. Die Doktrin des Nullwachstums des regulären Haushalts löste zwar Irritationen aus und führte zu großen finanziellen Engpässen bei den Vereinten Nationen, erreichte aber schließlich durch den massiven Druck tatsächlich einen effizienteren Einsatz von Geldmitteln und eine erhöhte Transparenz der Ausgaben. Zusätzlich sollte die gesamte UN-Verwaltung, inklusive des Sekretariats, reformiert und an die Gegebenheiten der Zeit angepasst werden. Die UN-skeptische Thatcher-Regierung hoffte dadurch, den steigenden Einfluss der Vereinten Nationen auf die internationalen Beziehungen zu begrenzen, zumal einigen Teilen der Organisation vorgeworfen wurde, sie würden sich zu stark in politische Entscheidungsfindungen der Mitgliedstaaten einmischen.[114] Höhepunkt des Streits über die Politisierung und Geldverschwendung bei UN-Sonderorganisationen bildete der Austritt sowohl der USA 1983 als auch Großbritanniens 1985 aus der UNESCO. Dabei stand der Vorwurf im Vordergrund, die Bildungs- und Kulturorganisation würde

[112] Vgl. Volger, Geschichte der Vereinten Nationen, S.160.

[113] Vgl. Günther Altenburg, Genfer Gruppe, in: Helmut Volger (Hrsg.), Lexikon der Vereinten Nationen, Oldenburg 2000, S.183f.

[114] Vgl. Groom/Taylor, The United Kingdom and the United Nations, S.388.

sich von den kommunistischen Staaten und Dritte-Welt-Ländern als Plattform für Angriffe gegen den Westen instrumentalisieren lassen und zudem über ein eklatantes Missmanagement verfügen.[115]

Das Vereinigte Königreich war, sieht man von der Suezkrise ab, während der Zeit des Kalten Krieges ein moralisches Schwergewicht, das sich den Prinzipien der Charta und der Wirksamkeit zwischenstaatlicher Diplomatie stets im höheren Maße verpflichtet fühlte als die anderen vier ständigen Sicherheitsratsmitglieder. Zwar war das Land eindeutig der westlichen Hemisphäre zuzurechnen, jedoch war es im Gegensatz zu den USA weitaus offener, was die Befürwortung der UN-Mitgliedschaft von Ostblockstaaten und die Bereitschaft zum konstruktiven Dialog mit ihnen betraf. Das Ende des bipolaren Wettlaufs hatte auch für Großbritannien wichtige Konsequenzen, insofern das diplomatische Geschick seiner Vertreter in den UN und die guten Kontakte zu vielen neuen wie alten Staaten auch in einer blockfreien Welt, die wieder mehr von kleineren zwischenstaatlichen Differenzen und globalen Problemen geprägt sein würde, von ausgesprochenem Vorteil sein könnten.

3.1.4 Britische UN-Politik nach dem Ost-West-Konflikt

Die Rolle der Vereinten Nationen nach dem Zusammenbruch des kommunistischen Blocks hat sich entscheidend gewandelt. Die Organisation bekam die Möglichkeit, mehr im Sinne ihrer Charta zu handeln und sich Themenbereichen zuzuwenden, die durch die ideologische Spaltung der Welt in den 45 Jahren des Kalten Kriegs verschlossen blieben. Gleichzeitig erhöhten sich jedoch auch die internationalen Herausforderungen, durch z.B. immer öfter auftretende Bürgerkriege, Fälle von „schlechter Regierungsführung“ oder die steigende Armut in Entwicklungsländern, die oftmals sowohl die Ursache als auch Folge erstgenannter Probleme war. Den Entscheidungen des Sicherheitsrats, aber auch der anderen UN-Gremien kam daher eine grundlegend neue Bedeutung zu und auf dessen Mitglieder eine ganz neue Art internationaler Verantwortung. Gleich zu Beginn dieser „neuen Freiheit“ wurden die Vereinten Nationen mit der Herausforderung des Einmarschs

[115] Weiterführend zur Kritik an der UNESCO in den 1980er Jahren, siehe: Paul Kennedy, Parlament der Menschheit. Die Vereinten Nationen und der Weg zur Weltregierung, Bonn 2007, S.203-208.

irakischer Militärverbände im benachbarten Kuwait konfrontiert. Im Sicherheitsrat übernahmen die Vereinigten Staaten und das Vereinigte Königreich schnell die Meinungsführung über den weiteren Umgang mit dem irakischen Aggressor.[116] Gemeinsam erreichten sie, dass der Sicherheitsrat mehrheitlich mit 12 Ja-Stimmen, 2 Gegenstimmen (Jemen, Kuba) und einer Enthaltung (China) Sanktionen nach Kapitel VII der Charta verhängten, und anschließend durch den massiven Einsatz von Militärgewalt den Irak zum Waffenstillstand zwingen konnten. Diese 678. Resolution des Sicherheitsrats[117] bezeugte zwar, dass in den UN nun eine neue Einigkeit zwischen den ehemals verfeindeten Westmächten und Russland herrschte, doch stellte sie auch einen Freibrief für die alliierten Streitkräfte dar, ohne explizite vorausgehende Genehmigung des Sicherheitsrats militärisch in dem Konflikt handeln zu können. Zum ersten Mal wurde mehr als offensichtlich, dass sich das System der Vereinten Nationen, auch das des Sicherheitsrats, einem tiefgreifenden Wandel unterziehen musste, um auch in Zukunft mit den Problemen einer entideologisierten, wieder stärker auf rein nationalstaatliche Interessen fokussierten Politik Schritt halten zu können. Zudem musste sich der Rat bemühen, der Kritik anderer Länder, die nun verstärkt nach größerer Mitbestimmung strebten, gerecht zu werden. Deutschland und Japan, die ehemaligen Feindstaaten des Zweiten Weltkriegs und inzwischen die größten Beitragszahler zum regulären UN-Budget nach den USA, strebten nach ihrem eigenen Sitz im Rat. Als ständiges Mitglied konnte sich natürlich auch Großbritannien dieser Debatte nicht entziehen.[118] Noch auf dem vom britischen Premierminister John Major initiierten Gipfeltreffen der Sicherheitsratsmitglieder im Januar 1992 wurde der Vorschlag zur Erweiterung des Rates mehrheitlich abgelehnt. Die britische Regierung befürwortete jedoch grundsätzlich eine Reform im Sinne einer Erweiterung, äußerte sich zunächst jedoch verhalten über die Natur und den Zeitpunkt der Reform sowie über einen Sitz für Deutschland.[119] Nicht immer wurde erkenntlich, ob das Land die Erweiterung befürwortete oder nicht sogar indirekt verzögern wollte. Nichtsdestotrotz setzte sich jedoch die Einsicht durch, dass ein Reformprozess nicht aufzuhalten

[116] Vgl. Volger, Geschichte der Vereinten Nationen, S.170ff.

[117] UN Security Council, UN Doc. S/RES/678 (1990) v. 29.11.1990.

[118] Vgl. Ernst-Otto Czempiel, Die Reform der UNO. Möglichkeiten und Mißverständnisse, München 1994, S.60ff.

[119] Vgl. Lisette Andreae, Reform in der Warteschleife. Ein deutscher Sitz im UN-Sicherheitsrat? München 2002, S.203-208.

sei und sich das Vereinigte Königreich stärker in die Debatte einbringen musste, um diese auch zu ihrem Gunsten beeinflussen zu können. Großbritannien lehnte es aber, ebenso wie Frankreich, aus Prestige- und Machtgründen ab, den eigenen Sitz zugunsten einer einzigen EU-Vertretung aufzugeben.

John Major hielt auch an der UN-kritischen Politik Margaret Thatchers bezüglich der Finanzierung der Vereinten Nationen und dem effizienten Einsatz von Haushaltsmitteln fest.[120] Gleichzeitig forderte er jedoch, dass sich die Mitgliedstaaten im Klaren darüber sein sollten, dass die Organisation nur dann wirkungsvoll arbeiten könne, wenn sie über die ihr zugesagten Mittel verfügen konnte. In seiner von der internationalen Presse mit Wohlwollen aufgenommenen Rede vor der Generalversammlung am 23. Oktober 1995, die sich hauptsächlich mit der Effizienz der Organisation bei der Gestaltung der Rahmenbedingungen für die internationale Politik beschäftigte, erklärte der Premierminister, dass „es für die Staaten nicht tragbar sei, in den Genuss einer Vertretung zu kommen, ohne dafür Abgaben zu leisten *(no representation without taxation)*."[121] Diese Aussage zielte direkt gegen das Verhalten der Vereinigten Staaten, welche sich zu diesem Zeitpunkt mit knapp 1,3 Milliarden US-Dollar im Zahlungsrückstand befanden. Die britische Regierung demonstrierte auf diese Weise, dass sie trotz der allgemein guten anglo-amerikanischen Beziehungen nicht bereit war, eine Schwächung der Vereinten Nationen durch fehlende Unterstützung eines ständigen Sicherheitsratsmitglieds zu tolerieren.[122]

3.2 Die Bedeutung der drei Kreise britischer Außenpolitik

Der britische Premierminister Winston Churchill beschrieb die weltpolitische Position seines Landes nach dem Zweiten Weltkrieg als an der Schnittstelle dreier außenpolitischer Kreise gelegen – den USA, (West-)Europa und dem Commonwealth – und leitete daraus eine bedeutende internationale Rolle Großbritanniens auch nach der Auflösung des

[120] Vgl. Global Policy Forum, Chronology of the UN Financial Situation 1995, http://globalpolicy.org/finance/chronol/fin1995.htm Stand: 11.08.2008.

[121] Zit nach ebd.

[122] Vgl. Groom/Taylor, The United Kingdom and the United Nations, S.388.

Empire ab.[123] Besonders in den Vereinten Nationen sollte diese Position zum Vorteil britischer Außenpolitik eingesetzt werden, um die Mittlerrolle der Briten bei Konflikten zwischen den drei Kreisen zu stärken. Im Folgenden sollen die drei Kreise britischer Außenpolitik, auf die auch alle nachfolgenden Regierungen, ungeachtet dessen, ob sie konservativ oder sozialdemokratisch waren, Bezug nahmen, näher betrachtet und ihre Relevanz für die Politik des Vereinigten Königreiches in den UN bestimmt werden.

3.2.1 Die „special relationship" zu den USA

Von entscheidender Bedeutung für das außenpolitische Handeln Großbritanniens ist die besondere Beziehung zu den USA. Diese entwickelte sich vor allem in der Kriegs- und Nachkriegszeit, in der sich gemeinsame Aktivitäten für beide Länder als besonders fruchtbar erwiesen und sich die Briten durch ihren Einsatz im vergangenen Krieg den Respekt und das Vertrauen der Amerikaner verdient haben.[124] Selbstverständlich spielt aber auch eine Rolle, dass beide Nationen sowohl über die gleiche Sprache und eine auf gleichen Wurzeln basierende Kultur, als auch über ein ähnliches Rechts- und Wertesystem verfügen. Diese Faktoren formen die anglo-amerikanische Beziehung zu einer „special relationship", die jedoch nicht immer frei von innerer und äußerer Kritik ist. Besonders im Spannungsverhältnis zwischen Europa, dem Commonwealth und den anglo-amerikanischen Beziehungen fällt es dem Vereinigten Königreich schwer, eine kontinuierliche außen- und UN-politische Linie zu verfolgen. So wurde bereits Jahre vor der Debatte um den Krieg im Irak 2003 von europäischer Seite der Vorwurf laut, dass die Briten den USA näher ständen als der Europäischen Union, mit der sie jedoch sowohl geographisch als auch völkerrechtlich enger verbunden sind.[125]

Nur geschlossen sahen sich beide Länder, die zu Kriegsende noch eine ähnliche internationale Bedeutung innehatten, im Stande, der wachsenden Bedrohung durch die Sowjetunion entgegenzutreten.[126] Mehr und mehr, besonders nach dem Tode Franklin D. Roosevelts

[123] Vgl. Lothar Kettenacker, Großbritannien in der neuen Weltordnung seit 1945, in: Hans Kastendiek/Roland Sturm (Hrsg.), Länderbericht Großbritannien, 3. Auflage. Bonn 2006, S.522.

[124] Vgl. Stefan Fröhlich, Special Relationship. Großbritannien und die USA, in: Hans Kastendiek/ Roland Sturm (Hrsg.), Länderbericht Großbritannien, 3. Auflage. Bonn 2006, S.533.

[125] Vgl. Gideon Rachman, Is the Anglo-American Relationship Still Special? in: The Washington Quarterly, 24 2001, Nr. 2, S.7.

[126] Vgl. Fröhlich, Special Relationship, S.533.

und dem Ausscheiden Winston Churchills aus dem Amt des Premierministers, welche eine enge freundschaftliche Beziehung verband und die gemeinsam gleichberechtigt die UN aus der Taufe hoben, musste sich Großbritannien jedoch der Realität stellen, dass es in Zukunft innerhalb des bilateralen Verhältnisses lediglich die Rolle eines Juniorpartners einnehmen würde. Das amerikanische Militär sowie die amerikanische Wirtschaft überflügelten die des britischen Partners schon bald um Längen. Großbritannien war zudem zunehmend abhängig von US-amerikanischen Krediten.[127] Während der Einfluss der USA immer größer wurde, verringerte sich der Großbritanniens zusehends. Dennoch bestand auf britischer Seite stets der Wunsch, mit Washington so dauerhaft wie möglich auf Augenhöhe zu agieren und einen möglichst gleichberechtigten Status in der Weltpolitik einzunehmen. Ein optimales Podium für diese außenpolitische Selbstdarstellung zwischen Loyalität zu den USA auf der einen sowie dem gesunden außenpolitischen Selbstbewusstsein eines ehemaligen Empire und einer europäischen Mittelmacht auf der anderen Seite bot der ständige Sitz im Sicherheitsrat. Innerhalb der UN konnte man sowohl mit dem amerikanischen Partner, vor allem im Kontrast zu den UdSSR, kooperieren als auch die Unterschiede hervorheben, die vor allem in der Einstellung zur Art und Weise der Lösung von Konflikten mit anderen Staaten auftraten. Während die USA im Verlauf des Kalten Krieges schon bald dazu tendierten, Krisen durch den Einsatz bzw. die Androhung militärischer Sanktionen entgegenzutreten, vertrat das Vereinigte Königreich eher die Auffassung, dass derartige Probleme erfolgreicher und nachhaltiger gelöst werden können, würde man auf diplomatische Verhandlungen oder weiche Sanktionen wie z.B. begrenzte Wirtschaftsembargos setzen.[128] Aus diesen unterschiedlichen Einstellungen und der guten Beziehungen beider Länder zueinander ergab sich jedoch eine Art politischer Ausgleich des Wetstens im Sicherheitsrat, in dem Großbritannien die moralische Komponente beizusteuern vermochte. Teilweise wird sogar die These vertreten, dass die Amerikaner die Briten bei Verhandlungen in den UN vorgeschickt haben, um US-Initiativen vom Vorwurf unilateralen Vorgehens zu bewahren.[129]

Das sehr gute Verhältnis zwischen Großbritannien und den USA nach dem Zweiten Weltkrieg kann zudem auch als ein einmaliger Vor-

[127] Vgl. Fröhlich, Special Relationship, S.534.

[128] Vgl. Groom/Taylor, The United Kingdom and the United Nations, S.379.

[129] Vgl. Rachman, Is the Anglo-American Relationship Still Special?, S.9f.

gang in der Weltgeschichte bezeichnet werden, da nie zuvor derartig enge Bindungen zwischen zwei Großmächten geherrscht haben. Dennoch ist festzustellen, dass die Betrachtungsweisen dieses Verhältnisses in beiden Ländern von unterschiedlicher, vielleicht sogar asymmetrischer Natur sind.[130] Während Großbritannien von der Einzigartigkeit der „special relationship“ für beide Nationen weitestgehend überzeugt ist und die britische Außenpolitik ohne die Unterstützung durch die USA weniger selbstsicher wäre, betrachtet Washington dieses Verhältnis weitaus pragmatischer, wenngleich nicht mit fehlendem Respekt. Die USA sind von Großbritannien weit weniger abhängig als andersherum. Auch die Beziehungen der USA zu Israel, Japan, Mexiko oder Kanada werden häufig als „special relationship“ bezeichnet.[131] Zumindest in Europa war London jedoch stets der verlässlichste Partner US-amerikanischer Außenpolitik.

Nicht immer konnten die anglo-amerikanischen Beziehungen als reibungslos bzw. bedingungslos loyal bezeichnet werden. Dies begründet sich unter anderem in dem bereits erwähnten Spannungsfeld zwischen Europa, den USA und dem Commonwealth. In einigen Themenbereichen herrschte wenig Einklang zwischen beiden Nationen.[132] Großbritannien übte zum Beispiel scharfe Kritik an der Korea- und Chinapolitik der USA in den frühen 1950er Jahren, an der strikten Eindämmungsstrategie gegenüber der Sowjetunion oder dem Krieg in Vietnam. Auf der anderen Seite kritisierten die Amerikaner das überhebliche und nicht mehr der politischen Realität entsprechende Auftreten der Briten im Nahen und Mittleren Osten. Die USA waren bestrebt, die britischen Regierungen davon zu überzeugen, dass die Kolonialzeit Vergangenheit und ein umso stärkeres Engagement der Insel in Fragen der Europapolitik vor dem Hintergrund der Ost-West-Konfrontation von ungleich höherer Bedeutung war. Da die Briten lange Zeit über eine hohe Europaskepsis verfügten, sahen sie sich durch diese Forderung aus Übersee zusätzlich bevormundet. Dennoch waren auch sie Teil eines westlichen, von den USA geführten Bündnisses gegen die von dem kommunistischen Block ausgehende Bedrohung. Schon aus diesem Grunde suchte man die Nähe zu Amerika und akzeptierte die Bedingungen des „großen Bruders“, der ein geeintes Europa als wichtigen Partner im ideologischen Kampf gegen die Sowjetunion betrach-

[130] Vgl. Fröhlich, Special Relationship, S.533.

[131] Vgl. Rachman, Is the Anglo-American Relationship Still Special?, S.7f.

[132] Vgl. Fröhlich, Special Relationship, S.535f.

tete. Dennoch wechselten sich, je nach britischer Regierung, Phasen der Nähe zu Europa mit denen der Verbundenheit mit den USA ab. Ab und an war es für Großbritannien sogar überaus wichtig, sich von Washington zu distanzieren, um einerseits die Sympathien anderer Länder zu sichern oder andererseits zu signalisieren, dass man nicht blind jeder amerikanischen Initiative folgen würde.

Das eigentliche Rückgrat der anglo-amerikanischen Beziehungen in der Außen- und Sicherheitspolitik beider Länder stellt die Zusammenarbeit im nachrichtendienstlichen und waffentechnischen Bereich dar. Mit keiner anderen Nation auf der Welt pflegt Großbritannien derartig enge Verbindungen auf diesen Gebieten. Sogar gegenüber der Europäischen Union verhielt sich die britische Regierung stets bedeckter, wenn es um die Bereitstellung geheimdienstlicher Informationen oder den Austausch von Waffentechnologien ging. Zudem basiert das nukleare Abschreckungspotential der Insel auf Technologien, die in den 1950er und 60er Jahren von den USA erworben wurden. Dies ist als einmaliger Vorgang auch in der amerikanischen Außenpolitik zu werten. Gemeinsam setzen sich beide Nationen daher für die Stärkung von Mechanismen ein, die nukleare Proliferation verhindern sollen sowie für Maßnahmen zur Verteidigung gegen den Einsatz von Atomwaffen durch feindliche Staaten oder terroristische Gruppierungen.[133] Sie unterstützen im besonderen Maße die IAEO, die Teil des UN-Systems ist, sowie andere völkerrechtliche Institutionen wie den Atomwaffensperrvertrag, um die Verbreitung von Nuklearwaffen auf den bereits etablierten Kreis von offiziell fünf und inoffiziell neun Atomwaffenstaaten zu begrenzen. Diese intensive anglo-amerikanische Zusammenarbeit auf dem Gebiet führte jedoch häufig zu Konflikten mit anderen europäischen Nationen, vor allem mit Frankreich, das als einziges kontinentaleuropäisches Land auch über Atomwaffen verfügt.[134] Das Spannungsverhältnis wurde besonders offensichtlich als die französische Regierung unter Charles de Gaulle 1963 das Beitrittsgesuch Großbritanniens zur EWG aufgrund des im Jahr zuvor zwischen London und Washington ausgehandelten Abkommens über den Kauf des amerikanischen Polaris-Trägerraketensystems durch die britischen Streitkräfte ablehnte. Diese zweifellos sehr emotionale Reaktion des französischen Präsidenten warf einen britischen Beitrag zum europäischen Integrationsprozess um wenigstens ein Jahrzehnt zurück

[133] Vgl. Rachman, Is the Anglo-American Relationship Still Special?, S.9.

[134] Vgl. Fröhlich, Special Relationship, S.537.

und band die britische Politik zusätzlich enger an den amerikanischen Partner. Das Beispiel demonstriert die Probleme, die sich bis heute auf dem europäischen Kontinent aus einer zu engen Kooperation zwischen Großbritannien und den USA ergeben. Sogar ein Beitritt Großbritanniens zum NAFTA wird von Zeit zu Zeit thematisiert, ohne jedoch grundsätzlich zur Debatte zu stehen.[135]

Wie bereits bei dem Beispiel Roosevelts und Churchills deutlich wurde, spielen oftmals auch persönliche Beziehungen zwischen den Regierungschefs eine wichtige Rolle dabei, inwieweit eine Zusammenarbeit mit dem amerikanischen Partner von britischer Seite unterstützt oder eher abgelehnt wird. Auch in dieser Hinsicht gab es sehr unterschiedliche Phasen. Während das Verhältnis zwischen Richard Nixon und Edward Heath zu Beginn der 1970er Jahre so schlecht war, dass beide die Beziehungen nur noch als eine „natural relationship" bezeichneten,[136] gilt jenes zwischen Ronald Reagan und Margaret Thatcher in den 80er Jahren als besonders freundschaftlich, wenn nicht sogar, nach Aussage Thatchers, als „einzigartig".[137] Diese persönliche und politische Freundschaft, die auf gleichen Ansichten in Bezug auf militärische, politische und wirtschaftliche Problemlösungsstrategien beruhte, bietet eine zusätzliche Erklärung dafür, dass Großbritannien dem Beispiel der USA folgte und 1985 aus der UNESCO austrat. Zudem unterstützten die Amerikaner die britischen Streitkräfte während des Falkland-Krieges 1982. Aufgrund dieser hervorragenden Beziehungen war es während der Regierungszeit Reagans auch lediglich Großbritannien möglich, Einfluss auf die Politik der US-Regierung zu nehmen, die zu dieser Zeit der Sowjetunion gegenüber eine deutlich härtere Gangart einlegte. Dies führte nicht unbedingt zu einem internationalen politischen Klima, in dem sich die britische Außenpolitik ungehemmt bewegen konnte. Dennoch war das anglo-amerikanische Verhältnis selten so stabil und eng wie zu jener Zeit. Die guten Beziehungen konnten auch mit Reagans Nachfolger, George W. H. Bush, aufrechterhalten werden. Sogar von einer „Partnership in Leadership" beider Länder, die jedoch ebenso für das deutsch-amerikanische Verhältnis aufgebaut werden sollte, war von amerikanischer Seite die Rede.[138] Aufgrunddessen waren sich beide Regierungen auch schnell einig

[135] Vgl. Rachman, Is the Anglo-American Relationship Still Special?, S.14f.

[136] Vgl. Fröhlich, Special Relationship, S.539.

[137] Zit. nach ebd., S.540.

[138] Vgl. Frank Kuperschmidt, The United Kingdom between Transatlantic Relationship and European Integration. Pragmatism Put to the Test, Berlin 2007, SWP Working Paper, S.1.

in Bezug auf das militärische Vorgehen gegen den Irak im Zuge des Zweiten Golfkriegs 1991 und konnten die entsprechende Resolution mit gemeinsamer Anstrengung, aber auch in Anbetracht der neuen russischen Schwäche durch den Zerfall des Sowjetreiches, erfolgreich im Sicherheitsrat durchbringen.

Mit der Amtseinführung Bill Clintons als 42. US-Präsident flaute das gute Verhältnis zwischen Großbritannien und den USA etwas ab. Mit Clinton hielt eine neue Generation von Politiker Einzug in das Weiße Haus und die internationalen Beziehungen. Seine Politik sollte verstärkt auf multilaterale Zusammenarbeit und eine neue militärische Aufgabenteilung ausgerichtet sein.[139] Sowohl den Vereinten Nationen als auch der Neuausrichtung der NATO sollte eine stärkere Bedeutung in der amerikanischen Außenpolitik zu Teil werden. Zudem forderte Clinton, auch aus der leidvollen Erfahrung des Versagens der EU im Balkankonflikt heraus, vermehrte Anstrengungen der Europäer zur Etablierung einer Gemeinsamen Außen- und Sicherheitspolitik sowie einer europäischen Armee. Die Verantwortung für die Sicherheit Europas sollte nicht mehr nur in den Händen der NATO und somit indirekt den USA liegen, sondern vor allem bei den Europäern selbst. Die Major-Regierung konnte diese Einstellung aufgrund ihrer hohen Europaskepsis nicht teilen und zögerte bei der Unterstützung dieser Vorschläge.

Nicht erst seit den Ereignissen um den Irak-Krieg 2003 muss sich Großbritanniens UN-Politik an der Enge der Beziehungen zu den USA messen lassen. Trotz der Nähe beider Länder zueinander existierten gerade im Umgang mit dem System der Vereinten Nationen entscheidende Unterschiede. Während die USA aufgrund ihrer wirtschaftlichen und militärischen Stärke eher dazu neigten, auch über die Beschlüsse des Sicherheitsrats und der Generalversammlung hinweg zu handeln, sah sich Großbritannien in einer Position, die auf den Erhalt des „guten Rufes“ seiner Außenpolitik und den Primat multilateralen Handelns gerichtet war. Doch zweifellos stellte die Absprache und die Zusammenarbeit mit der mächtigsten Nation der Erde auch Möglichkeiten zur Verfügung, eigene Interessen stärker in der internationalen Politik durchzusetzen.

[139] Vgl. Peter Rudolf/Jürgen Wilzewski, Beharrung und Alleingang. Das außenpolitische Vermächtnis William Jefferson Clintons, in: APuZ, 2000, Nr. 44, S.32f.

3.2.2 Großbritannien und Europa

Das Verhältnis Großbritanniens zu Kontinentaleuropa und dem europäischen Integrationsprozess ist im Gegensatz zu den auf kulturellen und sprachlichen Verbindungen basierenden Beziehungen zu den USA eher von einer pragmatischen, rationalen Herangehensweise geprägt.[140] Obwohl sich Großbritannien in Folge des Zweiten Weltkrieges für eine starke wirtschaftliche und sogar militärische Zusammenarbeit der europäischen Nationen einsetzte, konnte sich das Land nur wenig mit der Idee einer supranationalen europäischen Organisation anfreunden, welche die Souveränität der Mitgliedstaaten einzuschränken vermochte. Die Kooperation sollte nur dann erfolgen, wenn vitale Interessen Großbritanniens durch diese nicht beeinträchtigt wurden oder keine negativen innen- wie außenpolitische Auswirkungen zu erwarten waren. Diese grundlegende, im Vergleich zu Frankreich und Deutschland deutlich europaskeptischere Haltung äußerte sich schon während der Nachverhandlungen zum Beitritt des Vereinigten Königreichs zur EG 1975 und dem Fernbleiben des Landes vom Europäischen Währungssystem 1979. Zudem gab es in den 1980er Jahren heftige Auseinandersetzungen über die Haushaltspolitik der Gemeinschaft[141] sowie die Durchsetzung von Ausstiegsklauseln im Vertragswerk von Maastricht 1992/93.[142] Dennoch ist festzustellen, dass die britische Europapolitik, besonders in den 1990er Jahren, weit davon entfernt war, das Gemeinschaftsprojekt grundsätzlich abzulehnen. Allerdings waren die Prioritäten auf der Insel anders gelagert als auf dem Festland. Wichtig für Großbritannien war vor allem der Aufbau eines wirkungsvollen europäischen Verteidigungspotenzials, auch wenn befürchtet wurde, dass die Institution dieser Herausforderung nicht gewachsen sein würde.[143] Zudem unterstützten die Briten das Engagement um eine Gemeinsame Außen- und Sicherheitspolitik, jedoch stets unter der Voraussetzung, diese würde nur auf intergouvernementaler Ebene stattfinden. Gleiches galt in Hinsicht auf die Erweiterungs-, Binnenmarkt- und Außenhandelspolitik der EU, denen Großbritanni-

[140] Vgl. Simon Bulmer, Großbritannien und/in Europa, in: Hans Kastendiek/Roland Sturm (Hrsg.), Länderbericht Großbritannien, 3. Auflage. Bonn 2006, S.549.

[141] Im Zuge der Auseinandersetzung ist die Rückforderung britischer Beitragszahlungen 1984 durch Premierministerin Margaret Thatcher mit den Worten „I want my money back" besonders im kollektiven politischen Gedächtnis Europas zurückgeblieben, in deren Zuge der sog. „Briten-Rabatt" durchgesetzt werden konnte, der eine Senkung der britischen Zahlungen um zwei Drittel zur Folge hatte.

[142] Vgl. ebd.

[143] Vgl. ebd., S.554-558.

en ausgesprochen liberal gegenüberstand, solange sich diese nicht zu umfangreich auf innenpolitische Prozesse auswirkten.[144]

In den Vereinten Nationen, insbesondere im Sicherheitsrat, ist die GASP stark auf die beiden europäischen ständigen Mitglieder Großbritannien und Frankreich angewiesen.[145] In den meisten Fällen funktioniert diese Koordination sehr gut, stößt aber vor allem dann an Grenzen, wenn die Auffassungen zu einem bestimmten Vorgehen der UN sehr unterschiedlich sind und die nationalen Interessen überwiegen. Dabei ist zu beachten, dass Großbritannien und Frankreich ihre Position im Rat als rein nationale statt europäische Möglichkeit der Einflussnahme auf die Weltpolitik betrachten.[146] Schon zwischen den beiden Staaten kann es zu sehr unterschiedlichen Positionen in bestimmten Themenbereichen bzw. zu einem bestimmten Vorgehen kommen.[147] Ein Sitz der EU im UN-Sicherheitsrat unter der Prämisse, dass Großbritannien und Frankreich auf ihren verzichten, war schon immer – und auch naher Zukunft – für alle Beteiligten völlig undenkbar. Die britische und französische Außenpolitik betrachten ihr noch hohes weltpolitisches Gewicht als das Resultat ihres nuklearen Potential und des Sitzes im Sicherheitsrat. Die beiden europäischen Vertreter in diesem sprechen sich stattdessen für jenes Erweiterungsmodell aus, das sechs weiteren Staaten das Privileg einer ständigen Mitgliedschaft zugestehen würde. Mit der Unterstützung einer deutschen Bewerbung auf einen solchen Sitz sehen sie den europäischen Einfluss eher gestärkt als durch die Reduzierung auf einen gemeinsamen EU-Sitz. Mit dieser Einstellung stoßen sie jedoch schon innerhalb der Europäischen Union auf Widerstand. Der sog. „Coffee Club“,[148] eine Gruppe von Staaten, angeführt von Italien,[149] Pakistan, Südkorea, Argentinien und Mexiko, lehnt eine Erweiterung des Sicherheitsrats um die Länder Deutschland, Indien, Japan und Brasilien[150] entschieden ab und fordern statt-

[144] Weiterführend zur britischen Europapolitik: Ian Bache/Andrew Jordan (Hrsg.), The Europeanization of British Politics, Basingstoke/New York 2006.

[145] Vgl. Mariele Schulze Berndt, Zwei für alle, http://archiv.tagesspiegel.de/archiv/10.10.2003/782467.asp Stand: 27.08.2008.

[146] Vgl. Hans Arnold, EU, GASP in den UN, in: Helmut Volger (Hrsg.), Lexikon der Vereinten Nationen, Oldenburg 2000, S.115.

[147] Vgl. Stefan Ulrich, Am besten würde das Veto abgeschafft. Interview mit Tono Eitel vom 01.12.2004, http://www.sueddeutsche.de/ausland/artikel/2/43958 Stand: 27.08.2008.

[148] Die eigentliche Bezeichnung der Gruppierung lautet „Uniting for Consensus“.

[149] In Europa wird Italien vor allem von Spanien und den Niederlanden in dieser Position unterstützt.

[150] Die sog. G4-Staaten, die eine Erweiterung des Rates um sechs weitere ständige Mitglieder, die vier genannten sowie zwei afrikanische Staaten, erreichen wollen.

dessen einen ganzheitlichen europäischen Sitz. Nichtsdestotrotz, lässt man die Debatten um die Erweiterung und die Politik des Sicherheitsrats außen vor, verfügt die EU im System der Vereinten Nationen über beträchtliche Einflussmöglichkeiten, die auch durch Großbritannien gestützt werden.[151] Dies beruht allein schon auf der Tatsache, dass die EU-Mitgliedstaaten über etwa ein Siebtel der Stimmen in der Generalversammlung verfügen und der Anteil dieser Staaten am UN-Haushalt bei mehr als einem Drittel liegt. Ständige Konsultationen der EU-Staaten in New York ermöglichen eine gute Koordination der nationalen UN-Politiken mit dem Ergebnis, dass im Schnitt bei 95 Prozent der Konsens- und 80 Prozent der Mehrheitsabstimmungen in der Generalversammlung eine Einstimmigkeit unter den Vertretern der EU herrscht. Hierbei bildet Großbritannien keine Ausnahme, sondern einen wichtigen Faktor der Meinungsbildung und Entscheidungsfindung.

3.2.3 Die Rolle des Commonwealth

Das Commonwealth of Nations besteht aktuell aus 54 Mitgliedstaaten, welche allesamt auch in den Vereinten Nationen Vertretung finden. Sie verfügen somit über mehr als ein Viertel der Stimmen in der Generalversammlung. Für viele der Staaten, die im Commonwealth assoziiert sind, stellt dieser eigentlich lose Zusammenschluss ehemaliger britischer Kolonien,[152] die sowohl in ihrer Größe und Macht als auch in ihren kulturellen Traditionen sehr unterschiedlich beschaffen sind, eine außerordentliche Möglichkeit dar, mehr Einfluss auf weltpolitische Fragen zu nehmen.[153] Besonders KIeinststaaten wie Tuvalu und Nauru bekommen die Möglichkeit, sich gegenüber großen Staaten wie Großbritannien und Kanada Gehör zu verschaffen.[154] Innerhalb der UN selbst ist es ungleich schwieriger, derartig enge Kontakte zwischen so unterschiedlichen Staaten zu knüpfen. Aus diesem Grunde wird das

[151] Vgl. Arnold, EU, GASP in den UN, S.114f.

[152] Namibia (ab 1990), Mosambik (ab 1995) und Kamerun (ab 1995) sind die einzigen Commonwealth-Staaten ohne jemals vollständig (Namibia und Kamerun waren es zumindest partiell) eine britische Kolonie gewesen zu sein. 2009, also nach der Amtszeit Tony Blairs und der Erstellung dieser Studie, trat auch Ruanda als 54. Staat dem Commonwealth bei. Ruanda war ebenfalls keine britische Kolonie, sondern bis 1916/18 Teil Deutsch-Ostafrikas und bis zur Unabhängigkeit 1962 ein von Belgien verwaltetes Gebiet.

[153] Vgl. Mergel, Großbritannien seit 1945, S.101f.

[154] Vgl. Martin Kitchen, The British Empire and Commonwealth. A Short History, Basingstoke/London 1996, S.144f.

Commonwealth auch als eine Art „Mini-Vereinte Nationen“[155] bezeichnet, das sich speziellen Problemen viel einfacher und ungezwungener annehmen kann als es die Weltorganisation vermag. Probleme unter den Mitgliedern werden vorrangig im Commonwealth selbst erörtert und finden nur selten den Weg in die Generalversammlung oder den Sicherheitsrat.[156] Durch den hohen Anteil der Commonwealth-Staaten in den UN ist auch die Wahrscheinlichkeit, dass sich unter den zehn nicht-ständigen Mitgliedern des Sicherheitsrats ein Mitglied des Zusammenschlusses befindet sehr hoch, was bei guter Koordination der Stimme der ihm angehörenden Staaten deutlich mehr Nachdruck verleihen kann. Der britischen Außen- und UN-Politik verschaffen die Bindungen zu den breit gestreuten Mitgliedern des Commonwealth sehr große Einflusssphären, in der Vergangenheit sogar über die Grenzen der beiden Machtblöcke des Kalten Krieges hinweg. Die Rolle Großbritanniens ist die eines „ehrlichen Maklers“, der auch von den UN verstärkt konsultiert wird, wenn Probleme mit einem Mitglied des Commonwealth auftreten. Insbesondere für viele afrikanische Staaten des Commonwealth stellen die Briten einen verlässlicheren Partner in Fragen der Entwicklungs- und Sicherheitspolitik dar als beispielsweise die USA, die sich in der Vergangenheit als eher temporäre und weniger auf Nachhaltigkeit ausgerichtete Verbündete herauskristallisierten. Großbritannien kann sich im Gegenzug darauf verlassen, dass viele seiner Initiativen durch einen hohen Anteil an Stimmen in der Generalversammlung gedeckt werden.

Probleme in den Vereinten Nationen zwischen den Commonwealth-Staaten ergeben sich vor allem dann, wenn die Interessen der hochentwickelten Mitglieder wie Großbritannien, Kanada und Australien im Gegensatz zu denen der Entwicklungsländer stehen. Viele der letztgenannten gehören den sog. G77 an, einem losen Zusammenschluss von etwa 130 Ländern, der eine stärkere Berücksichtigung der Interessen von Entwicklungsländern auf dem Weltmarkt und im internationalen System fordert. Nicht immer herrschte darum völlige Einigkeit zwischen dem Vereinigten Königreich und diesen Staaten. Dennoch wurde oft deutlich, dass Großbritannien gesteigerten Wert auf die Interessen der im Commonwealth assoziierten Mitglieder legte. Zudem fühlen sich die Commonwealth-Mitgliedstaaten, genau wie die UN, bestimmten Grundwerten wie der Achtung der Menschenrechte verpflichtet

[155] Kitchen, The British Empire and Commonwealth, S.144.

[156] Vgl. Mergel, Großbritannien seit 1945, S.101f.

und versuchen diese bestmöglich innerhalb des Verbundes durchzusetzen.[157] Dass diese Rolle durchaus ernst genommen wird, zeigten die Auseinandersetzungen mit Südafrika Ende der 1950er Jahre besonders deutlich. Der Druck der restlichen Commonwealth-Mitglieder auf das Apartheidsregime wurde so groß, dass es 1961 den Bund verließ und erst 1994 wieder aufgenommen wurde. Ansonsten pflegen die Commonwealth-Staaten untereinander den wissenschaftlichen Austausch und haben ein gut funktionierendes Entwicklungshilfesystem geschaffen. Der Bund verfügt seit 1965 über ein eigenes Sekretariat, das über gute Kontakte zu verschiedenen UN-Organisationen verfügt. Darunter fallen unter anderem die UNCTAD, das UNDP oder die WTO. Großbritannien nimmt als die faktische Führungsnation des Commonwealth und als ein Land mit hoher Bedeutung in den UN eine Schlüsselrolle in der Aufrechterhaltung der Kontakte und der Zusammenarbeit zwischen den beiden Organisationen wahr.[158] Auf der Nicht-Regierungsebene ist mit der *Organisation of Commonwealth United Nations Associations* unter Vorsitz der UNA-UK in den 1980er Jahren ein konsultativer Zusammenschluss der nationalen Gesellschaften für die Vereinten Nationen mit dem Ziel geschaffen worden, vor allem im Vorfeld der zweijährig stattfindenden Treffen der Commonwealth-Regierungschefs auf anstehende UN-Thematiken hinzuweisen und Vorschläge zum gemeinsamen Vorgehen in der Organisation zu unterbreiten.[159]

3.3 Zwischenfazit: Grundlegende Erwartungen an eine zukünftige UN-Politik Großbritanniens

Die Vereinten Nationen können als der direkte Schnittpunkt der drei Kreise bezeichnet werden, in denen sich die britische internationale Politik seit dem Ende des Zweiten Weltkriegs bewegt. Diese Position und der privilegierte Status des Landes im UN-System, verleihen dem Vereinigten Königreich Möglichkeiten, über die andere Staaten nicht im gleichen Maße verfügen können. Die Briten haben

[157] Vgl. Kitchen, The British Empire and Commonwealth, S.144-149.

[158] Weiterführend zur Entwicklung und Politik des Commonwealth: Ebd..

[159] Vgl. Homepage des Commonwealth Secretariat, Organisation of Commonwealth United Nations Associations (OCUNA), http://www.thecommonwealth.org Stand: 31.08.2008.

sich als ein Vermittler zwischen den auf verschiedenen Kulturen und zum Teil auf sehr unterschiedlichen wirtschaftlichen wie militärischen Stärken beruhenden Interessen in den UN etabliert. Im Gegensatz zu seinem engsten Verbündeten, den USA, welche den UN und multilateralem Handeln unter republikanischen Präsidenten stets ferner standen als unter demokratischen, zog Großbritannien, meist unabhängig von der regierenden Partei, bei der Lösung von Konflikten den Weg über die diplomatischen Kanäle der Vereinten Nationen stets vor. Die große Ausnahme bildete die Suezkrise 1956. Während dieser untergrub die britische Regierung, gemeinsam mit der französischen, die völkerrechtliche Autorität des UN-Sicherheitsrats massiv. Die Folgen dieses unilateralen Handelns wogen innen- und außenpolitisch jedoch schwer. Die Krise markierte den Höhepunkt des Abstiegs Großbritanniens vom Weltmachtstatus und hob das Ansehen der UN in der britischen Bevölkerung auf eine nochmals höhere Ebene. Von diesem Zeitpunkt an konzentrierte sich die Außenpolitik des Vereinigten Königreiches vor allem auf ihre die Kulturkreise verbindende Rolle sowie auf jene einer „moralischen Instanz" bei Entscheidungen innerhalb der westlichen Welt und der Organisation. Dies hinderte die britischen Regierungen jedoch nicht daran, Kritik an der Effizienz dieser zu üben und einen eigenen, vor allem für Großbritannien charakteristischen pragmatischen Ansatz bei der Gestaltung der Arbeitsprozesse und Aufgabenverteilung im UN-System zu vertreten.

Die folgenden Punkte sollen die Erwartungen an die Politik der Labour-Regierung auf Basis der historischen Erfahrungen Großbritanniens in den UN und in den internationalen Beziehungen, unter Einbeziehung der von Groom und Taylor 1995 aufgestellten Annahmen,[160] zum Zwecke der späteren Vergleichbarkeit formulieren:

- Eine Labour-Regierung wird dem System der Vereinten Nationen traditionell grundsätzlich offener gegenüberstehen und multilaterale Handlungen bevorzugen. Ein Wiedereintritt Großbritanniens in die UNESCO sowie die Aufhebung der von Thatcher und Major forcierten Politik des Nullwachstums ist unter den Sozialdemokraten sehr wahrscheinlich.
- Im Hinblick auf die innen- und außenpolitisch negativen Erfahrungen, welche die britische UN-Politik während der Suezkrise gesammelt hat, ist ein wiederholtes unilaterales militärisches Vorgehen des

[160] Vgl. Groom/Taylor, The United Kingdom and the United Nations, S.402f.

Landes ohne die Rückendeckung des UN-Sicherheitsrats und entgegen den Zielen des Partners USA unwahrscheinlich.

- Die britischen Regierungsvertreter werden weiterhin eine Reform der Organisation fordern, um politische Prozesse effizienter zu gestalten und ihre Struktur den weltpolitischen Bedingungen anzupassen.
- Die Zusammenarbeit der amerikanischen und britischen Außen- und UN-Politik bleibt traditionsgemäß eng. Jedoch wird ein demokratischer US-Präsident mit einem Labour-Premierminister aufgrund der gemeinsamen Vorstellungen über multilaterales Vorgehen und der Bedeutung internationaler Organisationen wahrscheinlich enger zusammenarbeiten als ein Republikaner mit einem Sozialdemokraten.
- Die britische Regierung, insbesondere unter der Labour-Partei, wird an der Rolle des Landes als „moralische Instanz“ der anglo-amerikanischen Partnerschaft festhalten und die Bedeutung des UN-Systems für die Lösung internationaler Konfliktsituationen stets stärker hervorheben als die US-Amerikaner.
- Großbritannien wird seine Mittlerrolle zwischen den USA, Europa und dem Commonwealth im Sicherheitsrat und in der Generalversammlung weiter wahrnehmen und auf einen Ausgleich der Interessen dieser drei Kreise seiner Außenpolitik bedacht sein.
- Die britische Regierung wird, aufgrund der kolonialen Vergangenheit des Landes und der noch immer guten Beziehungen zu den ehemaligen Kolonien, das internationale Entwicklungssystem stark unterstützen.

4 Einflüsse auf die britische UN-Politik ab 1997

Mit dem Amtsantritt Tony Blairs als Premierminister am 2. Mai 1997 veränderten sich die Einflüsse, welche auf die UN-Politik Großbritanniens wirken konnten, im nicht unerheblichen Ausmaß. Nicht nur die Tatsache, dass die traditionell gegenüber internationalen Institutionen weitaus liberalere Labour-Partei nach 18 Jahren konservativer Tory-Regierungszeit nun wieder die Exekutive stellen konnte, sondern ebenfalls das bei weitem charismatischere innen- wie außenpolitische Auftreten des jüngsten Premiers seit 1812 im Vergleich zu seinem Vorgänger John Major, sollten die außen- und UN-politische Agenda Großbritanniens nachhaltig prägen.

Die folgenden Abschnitte sollen die spezifischen Einflüsse, welche die Politik des Landes gegenüber den Vereinten Nationen im Zeitraum von 1997 bis 2007 bestimmt haben, näher beleuchten. Neben einer Betrachtung der wichtigen außenpolitischen Leitlinien Labours und des persönlichen Regierungsstils Tony Blairs, sollen zuvor jedoch die Aufteilung (und Neustrukturierung) der UN-bezogenen Aufgaben im britischen Regierungssystem sowie die Bedeutung nationaler UN-Interessengruppen wie der UNA-UK für die Regierungspolitik und Wahrnehmung der UN auf der Insel untersucht werden. Am Ende sollen auch hier wieder eine Reihe von Erwartungshaltungen an die UN-Politik der Blair-Regierung für die ausgewählten Themenbereiche in Kapitel 5 formuliert werden. Diese werden die in Kapitel 3.3 gefassten Annahmen auf die besonderen Bedingungen unter New Labour und Tony Blair spezialisieren.

4.1 Nationale Aufgabenverteilung und UN-Präsenz

Das britische *Foreign and Commonwealth Office* nimmt im politischen System der Insel eine traditionell herausragende Stellung ein.[161] Es verfügt über ein ungewöhnlich hohes Maß an Autonomie, ein komplexes weltweites System von Außenstellen sowie weitreichende diplomatische Netzwerke. Im Laufe seiner Geschichte wurde das FCO mehrmals umstrukturiert und den zahlreichen weltpolitischen Veränderungen angepasst. So wurden z.B. das *Foreign* und das *Commonwealth Office* erst 1968 zusammengelegt, aber auch unter den häufigen Regierungswechseln zwischen Labour und Tories fanden stets Veränderungen in Bezug auf die Zuständigkeiten der Abteilungen und Ministerien statt. Besonders nach dem Ende des Kalten Krieges orientierte sich die britische Außenpolitik stärker an sog. „weichen Politikbereichen", wozu z.B. Menschenrechts-, Umwelt- und Entwicklungsfragen gehören. Da die Vereinten Nationen durch ihre komplexe Struktur und ihr breites Repertoire an problemorientierten Sonderorganisationen und Programmen auf viele dieser Themenfelder gezielt einwirken können, gehört die institutionelle Stärkung sowie die Unterstützung der Organisation beim Ausbau ihrer Abteilungen zu den erklärten Hauptmaßnahmen des FCO, um zur Schaffung und Sicherung einer globalen Friedensordnung beizutragen.[162] Doch gerade im Bereich dieser genannten „weichen Politikbereiche" musste das FCO weitreichende Kompetenzen an das neue *Department for International Development* abtreten.[163]

Zu Beginn der Amtszeit Tony Blairs 1997 verfügte das FCO über insgesamt 17 geographisch und thematisch aufgeteilte Führungsbereiche *(Commands/Directorates)*, welche je über eine verschiedene Anzahl an Unterabteilungen *(Departments)* verfügen konnten.[164] Alle Bereiche unterstanden auf der obersten Ebene dem britischen Außenminister *(Secretary of State for Foreign and Commonwealth Affairs)*,[165]

[161] Vgl. David Allen/Tim Oliver, The Foreign and Commonwealth Office, in: Ian Bache/Andrew Jordan (Hrsg.), The Europeanization of British Politics, Basingstoke/New York 2006, S.52ff.

[162] Vgl. Foreign and Commonwealth Office, The Government's Expenditure Plans 1999-00 to 2001-02, London 1999, S.viii.

[163] Vgl. Williams, British Foreign Policy under New Labour, S.141.

[164] Vgl. Foreign and Commonwealth Office, The Government's Expenditure Plans 1997-98 to 1998-99, London 1997, S.14.

[165] Die Außenmininister unter Tony Blair waren Robin Cook von 1997 bis 2001, Jack Straw von 2001 bis 2006 sowie Margaret Beckett von 2006 bis 2007.

der wiederum drei Staatsminister *(Minister of State)* und einen Parlamentarischen Unterstaatssekretär *(Parliamentary Under-Secretary of State)*, welcher den Vorsitz in dem aus sieben Mitgliedern bestehenden Vorstand innehatte, ernennen konnte. Zudem verfügte jeder Bereich über einen eigenen Leiter *(Director)*. Zuständig für Themen, die die Vereinten Nationen betrafen war das *United Nations Department*, welches dem Direktorat für Internationale Organisationen unterstand. Schon im ersten Jahr der Blair-Regierung wurde das UND gemeinsam mit den Abteilungen für Menschenrechte und Umwelt im Direktorat für Globale Fragen *(Global Issues)* untergebracht. Gleichzeitig etablierte man das *Department for International Development* als Nachfolger der *Overseas Development Administration*, welche bis dahin eine Unterabteilung des FCO gewesen ist. Das DFID übernahm zahlreiche Funktionen, die auch die Zusammenarbeit mit den Vereinten Nationen und ihren Sonderorganisationen betrafen.[166] So ist es z.B. Aufgabe des Entwicklungsministeriums, die Kooperation zur Erreichung der Millenniumentwicklungsziele zu pflegen oder Projekte und Initiativen zu fördern, die nicht durch andere Ministerien gedeckt sind.[167] UN-Politik ist aus Sicht aller beteiligten britischen Ministerien – dem FCO, dem DFID, dem *Department of Health*, dem *Ministry of Defence* sowie dem *Department for Environment, Food and Rural Affairs* – ein Gebiet, das eines koordinierten Zusammenwirkens mehrerer Politikbereiche bedarf und nicht als ein bloßes außenpolitisches und damit dem FCO unterstehendes Ressort betrachtet werden kann. Das vergleichsweise kleine im FCO angesiedelte UND übernahm in diesem arbeitsteiligen System eine wichtige organisatorische Schnittstellenfunktion zwischen den UN und den einzelnen Politiken der Ministerien und Abteilungen, berücksichtigte jedoch auch die Interessen und Maßnahmen nationaler und internationaler Nichtregierungsorganisationen.[168] Seine Aufgabe bestand vor allem darin, die Prinzipien und den Blickwinkel der Vereinten Nationen gegenüber den zahlreichen Akteuren britischer Außen-, Sicherheits- und Entwicklungspolitik zu vertreten und eine Stringenz aller Maßnahmen gegenüber den UN herzustellen. Das UND entschied ebenfalls über den sinnvollen Einsatz finanzieller Mittel und koordinierte die ständigen Vertretun-

[166] Vgl. Allen/Oliver, The Foreign and Commonwealth Office, S.53.

[167] Vgl. Homepage des Department for International Development, About DFID. How DFID works in the UK, http://www.dfid.gov.uk/aboutdfid/intheuk/ Stand: 06.09.2008.

[168] Vgl. Groom/Taylor, The United Kingdom and the United Nations, S.373f.

gen des Vereinigten Königreiches an den Hauptsitzen der Vereinten Nationen.

Im Jahr 2004 fanden entscheidende strukturelle Veränderungen innerhalb des FCO statt.[169] Die Umstrukturierung sollte sicherstellen, dass die zur Verfügung stehenden personellen und finanziellen Ressourcen effektiv für die neuen Herausforderungen in der Weltpolitik wie Klimawandel, Terrorismusbekämpfung und Globalisierung genutzt werden. Hierfür wurden neue thematische Gruppen gebildet, die verschiedene Politikbereiche enger miteinander verbanden, um die spezifischen Probleme umfassend angehen zu können. Diese Maßnahme beinhaltete auch, dass das UND auf verschiedene Führungsbereiche wie Internationale Sicherheit und Globale Fragen aufgeteilt wurde. Erst am Ende der Amtszeit Tony Blairs, mit der Übernahme des Premierministeramtes durch Gordon Brown, wurde ein eigener Staatsministerposten des FCO für Afrika, Asien und die UN geschaffen, den derzeit der ehemalige Stellvertretende Generalsekretär der Vereinten Nationen, Mark Malloch Brown, begleitet.[170] In seinen Aufgabenbereich fallen seither alle Belange, welche die Politik des Landes gegenüber der Weltorganisation, insbesondere in der Entwicklungszusammenarbeit, betreffen.

Die ständigen Vertretungen des Vereinigten Königreiches bei den Vereinten Nationen *(UK Mission to the UN)* befinden sich in New York, Wien und Genf. Alle drei Missionen unterstehen direkt dem FCO und somit auch den Zielvorgaben des Ministeriums. Ihre Aufgabe ist es, die Interessen des Vereinigten Königreiches gegenüber den in den jeweiligen Städten angesiedelten UN-Institutionen zu wahren sowie einen konstruktiven Beitrag zur Stärkung der Organisation zu leisten.[171] Besonders in Wien handelt es sich um sehr spezifische Beiträge, die das FCO gegenüber dem System der Vereinten Nationen liefert. In der österreichischen Hauptstadt bezieht sich die Arbeit lediglich auf die dort ansässige IAEO sowie die UNIDO, weshalb der permanente UN-Vertreter Großbritanniens gleichzeitig auch Botschafter des Landes in Österreich sein kann. In Genf und New York sind die Aufgabenfelder der Missionen schon deutlich breiter angelegt, da

[169] Vgl. Foreign and Commonwealth Office, Departmental Report. 1 April 2004 - 31 March 2005, London 2005, S.7ff.

[170] Vgl. Homepage des Foreign and Commonwealth Office, Lord Malloch-Brown. Minister for Africa, Asia and the UN, http://www.fco.gov.uk/en/about-the-fco/how-we-are-organised/ministers/lord-malloch-brown Stand: 06.09.2008.

[171] Vgl. Homepage der UK Mission to the UN, New York, About the Mission. Work of the UK Mission, http://ukun.fco.gov.uk/en/about-mission/work-uk-mission Stand: 06.09.2008.

sich der Großteil der UN-Institutionen in diesen beiden Städten befindet. Offizieller Leiter aller Vertretungen ist der UN-Botschafter in New York, der das Land vorrangig im Sicherheitsrat vertritt.[172] Zudem findet der Großteil der Planungen zur Unterstützung von UN-Friedensmaßnahmen unter Leitung der UKMIS statt.[173]

Die Arbeit der UN und ihrer Sonderorganisationen in Großbritannien selbst bezieht sich lediglich auf einige wenige Kernbereiche. Obwohl die erste UN-Generalversammlung im Januar 1946 in der Central Hall in London stattfand, hat lediglich die Internationale Seeschifffahrts-Organisation ihren Sitz in der Stadt.[174] Dennoch verfügt Großbritannien als eines der Hauptzentren für nationale und internationale Nichtregierungsorganisationen auf indirekte Weise über zahlreiche Verbindungen zur alltäglichen Arbeit des UN-Systems. Zudem unterhalten sowohl die UN-Hauptorganisation als auch einige wenige Sonderorganisation wie der UNHCR, die ILO oder das WFP Vertretungen in der britischen Hauptstadt.[175] Von 1947 bis 2003 befand sich ebenfalls eines von weltweit mehr als 60 *United Nations Information Centres* in London, welches über die Arbeit und Ziele der UN informierte sowie Möglichkeiten für die Bevölkerung bot, direkt mit der Organisation in Kontakt zu treten. Des Weiteren diente es der Repräsentation der UN gegenüber der britischen Politik, als globales Zentrum für den monetären Transaktionsverkehr für UN-Programme und -Missionen sowie als Koordinations- und Informationszentrale für die Berichterstattung englischsprachiger Medien wie dem BBC World Service.[176] Das UNIC

[172] Die UN-Botschafter in New York unter Tony Blair waren John Weston von 1995 bis 1998, Jeremy Greenstock von 1998 bis 2003 sowie Emyr Jones Parry von 2003 bis 2007.

[173] Weiterführend zur Struktur, den Zielsetzungen und den durchgeführten Maßnahmen des *Foreign and Commonwealth Office* empfiehlt sich ein Besuch des offiziellen Webauftritts unter der Internetadresse http://www.fco.gov.uk. Die jeweils aktuelle Bericht über die Aktivitäten des Ministeriums im vergangenen Jahr sowie eine Vielzahl bisheriger Berichte können dort direkt als pdf-Dokument heruntergeladen werden. Zudem bietet der Auftritt eine Vielzahl an themenbezogenen Veröffentlichungen und aktuellen Entwicklungen. Gleiches gilt für die drei UN-Vertretungen unter http://ukun.fco.gov.uk.

[174] Vgl. Groom/Taylor, The United Kingdom and the United Nations, S.374f Der Grund dafür liegt in der direkten Nachkriegszeit, da die Kosten einer großen UN-Vertretung in Anbetracht der ohnehin zu leistenden Wiederaufbaumaßnahmen in Großbritannien das Budget der Regierung klar überstiegen hätten. Als weitere Begründung wurde angeführt, dass das Land als eine der drei Großmächte noch immer ein Viertel der Menschheit regierte und keinen Bedarf an einer Erweiterung seines politischen Ansehens auf diesem Wege hatte. Zusätzlich ist das britische Parlament stets vorsichtig, wenn es um die Gewährung von Privilegien und Immunitäten geht und eine umfangreiche UN-Dependence hätte diesen Schritt zwangsläufig im hohen Maße erforderlich gemacht.

[175] Vgl. Homepage des Regionalen Informationszentrums der UN für Westeuropa, UN System in the UK and Ireland, http://www.unric.org Stand: 25.09.2008.

[176] Vgl. Groom/Taylor, The United Kingdom and the United Nations, S.375.

in London sowie zahlreiche weitere Zentren in Europa wurden jedoch mit der Schaffung des Regionalen Informationszentrums der UN für Westeuropa in Brüssel zum 1. Januar 2004 aufgelöst.[177]

4.2 Die Bedeutung nationaler UN-Interessengruppen

Interessengruppen und Politiknetzwerke tragen entscheidend zur Gestaltung der nationalen und internationalen Zielsetzung der britischen Regierung bei.[178] Nicht wenige Politikwissenschaftler sprechen seit Ende der 1970er Jahre sogar von einer „post-parlamentarischen Demokratie" in Großbritannien, welche die Grenzen des gewöhnlichen Lobbyismus, wie er tagtäglich in den meisten Ländern der Welt praktiziert wird, weit überschritten habe und manche Interessengruppen, z.B. die Gewerkschaften, eine zu hohe Machtfülle entwickeln konnten. Obwohl der Einfluss organisierter Interessengruppen mit hohen Mitgliederzahlen in den 1980er und 90er Jahren durch die Entwicklung im Bereich der Politikberatung und der Expertenkommissionen *(think tanks)* leicht geschmälert wurde, ist er dennoch auch gegenwärtig vergleichsweise hoch einzuschätzen.[179] Unterschieden werden die organisierten Interessen für gewöhnlich in Insider- und Outsider-Gruppierungen. Erstere zeichnen sich aus dem Blickwinkel der Regierung vor allem durch eine konstruktive Zusammenarbeit mit Regierung, Parlament und Ministerien aus, während letztere grundsätzlich weniger mit der Regierungsauffassung übereinstimmen und deshalb eine Zusammenarbeit meist nicht stattfindet.[180] Auch im außenpolitischen Bereich ist die Zahl der nationalen Interessenvertretungen groß. Neben den Expertenkommissionen wie der *Fabian-Society*, dem *Chatham House* oder dem *Foreign Policy Centre*, die sich jeweils mit einer Vielzahl außenpolitischer Themen beschäftigen, existieren zahlreiche nationale Interessenvertretungen für UN-Sonderorganisationen oder Themenbereiche, mit denen sich die Vereinten Nationen ebenfalls befassen. Schon aus diesem Grunde lohnt sich die Zusammenarbeit mit den für die UN

[177] Vgl. Homepage des Regionalen Informationszentrums der UN für Westeuropa, About UNRIC, http://www.unric.org Stand: 24.09.2008.

[178] Vgl. Peter Dorey, Policy Making in Britain. An Introduction, London/Thousand Oaks/New Delhi 2005, S.124.

[179] Vgl. ebd., S.160f.

[180] Vgl. David Judge, Political Institutions in the United Kingdom, Oxford 2005, S.105.

zuständigen Behörden und Ministerien für diese Gruppen. Das FCO unter New Labour sowie das DFID begrüßen grundsätzlich die Kooperation mit den Interessengruppen und NGOs, da aus der Verbindung positive Synergieeffekte entstehen können. Die Ministerien können auf das fundierte Wissen der jeweiligen Experten zurückgreifen während die Interessengruppen eine größere Chance geboten bekommen, ihre Vorstellungen auch umgesetzt zu sehen. Zusätzlich profitiert sowohl das öffentliche Ansehen der britischen Außenpolitik als auch der NGOs von einer intensiveren Zusammenarbeit. Stichwort hierbei ist das relativ neue Konzept der „public diplomacy", das mit einer stärkeren Einbindung zivilgesellschaftlicher Elemente in die nationale Außenpolitik eine höhere öffentliche Akzeptanz der Maßnahmen im In- und Ausland bewirken soll.[181]

Die *United Nations Association of Great Britain and Northern Ireland* ist der einzige Nicht-Regierungsverband im Vereinigten Königreich, der sich ausschließlich mit der Arbeit und den Themen der Vereinten Nationen auseinandersetzt[182] sowie Handlungsvorschläge an Regierung und Parteien richtet. Sie bietet sowohl auf politischer als auch zivilgesellschaftlicher Ebene Hintergrundinformationen und Veranstaltungen mit dem Ziel an, die ausgesprochen positive öffentliche Wahrnehmung der Weltorganisation in Großbritannien aufrechtzuerhalten bzw. zu verbessern.[183] Hauptanliegen der UNA-UK ist es, die

[181] Vgl. Brian Hocking, Reconfiguring public diplomacy. From competition to collaboration, in: Homepage des Foreign and Commonwealth Office (Hrsg.), Publications, http://www.fco.gov.uk/en/about-the-fco/publications/publications/pd-publication/reconfiguring-pd Stand: 02.09.2008.

[182] Zusätzlich gibt es auch eine UNA Wales, die allerdings eher als eine Unterorganisation der UNA-UK zu betrachten ist und vom *Welsh Centre for International Affairs* unterhalten wird statt komplett selbstständig zu arbeiten. Vgl. Homepage des Welsh Centre for International Affairs, UNA Wales, http://www.wcia.org.uk Stand: 24.09.2008.

[183] So z.B. verdeutlicht eine Umfrage des BBC World Service, die Ende 2005 in 32 Ländern durchgeführt wurde, dass 66 Prozent der britischen Bevölkerung den Vereinten Nationen einen „hauptsächlich positiven" Einfluss auf die Weltpolitik bescheinigen, wohingegen 24 Prozent diesen als „hauptsächlich negativ" bewerten. Vgl. World Public Opinion.org, U.N. Continues to get Positive, though Lower, Ratings With World Public, http://www.worldpublicopinion.org Stand: 23.09.2008. Die Briten liegen mit dieser Einschätzung im europäischen Mittelfeld zwischen den Deutschen, welche die Organisation zu 80 Prozent positiv bewerten und den Franzosen, bei denen lediglich 52 Prozent der UN einen guten Einfluss auf die internationale Politik bescheinigen. Weltweit rangiert die Weltorganisation mit 59 Prozent positiver Bewertung auf Platz 2 der beliebtesten internationalen Akteure hinter den Nichtregierungsorganisationen, denen 60 Prozent der Befragten das meiste Vertrauen schenkten. Im Vergleich zur vorhergehenden Befragung sind die Vereinten Nationen jedoch um 10 Prozentpunkte gefallen, was vor allem auf die Untätigkeit der Organisation in der sudanesischen Krisenregion Darfur zurückzuführen ist. Gefragt nach ihrer Meinung zur Reform des UN-Systems sprachen sich 74 Prozent der Briten im Frühjahr 2005 für eine Erweiterung des UN-Sicherheitsrats aus und befürworteten zu 80 Prozent

Prinzipien der Charta der Vereinten Nationen zu fördern und die Arbeit der UN und ihrer Sonderorganisationen sowohl im In- als auch im Ausland durch entsprechende Kampagnen und Bildungsmaßnahmen zu unterstützen.[184] Die Gesellschaft steht in direkter Nachfolge der britischen *League of Nations Union*, welche die Etablierung der UN-Vorgängerorganisation maßgeblich vorantreiben konnte.[185] In der Vergangenheit hat sich die UNA-UK vor allem durch aktive Unterstützung von Maßnahmen der UN im eigenen Land als auch in benachbarten Ländern hervorgetan.[186] Mit scharfer Kritik an der nicht durch die UN legitimierten Intervention Großbritanniens und Frankreichs 1956 in Ägypten machte die UNA-UK deutlich, dass sie sich in erster Linie den Prinzipien der Charta der Vereinten Nationen verpflichtet fühlt statt der britischen Regierung.[187] In den 1980er Jahren setzte sich der Verein vor allem für eine stärkere Waffenkontrolle und internationale Abrüstung ein. Menschenrechtsthemen und Problematiken zur UN-Reform behandelt und bewirbt die UNA-UK ebenso intensiv wie eine UN-gestützte nachhaltige Entwicklungspolitik oder sicherheitspolitische Fragestellungen.[188] Programmatische Vorschläge werden sowohl an die britische als auch zum Teil an ausländische Regierungen und an die Vereinten Nationen, insbesondere den UN-Generalsekretär selbst, gerichtet.[189] Ebenfalls wird die Kooperation mit den nationalen UN-Verbänden anderer Länder besonders gepflegt, vor allem innerhalb der WFUNA, der u.a. auch die DGVN oder die UNA-USA, oder der OCUNA der Commonwealth-Staaten angehören. Ebenso arbeitet der Verband eng mit nationalen themenspezifischen Interessengruppen wie dem UNICEF-UK, dem *Refugee Council* oder der *Stop Climate Chaos-Initiative* zusammen, da die wissenschaftliche Expertise des UNA-UK-Personals auch über die Grenzen des Verbands als qualitativ hervorragend gilt.[190]

---

einen ständigen deutschen Sitz. Vgl. World Public Opinion.org, 23 Nation Poll Finds Strong Support for Dramatic Changes at U.N. http://www.worldpublicopinion.org Stand: 23.09.2008. Zudem wünschten sich 75 Prozent eine aktivere Rolle der UN in der internationalen Politik.

[184] Vgl. Homepage der United Nations Association UK, About, http://www.una-uk.org/about.html Stand: 31.08.2008.

[185] Vgl. Frank Field, 60 Years of UNA-UK, London 2006, S.3.

[186] So z.B. unterstützte der Verband Ende der 1940er Jahre den Bau von Wohnheimen für politische Flüchtlinge aus Osteuropa oder half beim Wiederaufbau der durch ein Hochwasser 1952 verwüsteten niederländischen Küstenstädte.

[187] Vgl. ebd., S.6ff.

[188] Vgl. Homepage der United Nations Association UK, About: UNA-UK.

[189] Vgl. Field, 60 Years of UNA-UK, S.17.

[190] Vgl. Homepage der United Nations Association UK, About: UNA-UK.

Die UNA-UK bezeichnet sich selbst als „the UK's leading independent policy authority on the UN and a UK-wide grassroots membership organisation."[191] Sie steht mit Vertretern der zuständigen Ministerien, mit Parlamentariern und den Medien im kontinuierlichen Kontakt, um mit Ratschlägen und Hintergrundwissen sowohl die Politik als auch die Berichterstattung zu ergänzen, zu fundieren und positiv zu beeinflussen.[192] Da der Verband den Kern seiner Arbeit in der Verbreitung von Wissen zu den UN und den ihnen unterliegenden Prinzipien sieht, fördert er die Teilnahme und Organisation von Delegationen an den *Model United Nations*-Veranstaltungen, die sowohl im nationalen als auch internationalen Rahmen stattfinden.[193] Zusätzlich wird durch die UNYSA-UK, die direkt mit der UNA-UK verbunden ist, die Vernetzung von Schul- und Hochschulgruppen vorangetrieben.[194]

2005 wurde die UNA-UK vom FCO damit beauftragt, im Zuge des Millennium+5-Gipfels einen umfassenden öffentlichen wie wissenschaftlichen Diskurs zur Reform der Vereinten Nationen und der Erreichung der UN-Millenniumentwicklungsziele zu leiten. An dessen Ende stand der in Anlehnung an den Reformbericht des UN-Generalsekretärs Kofi Annan *In Larger Freedom*[195] genannte Report *In Larger Freedom in the UK*,[196] der konkrete Handlungsanweisungen an die britische UN-Politik richtete. Der Bericht wird in der folgenden Betrachtung der UN-Politik Großbritanniens noch stärker berücksichtigt. Dass dieser Auftrag vom FCO an die UNA-UK vergeben wurde, sowie das von dem damaligen Außenminister Jack Straw verfasste Vorwort, machen deutlich, dass der Verband als verlässlicher Partner im Politikgestaltungsprozess des Vereinigten Königreichs ernstgenommen wird. Auch die Vereinten Nationen selbst bringen der Arbeit der nationalen Gesellschaft hohe Wertschätzung entgegen. Dies zeigen z.B. die regelmäßigen Besuche sowie Redebeiträge der UN-Generalsekretäre. In seiner Rede

[191] Vgl. Homepage der United Nations Association UK, About: UNA-UK.

[192] An die Mitglieder der Gesellschaft wird im Vierteljahrestakt die Zeitschrift *New World*, mit kritischen Beiträgen zu UN-relevanten Themen sowie zur Arbeit und dem Engagement der UNA-UK in Großbritannien, verschickt. Die einzelnen Ausgaben sind ebenfalls frei auf der Verbandshomepage abrufbar.

[193] Vgl. ders., Model UN and Citizenship, http://www.una-uk.org/education Stand: 01.09.2008.

[194] Vgl. Homepage der United Nations Youth & Student Association of the UK, About Us, http://www.una-uk.org/youth/about.html Stand: 01.09.2008.

[195] Kofi Annan, In Larger Freedom. Towards Security, Development and Human Rights for All. Report of the Secretary-General, New York 2005.

[196] Sarah Carter/Laura Mucha (Hrsg.), In Larger Freedom in the UK. An Agenda for Action Following the 2005 World Summit. Report of the FCO-UNA National Engagement on UN Reform, London 2005.

vor Vertretern der Regierung und Mitgliedern von UNA-UK am 13. Juni 2008 lobte UN-Generalsekretär Ban Ki-Moon das Engagement, welches der Verband bei der „Kultivierung“ der Unterstützung der UN durch die britische Regierung geleistet hat.

> „Through outreach, volunteer efforts, educational initiatives, conferences and seminars, your members have built a grassroots support base for the UN. You have explained the UN to the UK while helping to convey the concerns of British citizens to the UN.“[197]

4.3 New Labours „ethische“ Außenpolitik

Das Schlagwort einer „ethischen Dimension“ britischer Außenpolitik sorgte während der ersten Vorstellung der zukünftigen außenpolitischen Leitlinien der Labour-Regierung durch den neuen Außenminister Robin Cook im Mai 1997 national und international für Aufsehen. Mit der „ethischen“ Außenpolitik sollte künftig dem Idealbild einer auf Menschenrechten basierenden Verantwortung der internationalen Gemeinschaft Nachdruck verliehen werden. Die Durchsetzung der Menschenrechte sollte nicht länger die Peripherie, sondern das Zentrum britischer und globaler Bemühungen bilden.[198] Im Umkehrschluss bedeutete dies nicht mehr und nicht weniger als eine Entsagung vom quasi dogmatischen Prinzip der Nichteinmischung in die souveränen Angelegenheiten eines Staates. Hatte man der Partei zunächst unterstellt, sie würde nur wenig im Vergleich zum pragmatischen außenpolitischen Handeln der Vorgängerregierungen ändern können, so verblüfft war man in der Öffentlichkeit und in politikwissenschaftlichen Fachkreisen darüber, dass ein bisher auch durch die Labour-Opposition vernachlässigter außenpolitischer Faktor plötzlich die politische Agenda nachhaltig prägen sollte.[199] So überraschend diese Neuausrichtung britischer Außenpolitik durch Labour auch gewesen ist, sie stand zumindest nicht im direkten Widerspruch zur außenpolitischen Traditi-

[197] Ban Ki-Moon, Speech by UN Secretary General to UNA-UK (13. Juli 2008), http://www.una-uk.org, Abs.7.

[198] Vgl. Jim Buller, Foreign and European Policy, in: Steve Ludlam/Martin J. Smith (Hrsg.), Governing as New Labour. Policy and Politics under Blair, Basingstoke/London 2004, S.203.

[199] Vgl. Mark Wickham-Jones, Labour's trajectory in foreign affairs. The moral crusade of a pivotal power? in: Richard Little/Mark Wickham-Jones (Hrsg.), New Labour's foreign policy. A new moral crusade? Manchester 2000, S.3f.

on der Partei.[200] Diese trat schon in ihren Anfängen für die Idee einer Weltpolitik ein, die den Grundprinzipien des demokratischen Zusammenlebens in einem republikanischen Nationalstaat folgen sollte. Diese „Weltinnenpolitik" fundierte auf dem traditionell starken Pazifismus der Sozialdemokratie und dem Glauben, dass Frieden auch auf globaler Ebene durch Verhandlungen und demokratische Prozesse gewahrt werden kann. Aus diesem Grunde unterstützte die Labour-Partei die Etablierung sowohl des Völkerbunds als auch der Vereinten Nationen vergleichsweise stark. In der Tat war ihr Bekenntnis zur internationalen Zusammenarbeit derart ausgeprägt, dass sie weltweit als erste Partei die Unterstützung der UN und ihrer zahlreichen Sonderorganisationen als festen programmatischen Punkt in ihrer Satzung verankerte.[201] Ein besonderes Augenmerk lag dabei auf der Durchsetzung und Verteidigung der Menschenrechte.

Mit dem Ende des Ost-West-Konfliktes und der zunehmenden weltweiten Vernetzung, der Überschneidung von Themenbereichen sowie nationalen und internationalen Zuständigkeiten, galt es auch für die sozialdemokratische Partei Großbritanniens innen- wie außenpolitisch eine neue Richtung einzuschlagen. Dieser Herausforderung nahm sich der neue Parteivorsitzende und spätere Premierminister Tony Blair an. Der sog. „Dritte Weg",[202] der ursprünglich als Maßnahme für die innenpolitische Ausrichtung seiner Partei gedacht war, sollte im zunehmenden Maße auch die Politik und die Auseinandersetzung mit anderen Ländern und insbesondere mit internationalen Organisationen wie den UN und der NATO prägen. Der neue Weg war der Politik der „New Democrats" in den USA unter Bill Clinton nicht unähnlich und orientierte sich stark an dieser.[203] Innenpolitisch verstand Labour unter dem „Dritten Weg" vor allem die Abkehr vom klassischen Links-Rechts-, vom bloßen Kapitalismus-versus-Kommunismus-Denken hin zu einer merklich sachbezogeneren Sichtweise auf Wirtschaft und Sozialstaat. Für die Außenpolitik lies er sich als ein Ansatz verstehen, welcher der internationalen Kooperation eine deutlich moralische Komponente hinzufügt und u.a. die staatliche Souveränität

[200] Vgl. Rhiannon Vickers, Labour's search for a Third Way in foreign policy, in: Richard Little/ Mark Wickham-Jones (Hrsg.), New Labour's foreign policy. A new moral crusade? Manchester 2000, S.34f.

[201] Vgl. Groom/Taylor, The United Kingdom and the United Nations, S.402.

[202] Nach der gleichnamigen Theorie von Anthony Giddens. Siehe dazu: Anthony Giddens, The Third Way. The Renewal of Social Democracy, Cambridge 1998.

[203] Vgl. Wickham-Jones, Labour's trajectory in foreign affairs, S.17.

nicht länger als ein unantastbares Dogma betrachtet.[204] Eng verbunden mit diesem Ansatz ist der Begriff des „good international citizenship“. Unter diesem verstand die Labour-Administration das diplomatische Eintreten und die Verteidigung von Menschenrechten sowie ethischen Grundwerten auf Basis einer Verantwortung, die Großbritannien und alle anderen Staaten gegenüber der internationalen Gemeinschaft tragen. Dies gilt folglich auch über Ländergrenzen hinweg, obgleich die Auffassung, worin „good international citizenship“ genau bestehe, von Fall zu Fall variieren würde.[205] In diesem Zusammenhang waren natürlich die Vereinten Nationen, welche sich bereits in der Präambel ihrer Charta den menschlichen Grundrechten verpflichteten, von entscheidender Bedeutung. Aufgrund seiner einzigartigen politischen Stellung in der internationalen Gemeinschaft und seiner guten diplomatischen Kontakte, sah sich Großbritannien unter Tony Blair vor allem als eine „pivotal power“,[206] eine Schlüsselmacht, bei der Vermittlung dieser „neuen“ globalen Werte. Diese Schlüsselrolle sollte sich insbesondere auf die Mobilisierung der nötigen Mehrheiten beziehen, um eine auf der Verteidigung der Menschenrechte basierende Interventionspolitik gerade auch in den Vereinten Nationen und ihrem Sicherheitsrat durchsetzen zu können. Dies bedeutete auch, dass die neue Labour-Regierung nicht dazu bereit war, sich auf eine pro-europäische oder eine pro-amerikanische Strategie festlegen zu lassen.[207] Vielmehr war es für das Vorhaben, die ethische Komponente als einen international anerkannten Wert zu etablieren, wichtig, weiterhin eine starke Mittlerfunktion zwischen den Interessen der Europäischen Union, den USA und in vielen Punkten, welche die Arbeit mit der UN betreffen, auch mit den Staaten des Commonwealth einzunehmen. Mit der wegweisenden Rede des Premierministers im Chicagoer Economic Club im April 1999, welche unter dem Titel *Doctrine of the International Community* bekannt wurde,[208] war ein erster und entscheidender Schritt in Richtung eines völkerrechtlichen Konzepts getan, das auch den massiven Verstoß gegen Menschenrechtskonventionen, z.B. durch innerstaatlichen Völkermord oder die massi-

[204] Vgl. Wickham-Jones, Labour's trajectory in foreign affairs, S.15.

[205] Vgl. Vickers, Labour's search for a Third Way in foreign policy, S.41.

[206] Tony Blair, Speech by the Prime Minister at the Lord Mayor's Banquet (22. November 1999), http://www.fco.gov.uk, Abs.10.

[207] Vgl. Wickham-Jones, Labour's trajectory in foreign affairs, S.14.

[208] Tony Blair, Speech by the Prime Minister on the Doctrine of the International Community at the Economic Club, Chicago (24. April 1999), http://www.number10.gov.uk.

ve Ausübung von Gewalt, als Bedrohung des Weltfriedens betrachtet. Diese Hervorhebung des Konzepts geschah nicht ohne Grund. Einen Monat zuvor begannen Verbände der NATO damit, in den blutigen Konflikt zwischen Serben und Kosovo-Albanern durch Luftangriffe auf serbische Stützpunkte einzugreifen. Obwohl es keine eindeutige UN-Resolution für den Einsatz militärischer Streitkräfte in Jugoslawien gegeben hatte, verteidigte UN-Generalsekretär Kofi Annan anschließend die Maßnahme der NATO mit der Begründung, dass „es [...] Zeiten [gebe], in denen der Einsatz von Gewalt im Bemühen um den Frieden legitim sein mag“.[209] Diese Sichtweise wurde von der Labour-Regierung Großbritanniens trotz der „naturgemäß“ pazifistischen Einstellung der Partei weitestgehend geteilt.[210] Zudem gelang es New Labour, sich durch den verstärkten Einsatz in der Balkanfrage und der auch daraus resultierenden intensivieren Forderung nach einem Internationalen Strafgerichtshof außenpolitisch deutlich von den konservativen Vorgängerregierungen unter Thatcher und Major abzuheben.[211] Nicht bei allen Labour-Symphatisanten und -Mitgliedern stieß diese Politik auf Zustimmung. Viele kritisierten die kaum entschuldbare Doppelmoral in der Tatsache, dass die Regierung Waffenexporte in Bürgerkriegsländer wie Indonesien nicht aktiv unterband und die Menschenrechtspolitik der chinesischen Regierung von Blair und seinen Außenministern allenfalls pflichtgemäß bei Staatsbesuchen thematisiert wurde.[212] Die Debatte um eine größere Verantwortung der internationalen Gemeinschaft auch für die Bevölkerung innerhalb eines Staates sollte ein wiederkehrendes Thema britischer UN-Politik sowohl im Bereich der Entwicklungszusammenarbeit als auch der Sicherheit werden und wird in den nachfolgenden Kapiteln noch einmal intensiver betrachtet.

Das Verhältnis zwischen der Labour-Partei und dem FCO gestaltet sich seit jeher schwierig. Sowohl in der Vergangenheit als auch unter der Blair-Regierung lief die Zusammenarbeit zwischen der Behörde

---

[209] Zit. nach Manuel Fröhlich, Einleitung. Die Annan-Agenda. Prägungen, Erfahrungen und Schwerpunkte der Amtszeit Kofi Annans, in: Derselbe (Hrsg.), Kofi Annan. Die Vereinten Nationen im 21. Jahrhundert. Reden und Beiträge 1997-2003, Wiesbaden 2004, S.46.

[210] Die Ansicht, dass moralische Wertvorstellungen auch über dem Prinzip der inneren Souveränität stehen müssen und ein Internationaler Strafgerichtshof viel zum Schutz der Bevölkerungen beitragen kann, ist keine spezifisch britische. Vielmehr ist sie Ausdruck einer allgemeinen modernen sozialdemokratischen Tendenz in Europa, die eine Interventionspolitik unter multilateralen Gesichtspunkten mehrheitlich gutheißt. Weiterführend dazu, siehe: David Held, Soziale Demokratie im globalen Zeitalter, Frankfurt a.M. 2007, S.187-206.

[211] Vgl. Wickham-Jones, Labour's trajectory in foreign affairs, S.27.

[212] Vgl. Buller, Foreign and European Policy, S.203.

und den Labour-Außenministern „eher suboptimal“, wenngleich nicht so problematisch wie bei vorherigen Labour-Administrationen.[213] Die Sozialdemokraten hegen ein lang gepflegtes tiefes Misstrauen gegenüber den machtpolitischen Strukturen im *Foreign Office* und unterstellten ihm unter anderem, lediglich der eigenen internen Zielsetzung Folge zu leisten.[214] Besonders die Mitarbeiterstruktur gab des öfteren Anlass zu herber Kritik seitens Labour, da nach Meinung der Partei die im FCO tätigen Diplomaten aus der sozialen Oberschicht stammten, in den meisten Fällen Männer waren und nahezu keiner der zahlreichen Minderheitengruppen in Großbritannien entstammten. Die Partei nahm sich vor, diese personelle Struktur grundlegend zu ändern und das Außenministerium weniger wie einen „Gentleman's Club“ wirken zu lassen.[215] 1997 kam zudem erschwerend hinzu, dass sich das FCO unter den 18 Jahren der Tory-Regierung sehr gut auf die Erfordernisse und Zielvorstellungen der konservativen Partei eingestellt hatte und den Ideen und Vorschlägen von Labour wenig aufgeschlossen gegenüberstand. Insbesondere die neue „ethische“ Außenpolitik der Blair-Regierung stieß bei den langjährigen Mitarbeitern des Außenministeriums auf Skepsis, zum Teil sogar auf offene Feindseligkeit.[216] Für die meisten von ihnen stellten die geplanten Maßnahmen der Labour-Partei eine Schwächung der Position Großbritanniens im internationalen System dar. Der Vorwurf des FCO, es wäre naiv zu glauben, dass andere Regierungen dem guten Beispiel des Landes folgen würden, lastete schwer auf den Beziehungen zwischen der Behörde und der Partei, die schon in der Vergangenheit mit außenpolitischen Plänen aufwartete, die aus Sicht vieler FCO-Offizieller der realpolitischen Stellung Großbritanniens schweren Schaden zugefügt hätten.[217] Des Weiteren sorgte im FCO für Unmut, dass Außenminister Robin Cook zunehmend auf die Expertise externer Gruppen zurückgriff statt dem „Establishment“ des Ministeriums zu vertrauen. Unter anderem rekrutierte er einen Berater für Menschenrechte von *Amnesty International* und einen für die Rechte von Kindern, der von

[213] Vgl. Kevin Theakston, New Labour and the Foreign Office, in: Richard Little/Mark Wickham-Jones (Hrsg.), New Labour's foreign policy. A new moral crusade? Manchester 2000, S.112.

[214] Vgl. ebd., S.113.

[215] Vgl. Christopher Hill, Foreign Policy, in: Anthony Seldon (Hrsg.), The Blair Effect, London 2001, S.345.

[216] Vgl. Theakston, New Labour and the Foreign Office, S.155f.

[217] Erwähnenswert sei hier z.B. der Vorschlag in den 1960er Jahren unter der Wilson-Regierung, auf das Veto im Sicherheitsrat zu verzichten, um eine moralische Führungsrolle in den internationalen Beziehungen zu erlangen. Vgl. ebd., S.115f.

Save the Children gestellt wurde. Zudem gründete die Labour-Partei 1998 das *Foreign Policy Centre*, eine Expertenkommission, die sich insbesondere mit Themen multilateraler Zusammenarbeit und globaler Wertevermittlung beschäftigt. Das FCO war über diese Art des „Outsourcing" wenig begeistert, zumal zusätzlich Arbeitsplätze, vor allem in den zahlreichen Außenposten, abgebaut wurden und der außenpolitische Einfluss des DFID stetig zunahm.[218] Begründet wurde dieser Schritt damit, dass das FCO einerseits „entschlackt" und andererseits die gesamte Außenpolitik des Landes den modernen Gegebenheiten der Globalisierung angepasst werden müsse, die ein breites und effizientes Netz an spezialisierten NGOs hervorgebracht hat sowie Politikbereiche verschiedenster Art dermaßen „internationalisiert", dass ein großes Ministerium, welches die Außenpolitik als einen abgeschlossenen Bereich vertritt, schon beinahe anachronistisch wirke.[219] Hinzu kam der durch die Labour-Partei vorangetriebene Regionalisierungsprozess in Großbritannien *(Devolution)*, der den einzelnen Landesteilen (Schottland, Wales, Nordirland) mehr Autonomie nach innen und außen zugestand. Unter den Sozialdemokraten schwand demnach der Umfang an Aufgaben, die dem Außenministerium direkt anvertraut wurden sehr zu Gunsten des DFID und der Nichtregierungsorganisationen, deren moralische Komponente in der öffentlichen Wahrnehmung deutlich stärker ausgeprägt ist.

4.4 Die Persönlichkeit und der Regierungsstil Tony Blairs

„Blair has a sense of the premiership's history and wants to make his mark on it."[220] Zu diesem Ergebnis kam der britische Politikwissenschaftler Dennis Kavanagh bereits 2001 als die erste Amtsperiode Tony Blairs noch nicht einmal voll und ganz abgeschlossen war. Hätte der Analyst gewusst, wie sich die Geschichte den Labour-Premier in den darauf folgenden Jahren weiterentwickeln würde, er hätte bestätigen können, dass Blairs persönliche Weltanschauung und sein einzigartiger Regierungsstil einen tiefen Abdruck in der Geschichte des modernen Großbritanniens hinterlassen haben.

[218] Siehe: Kapitel 5.2.1.

[219] Vgl. Theakston, New Labour and the Foreign Office, S.122f.

[220] Dennis Kavanagh, New Labour, New Millennium, New Premiership, in: Anthony Seldon (Hrsg.), The Blair Effect, London 2001, S.3.

Die Bilanz des sozialdemokratischen Regierungschefs nach zehn Jahren im Amt fällt außergewöhnlich ambivalent aus. Blair reformierte die britische Wirtschaft und verbesserte das Gesundheits- und Bildungssystem. Er modernisierte die nach 15 Jahren der Opposition „angestaubte“ Labour-Partei und verhalf ihr zu drei historischen Wahlsiegen. Er erreichte ein Ende der gewalttätigen Auseinandersetzungen in Nordirland, trieb den Prozess der Dezentralisierung Großbritanniens entscheidend voran und band sein Land wirtschaftlich enger als je zuvor an die Europäische Union. Doch vielmehr wird man sich an Tony Blair, den neuen „Kriegs-Premier“, wie ihn in- und ausländische Kritiker scharfzüngig zu nennen pflegten,[221] erinnern. Blair führte sein Land in insgesamt fünf Kriege innerhalb eines vergleichsweise kurzen Zeitraums von nur sechs Jahren[222] – so viele wie kein anderer britischer Nachkriegspremier vor ihm. Diese Entwicklung hängt eng mit Persönlichkeit Tony Blairs und seinen fundamentalen, im christlichen Glauben[223] und humanitären Denken verankerten Prinzipien zusammen, wie im Folgenden dargelegt werden soll.

Als der Vorsitzende der Labour-Partei, Tony Blair, sein neues Büro in der Downing Street 10 bezog, tat er dies mit erheblich geringerer außenpolitischer Erfahrung als alle Premierminister seit dem Zweiten Weltkrieg vor ihm.[224] Weder er, noch die Mitglieder seines engsten Stabes waren vorher an Regierungsaufgaben beteiligt gewesen.[225] Die fehlende Erfahrung erwies sich jedoch schnell als ein großer Vorteil für den neuen Labour-Regierungschef. Seine Herangehensweise an außenpolitische Thematiken war schon generationsbedingt moderner und deutlich weniger von eingefahrenen realpolitischen Überlegungen geprägt. Ihm bot sich die wohl seltene Gelegenheit, durch diese Eigen-

---

[221] Vgl. Sabine Rennefanz, Mobilmachung gegen den Kriegs-Premier, Online-Textarchiv der Berliner Zeitung vom 29. September 2004 (http://www.berlinonline.de/berliner-zeitung/archiv) Stand: 22.09.2008.

[222] Kosovo 1999, Sierra Leone 2000, Afghanistan 2001 sowie Irak 1998 und 2003.

[223] In der Tat spielte der Glauben eine größere Rolle bei den Entscheidungen Tony Blairs als gemeinhin durch sein Handeln und seine Äußerungen vermutet werden könnte. Blair selbst begründete diese deklaratorische Zurückhaltung in einer BBC-Dokumentation 2007 mit der zu erwartenden Skepsis, die ein zu starkes Glaubensbekenntnis sowohl innen- als auch außenpolitisch verursacht hätte. Im Dezember 2007 trat Blair vom anglikanischen zum katholischen Glauben über, was er während seiner Amtszeit aufgrund der Tatsache, dass seit 400 Jahren nur anglikanische Premierminister der Regierung vorstanden, ohne einen Skandal auszulösen nicht hätte tun können. Vgl. Spiegel Online, Tony Blair liest vorm Einschlafen die Bibel (25.11.2007), http://www.spiegel.de/politik/ausland/0,1518,519512,00.html Stand: 27.09.2008.

[224] Vgl. Kampfner, Blair's Wars, S.8.

[225] Vgl. Peter Riddell, Blair as Prime Minister, in: Anthony Seldon (Hrsg.), The Blair Effect, London 2001, S.23f.

schaften eine wirkliche Veränderung in der britischen Außenpolitik bewirken zu können. Den neuen Mut zur Veränderung wollte er vor allem durch eine Annäherung an Europa unter Beweis stellen.[226] Die Politik gegenüber dem Kontinent und der Europäischen Union sollte deutlich offener und weniger skeptisch gestaltet werden, zumal die meisten west- und mitteleuropäischen Länder zu diesem Zeitpunkt über eine Mitte/Mitte-Links-Regierung verfügten, die Zusammenarbeit also auf Basis breit angelegter gemeinsamer politischer Grundvorstellungen möglich war.[227] Ebenso wie er seine Partei mit Hilfe des „Dritten Weges" wieder zu einem zeitgemäßen Auftreten verhelfen konnte, wollte er nun auch auf der internationalen Ebene neue Möglichkeiten der Politikgestaltung sondieren. Die „ethische Dimension", welche sein erster Außenminister Robin Cook 1997 eher unabsichtlich zu einem neuen Kredo britischer Außenpolitik deklarierte, passte gut in das Weltbild des Premiers. Fest verankert in der christlichen Ethik und dem Glauben an eine gerechtere Weltordnung, war Blair dazu bereit, die seit dem Westfälischen Frieden und der Gründung der Vereinten Nationen quasi unangetasteten Prinzipien der staatlichen Souveränität, wenn nicht gänzlich über Bord zu werfen, doch aber entscheidend zu modifizieren. Die Stellung seines Landes an der Schnittstelle verschiedenster internationaler Organisationen und Allianzen wollte er dabei aktiv und gewinnbringend einsetzen.[228] Trotz der grundsätzlichen Unterstützung multilateralen Handelns, auch durch und mit den UN, machte Blair von Beginn seiner Amtszeit an deutlich, dass er, wenn es darauf ankäme, bei bestimmten Verstößen gegen das Völkerrecht oder menschenrechtliche Vereinbarungen notfalls auch unilateral und ohne die Bevollmächtigung der Vereinten Nationen handeln würde, um diese globalen Werte zu schützen. Damit stieß er vor allem auch in den eigenen Reihen der Partei auf wenig Zustimmung, da nach vorherrschender Labour-Meinung ein UN-Mandat die unbedingte Voraussetzung für die Durchführung militärischer Maßnahmen ist. Im Zuge des Irak-Kriegs, weniger jedoch in Bezug auf das Kosovo, kam es deshalb zu ernsten Auseinandersetzungen zwischen der Partei und ihrem Vorsitzenden. Das britische Unterhaus genehmigte im März 2003 mit 412 Stimmen den Einsatz im Irak ohne UN-Legitimation. Von den

[226] Vgl. Riddell, Blair as Prime Minister, S.33f.

[227] Vgl. Kavanagh, New Labour, New Millennium, New Premiership, S.5f.

[228] Vgl. Lawrence Freedman, Defence, in: Anthony Seldon (Hrsg.), The Blair Effect, London 2001, S.295.

149 Gegenstimmen jedoch stammten 84 aus Blairs eigener Fraktion.[229] Dennoch zog Tony Blair generell den Weg über die Weltorganisation bei der Lösung von Konflikten klar vor, wollte er das Ansehen seines Landes in den UN und ihrem Sicherheitsrat doch weder beschädigen noch sich vom Ziel einer moralischen Führungsrolle auf der Welt entfernen. Für ihn war dies jedoch auch mit einer dringend notwendigen Reform der Organisation verbunden, die er und seine Außenminister kontinuierlich thematisierten.

Eine im Jahr 2006 durchgeführte Persönlichkeitsstudie, die vor allem darauf ausgerichtet war, Blairs Entschluss zum Irak-Krieg nachzuvollziehen, kommt zu dem Ergebnis, dass bei ihm drei von sieben für politische Entscheidungsträger charakteristische Eigenschaften besonders stark oder besonders schwach im Vergleich zu seinen Vorgängern und anderen führenden Politikern ausgeprägt waren.[230] Besonders stark entwickelt war demnach Blairs Überzeugung in seine Fähigkeiten zur Kontrolle von Ereignissen und Prozessen über persönlichen Einfluss auf andere Führungspersönlichkeiten sowie sein für britische Premierminister unverhältnismäßig großer Drang nach Macht, der als die „Erlangung, Aufrechterhaltung oder Wiederherstellung des Einflusses eines Individuums auf Menschen, politische Prozesse und Ergebnisse“[231] bezeichnet wird. Schwach dagegen sei Blairs Verständnis für komplexe politische Zusammenhänge ausgeprägt. Diese Schwäche offenbart sich vor allem in seiner Neigung, Ereignisse und Akteure durch ein Raster von einander gegensätzlichen Paaren zu betrachten, also zum Beispiel klar in „gut und böse“ oder „sie und wir“ zu differenzieren statt nuancierter zu denken. Auch interessiere er sich weniger für politische Details, sondern konzentriere sich lieber auf wenige große Themenbe-

[229] Vgl. The Public Whip, Iraq - Declaration of War -18 Mar 2003 at 22:00, http://www.publicwhip.org.uk/division.php Stand: 17.01.2011.

[230] Vgl. Stephen Benedict Dyson, Personality and Foreign Policy. Tony Blair's Iraq Decisions, in: Foreign Policy Analysis, 2006, Nr. 2, S.294. Die Grundlage für die Studie bildeten die Antworten des Premierministers bei den parlamentarischen Fragestunden. Dabei kann der Regierungschef nicht auf vorgefertigte Skripte und Reden zurückgreifen, sondern antwortet spontan und nach eigenem Ermessen. Mit Computerunterstützung wurden seine Antworten dann auf die Häufigkeit und Dichte bestimmter Wörter und Wortgruppen untersucht. Die absolute und relative Anzahl dieser Indikatorwörter lässt im Anschluss Rückschlüsse auf die persönliche Denkweise und die Prioritäten eines Individuums zu. Bei den dadurch zu erschließenden individuellen Ausprägungen handelt es sich um den Glauben an die eigene Fähigkeit, Ereignisse kontrollieren zu können, um die konzeptionelle Vielschichtigkeit, das Misstrauen gegenüber anderen, das Teamverhalten, das Streben nach Macht, das Selbstbewusstsein sowie die Aufgabenorientiertheit *(belief in ability to control events, conceptual complexity, need for power, distrust of others, in-group bias, self-confidence, and task orientation).* Weiterführend dazu, siehe: ebd., S.290-293.

[231] Vgl. ebd., S.295.

reiche.[232] Entscheidend für seine Art der Politikführung war es, das große Ganze im Auge zu behalten statt sich damit auseinanderzusetzen, wie genau dieses zu erreichen sei. In Blairs außenpolitischem Auftreten lassen sich diese drei besonderen Eigenschaften, vor allem das hohe Vertrauen in die eigenen Überzeugungfähigkeiten sowie die *vergleichsweise* geringe Komplexität der politischen Wahrnehmung, oft wiederfinden.

Der Führungsstil Tony Blairs wird von vielen Seiten als für einen britischen Premierminister ungewöhnlich präsidentiell beschrieben. Er gehörte zu jener Art von Regierungschefs, die über möglichst alle politischen Aspekte und Prozesse die Kontrolle behalten wollen und einen hohen Glauben an die eigene Fähigkeit, diesen Prozess selbst steuern zu können, verfügen.[233] Aus diesem Grunde ist auch von einem Rückgang der relativen Bedeutung des Kabinetts unter Blair die Rede.[234] Die Treffen zwischen dem Regierungschef und seinen Ministern hatten einen klaren Seltenheitswert, gleichwohl seine persönliche politische Agenda und sein Führungsstil deren Handeln im hohen Maße beeinflusste. Stattdessen beschäftigte er eine Vielzahl an persönlichen Beratern und stockte das Personal in der Downing Street 10 um mehr als das Doppelte auf. Selten war das Büro des Premierministers so stark im innen- wie außenpolitischen Entscheidungsprozess eingebunden. Bei seinen Entscheidungen ließ er sich weniger von parteipolitischen oder traditionellen politischen Konzepten leiten, sondern vor allem von einem klaren Pragmatismus und von damit verbundenen Werten, die eher als universell oder auf christlichen Werten basierend statt als charakteristisch sozialistisch bzw. sozialdemokratisch bezeichnet werden können.[235] Obwohl dies zweifellos zu einer teilweisen Entfremdung von der Parteibasis führte, ließ sich Blair in seinem Weg auch durch die zunehmende Kritik seines Schatzkanzlers Gordon Brown nicht beirren. Besonders durch die enge Freundschaft und gute Zusammenarbeit mit Bill Clinton und seinen „New Democrats" in den

[232] Vgl. Riddell, Blair as Prime Minister, S.35f.

[233] Vgl. Dyson, Personality and Foreign Policy, S.294.

[234] Vgl. Kavanagh, New Labour, New Millennium, New Premiership, S.9-ff.

[235] Zur Bedeutung globaler Werte und der Durchsetzung dieser in der internationalen Politik bezog Tony Blair in dem 2006 vom FPC herausgegebenen Essay *A Global Alliance for Global Values* (Tony Blair, A Global Alliance for Global Values, London 2006.) und einem Beitrag in der Zeitschrift *Foreign Affairs* (Ders., A Battle for Global Values (Foreign Affairs Januar/Februar 2007 - Online-Ausgabe), http://www.foreignaffairs.org/20070101faessay86106/tony-blair/a-battle-for-global-values.html Stand: 29.11.2008.), der auf den von März bis Mai 2006 gehaltenen drei Reden Blairs zur britischen Außenpolitik basierte, persönlich Stellung.

USA, sah Blair sich schon früh in seinem Kurs bestätigt und fand einen Verbündeten sowohl in wirtschaftlichen, außenpolitischen, aber auch in persönlichen Sichtweisen. Der Einsatz der NATO-Luftstreitkräfte in Jugoslawien 1999 und das letztliche Einlenken Slobodan Miloševićs nach der Androhung, es würden notfalls auch bewaffnete Bodentruppen eingesetzt werden, um den Massenmord serbischer Soldaten an den Kosovo-Albanern zu stoppen, war ganz besonders dem beharrlichen Eifer des britischen Premierministers gegenüber dem amerikanischen Präsidenten zu verdanken, ohne dessen Rückhalt Großbritannien und die EU nichts hätten bewirken können. Noch heute wird Blair von der Bevölkerung des Kosovo als Befreier verehrt. Die britische Initiative zur Intervention und Herstellung der Bereitschaft der USA, sich an dieser zu beteiligen, gilt heute als eine der der herausragenden außenpolitischen Leistungen Großbritanniens in Bezug auf die anglo-amerikanische Partnerschaft nach 1945.[236] Die Briten befreiten sich auf diese Weise (zunächst) von dem Vorurteil, eine Beeinflussung in Fragen der Außenpolitik würde nur einseitig stattfinden. Gemeinsam schafften es Blair und Clinton, die „special relationship“ beider Länder auf eine Ebene zurückzuholen, wie sie seit der Freundschaft zwischen Margaret Thatcher und Ronald Reagan in den 1980er Jahren nicht mehr vorgekommen war.

Mit dem neuen republikanischen US-Präsidenten George W. Bush gestaltete sich das Miteinander zunächst deutlich kühler, da es sich um sehr unterschiedliche Persönlichkeiten handelte, sowohl von der anfänglichen außenpolitischen Zielsetzung als auch von der sozialen Herkunft.[237] Nach den Anschlägen vom 11. September 2001 änderte sich die Art dieser Beziehung grundlegend. Durch die Zusicherung und tatsächliche Umsetzung „uneingeschränkter Solidarität“ Großbritanniens mit den USA sowie der Gemeinsamkeit, dass beide über einen tiefen Glauben und gleiche Wertevorstellungen verfügten, rückten beide Regierungschefs enger zusammen als man es sich zu Beginn der Amtszeit Bushs jemals hätte vorstellen können.[238] Selbst George W. Bush betonte in seiner auf den 11. September folgenden Rede im US-amerikanischen Kongress, bei welcher der britische Premier anwesend war:

[236] Vgl. Fröhlich, Special Relationship, S.544.
[237] Vgl. ebd., S.544f.
[238] Vgl. Seldon, Blair, S.623f.

> „America has no truer friend than Great Britain. Once again we are joined together in a great cause. I'm so honored that the British prime minister has crossed an ocean to show his unity with America. Thank you for coming, my friend."[239]

Mit der Beteiligung des Vereinigten Königreiches am Militärschlag im Irak und dessen Rückendeckung gegenüber den Vereinten Nationen, war ein Höhepunkt in den britisch-amerikanischen Beziehungen seit Ende des Kalten Krieges erreicht. Kritiker sehen in dieser Allianz jedoch auch das bisherige Höchstmaß an politischer, technischer und militärischer Abhängigkeit der Briten von den Vereinigten Staaten sowie eines englischen Premierministers von der US-Präsidentschaft zu Ungunsten des weltweiten Ansehens Großbritanniens.

4.5 Zwischenfazit: Erwartungshaltungen an die britische UN-Politik unter New Labour und Tony Blair

Die Außenpolitik unter New Labour sollte die „ethische Dimension" internationaler Beziehungen deutlich hervorheben, der Fokus vor allem auf die Durchsetzung und Stärkung der individuellen Rechte gerichtet werden, einen Bereich, der sowohl sicherheits- als auch entwicklungspolitisches Engagement erfordern würde. Für dieses Ziel bot sich eine enge Zusammenarbeit mit dem System der Vereinten Nationen sicherlich an, was die Partei seit der Gründung der Organisation stets im hohen Maße forcierte. Obwohl unter Labour das *United Nations Department* des britischen Außenministeriums aufgelöst wurde, schenkte man durch auf verschiedenste Themenbereiche spezialisierte Ministerien und Abteilungen dem Gesamtprogramm der Weltorganisation auch in der innenpolitischen Struktur mehr Aufmerksamkeit. Insbesondere die Schaffung eines eigenen Ministeriums für Entwicklungszusammenarbeit sollte sich positiv auf die Kooperation mit in diesem Bereich aktiven internationalen Organisationen wie den UN, insbesondere dem UNDP, der WHO oder UNICEF auswirken. Auch nationale wie internationale NGOs wurden in den Policy-Making-Prozess verstärkt

[239] George W. Bush, Address of the President of the United States of America to a Joint Session of Congress and the American People (20. September 2001), http://www.whitehouse.gov, Abs.11.

einbezogen, sowohl auf der Regierungs- als auch auf der Ministerialebene. Einen wichtigen Anteil an der außenpolitischen Agenda des Landes hatte vor allem der Premierminister selbst. Tony Blairs Weltanschauung und seine persönlichen Beziehungen zu den Regierungschefs anderer Länder, insbesondere den USA, spiegelten sich auch in den außenpolitischen Leitlinien der Regierungspartei und des Kabinetts wider. Grundsätzlich wollte Blair das Verhältnis zu allen „Kreisen“ britischer Außenpolitik verbessern und die traditionelle Rolle des Landes als Mittler zwischen diesen Einflusssphären erhalten und nutzen.

Folgende Erwartungen an die britische UN-Politik unter Labour lassen sich aus den bisher getroffenen Feststellungen zur Außenpolitik von New Labour, der Persönlichkeit Tony Blairs sowie der Aufteilung der UN-Aufgaben im politischen System Großbritanniens und unter Berücksichtigung der in Kapitel 3.3 generierten Annahmen, formulieren:

- Die starke Zuwendung zu einer „ethischen Dimension“ von Außenpolitik durch New Labour, wird sich insbesondere auf die Politik des Vereinigten Königreiches gegenüber dem UN-System auswirken. Eine engere Zusammenarbeit und eine höhere Verbundenheit mit den Zielen der Organisation sind wahrscheinlich.
- Die britische Außen- und UN-Politik wird sich aufgrund des hohen Einflusses, den Tony Blair auf sein Kabinett ausübt, stark an den persönlichen Wertvorstellungen des Regierungschefs orientieren.
- Tony Blair wird aufgrund der starken Rolle, die er in der britischen nationalen Politik vertritt, auch die Zusammenarbeit mit den UN und ihren Mitgliedern zur „Chefsache“ erklären und dementsprechend agieren.
- Ein britisches militärisches Engagement unter Tony Blair auch ohne die Legitimation durch den UN-Sicherheitsrat, ist in Anbetracht der starken Ausprägung moralischer Wertvorstellungen und dem Durchsetzungswillen dieser durch Tony Blair, deutlich wahrscheinlicher als unter vorherigen Regierungen.
- Bei Meinungsverschiedenheiten zwischen den Mitgliedern des UN-Sicherheitsrats sowie zwischen den USA, den EU- und den Commonwealth-Staaten ist es wahrscheinlich, dass Tony Blair eine Vermittlerrolle einzunehmen versucht und sich persönlich für die Beendigung dieser Konflikte einsetzt.

- Die enge Bindung zwischen Tony Blair und der US-amerikanischen Präsidentschaft, besonders nach dem 11. September 2001, wird sich auch durch die Unterstützung amerikanischer Positionen in den UN widerspiegeln.
- Entwicklungspolitische Zusammenarbeit, auch mit dem System der UN, wird durch die Schaffung eines eigens dafür zuständigen Ministeriums unter Labour insgesamt gestärkt werden.
- Eine stärkere Einbindung der zivilgesellschaftlichen Komponente in die politischen Entscheidungsfindungsprozesse der britischen Außen- und UN-Politik ist aufgrund einer höheren Bedeutung von Nichtregierungsorganisationen im politischen System Großbritanniens unter New Labour und der wachsenden Kompetenz dieser Gruppen, sehr wahrscheinlich.

5 Ausgewählte Themenbereiche britischer UN-Politik unter Tony Blair

Zwei bedeutende und aufschlussreiche Themenbereiche britischer UN-Politik – der Irak-Krieg im Bereich der internationalen Sicherheit sowie entwicklungspolitisches Engagement – sollen im Hinblick auf die tatsächliche Politik und die Grundeinstellungen der Labour-Regierung unter Tony Blair betrachtet werden. Dabei steht im Vordergrund, ob und wie in Bezug auf diese Themenfelder und die Rolle der UN in den Reden des Premierministers, seiner Regierungsvertreter und relevanten Regierungsdokumenten argumentiert wurde. Die zwei Themenfelder wurden deshalb für die nähere Betrachtung ausgewählt, da sie sich einerseits auf scheinbar sehr unterschiedliche Politikbereiche konzentrieren und somit jeweils verschiedene Zugänge zum System und den Aufgaben der UN vermutet werden können, andererseits aber auch, da sie oft stellvertretend für die spezifisch britische internationale Politik in der öffentlichen Wahrnehmung im In- und Ausland von 1997 bis 2007 standen. Die Hauptfrage ist dabei, inwiefern diese Themenbereiche in die Generalversammlung eingebracht wurden und welche Ziele dabei verfolgt wurden. Im Vorfeld lässt sich jedoch vermuten, dass die Redebeiträge zu den Themen einen sehr unterschiedlichen Umfang und verschiedene Funktionen ausgeführt haben, da es sich vor allem um international unterschiedlich kontroverse Bereiche handelte und die Möglichkeiten des Handelns ohne die UN sehr unterschiedlich waren. Beide stehen jedoch auch in enger Verbindung mit bestimmten moralischen Werten sowie der Verwirklichung einer „ethischen" Außenpolitik. Zudem haben sie gemein, dass sie sich je auf eine der Kernaufgaben der UN, nämlich die Wahrung der internationalen Sicherheit und Förderung der menschlichen Entwicklung, beziehen. Von daher ist es besonders interessant, ob und wie die britische Regierung das System der Vereinten Nationen in die Umsetzung ihrer außenpolitischen Vorstellungen einbeziehen wollte und welche Forderungen an die Rolle und das System der Organisation dabei vertreten wurden.

5.1 Frieden und Sicherheit: Der Krieg im Irak

Die Krise um den gemeinsamen Einsatz amerikanischer und britischer Truppenverbände im Irak war das nach außen sichtbarste Thema britischer UN-Politik unter Tony Blair, welches vor allem in der europäischen Öffentlichkeit sehr negativ und als Bruch Großbritanniens mit den Prinzipien und der Autorität der Organisation bewertet wurde. Obwohl der Irak die Amtszeit Blairs nicht im gleichen Maße dominierte wie die Suezkrise jene Anthony Edens von 1955 bis 1957, gehörte die völkerrechtliche Debatte, die sich um den Quasi-Alleingang einer „Koalition der Willigen“[240] unter Führung der USA und des Vereinigten Königreichs im Zweistromland ohne ein Mandat des UN-Sicherheitsrats entwickelte, zu den am heftigsten geführten Auseinandersetzungen in der Geschichte der Weltorganisation und des Landes.[241] Großbritannien, das sich nicht erst seit dem 11. September 2001 für härtere Sanktionen gegen das Regime Saddam Husseins einsetzte, nahm in diesem Prozess eine besondere Stellung ein. Selten kollidierten die eigentlich als Vorteil deklarierten vielschichtigen Beziehungen Großbritanniens sowohl zu den USA als auch zu Europa so ungehemmt miteinander, wie es unmittelbar vor dem Irak-Einsatz sowohl im Sicherheitsrat als auch in der Generalversammlung der Fall gewesen ist. Premierminister Tony Blair stand vor der schwierigen Entscheidung, für nur einen dieser zwei von drei Kreisen britischer Außenpolitik Partei ergreifen zu müssen, da vor allem die Positionen der USA und der Wortführer Kerneuropas, Deuschland und Frankreich, nicht gegensätzlicher hätten ausfallen können und eine Einigung im Sicherheitsrat deshalb schwierig war. Die Gründe, weshalb sich die Labour-Regierung und insbesondere Tony Blair, für eine Be-

[240] Mit anfänglicher Beteiligung Australiens, Spaniens, Italiens, den Niederlanden, Polens, Japans und 28 weiteren, zu großen Teilen europäischen Staaten. US-Außenminister Donald Rumsfeld prägte aus dieser Spaltung Europas heraus die Begriffe „Altes und Neues Europa“. Das „Alte Europa“ waren dabei jene Staaten, welche die militärische Intervention nicht unterstützten, vor allem Frankreich und Deutschland. Weiterführend dazu: Siegfried Schieder, Altes Europa und neues Amerika? Reflexionen über die transatlantischen Differenzen und Gemeinsamkeiten (21.05.2004), http://www.bpb.de/themen/BILKUT Stand: 16.10.2008.

[241] Vgl. Seldon, Blair, S.567.

teiligung am amerikanischen Interventionsplan entgegen vieler Warnungen entschied, und die Beantwortung der Frage, ob die Krise einen entscheidenden Bruch Großbritanniens mit den Prinzipien der Charta bedeutete, sollen im Folgenden nachvollzogen werden. Besonderes Augenmerk gilt dabei vor allem der grundsätzlichen Haltung der Blair-Regierung gegenüber militärischen Interventionen und der Bedeutung der UN bei der Legitimation dieser.

5.1.1 Die britische Haltung zu militärischen Interventionen

In Bezug auf die Außenpolitik der Blair-Regierung stellt sich häufig die Frage, warum sich der sozialdemokratische Premierminister unverhältnismäßig oft dazu bereit erklärte, die Interventionen in „Schurkenstaaten“ oder „other people's wars“ – Konflikte, deren Verlauf und Ausgang das Vereinigte Königreich nicht direkt berührten – mitzutragen und sowohl militärisch auf dem Feld als auch deklaratorisch in den UN zu unterstützen.[242] Dies trifft nicht nur auf den Irak zu, sondern ebenfalls auf die Konfliktsituationen in Osttimor (1999), im Kosovo (1999), Sierra Leone (2000), Afghanistan (2001) und der Demokratischen Republik Kongo (2003). In Bezug auf das Kosovo und den Irak entwickelten sich im Gegensatz zu den anderen vier Konflikten lebhafte Kontroversen über die Rechtmäßigkeit eines militärischen Einschreitens der internationalen Gemeinschaft oder einzelner Staaten, vor allem aufgrund von Menschenrechtsverletzungen oder der Nichteinhaltung von unter Kapitel VII der UN-Charta verabschiedeten Resolutionen. Die britischen Vertreter und der Premierminister brachten während dieser Debatten oft eine Haltung ein, welche grundsätzlich für ein Eingreifen von außen in besonderen Fällen plädierte, jedoch nicht ohne diese Ausnahmefälle hinreichend mit ihren Grundvorstellungen von Souveränität und Moral begründen zu wollen.

Der britische Politikwissenschaftler Paul Williams stellte 2005 in Bezug auf Tony Blairs Rechtfertigungen für die Einmischung in die inneren Angelegenheiten von Staaten die These auf, dass sich diese in tatsächlich drei Motivkategorien einordnen lassen, nämlich in Fragen der Sicherheit, der politischen Ökonomie sowie der Menschenrechte.[243]

[242] Vgl. Williams, British Foreign Policy under New Labour, S.164.

[243] Vgl. ebd., S.168ff.

Sicherheit: Die spezifische Ausprägung in Fragen der Sicherheit wird von Williams als eine Mischung von wiederum drei klassischen Sicherheitsbegriffen beschrieben - der *hobbesianischen*, *grotianischen*[244] und *kantischen* Logik internationaler Sicherheit. Neben bevorzugt humanitären Begründungen sei es in erster Linie die *hobbesianische*, also realpolitisch orientierte Herangehensweise gewesen, welche die Anwendung militärischer Mittel zur Begegnung von Aggressoren oder zur Verteidigung geopolitischer Interessen einschließt, die in der Argumentation der außenpolitischen Vertreter Großbritanniens identifiziert werden kann. Dies trifft vor allem im Falle des Kosovoeinsatzes zu, wo britischen Stellungnahmen neben der moralischen Forderung, Völkermord zu verhindern, ebenfalls Besorgnis über eine mögliche Instabilität der Region und eine langfristige Schädigung der geopolitischen Stellung der NATO zu entnehmen war, sollte diese nicht entsprechend der ihr zu Verfügung stehenden Mittel und der damit verbundenen Verantwortung handeln. Diese hobbesianische Logik nahm nach dem 11. September 2001 eine noch höhere Bedeutung in der britischen Außenpolitik ein, da aus den Erfahrungen der Anschläge die Sorge erwuchs, dass Bevölkerungen, die untereinander von Wut und Hass geprägt sind, leichter dazu tendierten, diese Gefühle auch nach außen zu tragen. Sie entwickeln sich somit auch zu einem Sicherheitsproblem für andere, vor allem wohlhabende westliche Staaten. Eine solche Begründung wurde insbesondere bei den Einsätzen in Afghanistan und im Irak angeführt, sowohl in außenpolitischen Stellungnahmen als auch gegenüber den Vereinten Nationen. Ein immanentes Beispiel hierfür findet sich in der Rede Jack Straws am 11. November 2001 auf der 56. Generalversammlung:

> „And we have to confront an unpalatable truth. That still we face a real and immediate danger. The murderous groups who plotted the terrible events of 11 September could strike again at any time. And our first duty, to our citizens and to each other, is to defend ourselves against that threat."[245]

Wichtig hierbei ist, dass sich „ourselves" aufgrund der universellen Natur der Versammlung nicht nur auf die westliche Werte- und Ver-

[244] Nach Hugo Grotius (1583-1645), der in seinem 1625 erschienenen Werk „De jure belli ac pacis" (Über das Recht des Krieges und des Friedens), welches die Bedeutung eines allgemein anerkannten Völkerrechts in den internationalen Beziehungen sowohl zu Kriegs- als auch zu Friedenszeiten besonders hervorhebt.

[245] Jack Straw, Speech by the Foreign Secretary to the 56th United Nations General Assembly (11. November 2001), http://www.fco.gov.uk, Abs.5.

teidigungsgemeinschaft bezog, sondern auf die gesamte internationale Staatenwelt. Da jedoch ein globales System kollektiver Verteidigung nicht existiert, liegt die Hauptverantwortung für die Sicherheit *aller* Staaten in den Händen der Vereinten Nationen und ihres Sicherheitsrats. Schon durch diese Aussage Straws waren die UN implizit dazu aufgerufen, entsprechende Instrumente und Institutionen zu schaffen, welche eine solche Sicherheit gewährleisten. Für Großbritannien zählten sowohl Maßnahmen zur Terrorismusbekämpfung, denen der Sicherheitsrat mit der Schaffung des CTC durch Resolution 1373[246] auch nachkam als auch die Weiterentwicklung der internationalen Schutzverantwortung als völkerrechtlich verbindliches Konzept zu eben diesen Instrumenten.

Die *grotianische* Komponente der britischen Sicherheitsauffassung unterstreicht die Verbundenheit des Landes zur bestehenden Weltordnung und dem, was die UN-Charta als „internationalen Frieden und Sicherheit" bezeichnet.[247] Dieses Konzept erfordert die Einsatzbereitschaft eines Landes über die Grenzen seiner geostrategischen Interessen hinaus, um beispielsweise die Rahmenbedingungen der internationalen Gemeinschaft zu bewahren oder sich gegen die übergreifenden Auswirkungen von Kriegen und Staatszerfall, z.B. durch Flüchtlingsströme oder Waffenhandel, zu schützen. Eng damit verbunden war die liberale und entwicklungspolitisch begründete Haltung der Labour-Regierung gegenüber Intervention, Globalisierung und Interdependenz, die sich vor allem bei den Einsätzen im Kosovo, in Osttimor, Sierra Leone und der DRK äußerte. Auch für diese Einstellung finden sich in den UN-Reden der britischen Vertreter zahlreiche Beispiele, wie die von Straw ebenfalls auf der 56. Generalversammlung getätigte Aussage,

> „[...] that nations have come so closely together to fight terrorism shows how the world is changing. But we have to build a deeper and a wider consensus to tackle the other great issues which we face. It is not just the Afghan people who have been excluded from the values on which the UN was founded. Conflict, poverty, discrimination and injustice still blight the lives of millions in every part of the globe. Individuals' rights, especially women's rights, are ignored with impunity. Then the very structure of communities collapse. And where this happens, where societies disintegrate or states fail, we put at risk the basis of global society itself."[248]

[246] UN Security Council, UN Doc. S/RES/1373 (2001) v. 28.09.2001.

[247] Vgl. Williams, British Foreign Policy under New Labour, S.169.

[248] Straw, 11. November 2001, Abs.11.

Der Einfluss des *kantischen* Sicherheitskonzepts auf die Blair-Regierung wurde deutlich, wenn es wichtig war, die Bedeutung der Verbreitung von Demokratie oder die Notwendigkeit eines Regimewechsels in sog. „Schurken-“ oder „gescheiterten“ Staaten hervorzuheben.[249] Ausgangsidee dieses Zugangs ist die These, dass Demokratien untereinander keine Kriege führen würden, da die innerstaatlichen *Checks and Balances*-Systeme dies verhindern würden. Somit wäre durch die Etablierung einer demokratischen Gesellschaft ebenfalls die Sicherheit benachbarter Gesellschaften gewährleistet. Diese Denkweise lag sowohl dem britischen Engagement in Sierra Leone als auch in Afghanistan zugrunde. Der Einsatz im Irak sollte ebenfalls von Blair im Nachhinein durch die Bemühung dieser Argumentation gerechtfertigt werden. Nach britischer Auffassung obliegt es auch hier vor allem den UN, diese Werte weltweit zu etablieren, weshalb die Haltung der Briten in der Generalversammlung stets eindeutig war, wie folgendes Beispiel, ebenfalls aus der Rede Straws 2001 zur Situation in Afghanistan, verdeutlichen soll:

> „[...] there should be a broad-based government in Kabul, reflecting Afghanistan's rich ethnic diversity, and the future of Afghanistan must be put into the hands of the Afghan people. [...] And we know that the one institution in the world which can deliver this better future is here, now, the United Nations. We should all give Ambassador Brahimi every support in planning a future which leads to Afghanistan re-taking its place as a fully fledged member of the international community, able to protect and promote the interests of all of its people.“[250]

Dass alle drei zitierten Auszüge aus der selben Rede Straws vor der UN-Generalversammlung stammen, untermauert Williams These und verdeutlicht, dass sich alle drei genannten Zugänge zu einer Rechtfertigung von Interventionen durch die Hervorhebung des Sicherheitsbegriffes gleichermaßen auch in der britischen Haltung gegenüber den UN wiederfinden. Die Einbeziehung des, zweifellos zu reformierenden Systems der Weltorganisation war in diesem Zusammenhang von britischer Seite nicht nur erwünscht, sondern wurde klar gefordert. Zudem ist die Bemühung des Sicherheitsarguments besonders wirkungsvoll, will man andere Staaten von der eigenen Position oder einer Beteiligung an der Intervention überzeugen, da auch sie vornehmlich auf ihre eigene Sicherheit bedacht sind.

[249] Vgl. Williams, British Foreign Policy under New Labour, S.169f.

[250] Straw, 11. November 2001, Abs.9f.

Politische Ökonomie: Der vom *High Level Panel 2004* vorgestellte Bericht *A more secure world* identifizierte eine Reihe von Bedrohungen, welche jenseits von militärischen Konflikten auch für andere Staaten und die Weltgemeinschaft eine Gefahr darstellen, da sie unter Umständen den Nährboden für gewalttätige Auseinandersetzungen bilden können.[251] Zu diesen zählen wirtschaftliche und soziale Bedrohungen, deren Begrenzung oder die Begrenzung der daraus resultierenden Kosten, nach Williams, die zweite Begründungskategorie der Blair-Regierung für Interventionen in andere Länder darstellen. Obwohl in Kapitel 5.2 diese Thematik noch einmal im Lichte entwicklungspolitischer Initiativen Großbritanniens in den UN und des Zusammenhangs zwischen Armut und politischer Instabilität betrachtet werden soll, so spielt sie auch im Bereich der militärischen Intervention insofern eine Rolle, als dass Kriege, insbesondere Bürgerkriege, in vielen Fällen die Ursache für wirtschaftliche und politische „Unterentwicklung" darstellen. Diese Unterentwicklung stellt auch einen erheblichen Kosten- und wirtschaftlichen wie politischen Bedrohungsfaktor für entwickelte Länder dar. Besonders unter den Bedingungen der Globalisierung und weltweiten Interdependenz, liegt es deshalb auch im Interesse der Industriestaaten, dass diese Kriege möglichst schnell beendet und die Gesellschaften wieder einem geregelten Ablauf ökonomischer und politischer Teilhabe zugeführt werden. Die Blair-Regierung vertrat diese Sichtweise schon früh in ihrer Amtszeit und leitete aus ihr die Notwendigkeit ab, in Fällen, in denen Bürger- oder zwischenstaatliche Kriege die Infrastruktur eines Landes bedrohten oder sogar bereits schweren Schaden zugefügt hatten, nötigenfalls auch militärisch handeln zu können. Tony Blair merkt dazu in seiner Rede bei dem Bankett des Londoner Bürgermeisters am 12. November 2001 an:

> „Once chaos and strife have got a grip on a region or a country trouble will soon be exported. Out of such regions and countries come humanitarian tragedies; centres for trafficking in weapons, drugs and people; havens for criminal organisations; and sanctuaries for terrorists."[252]

Menschenrechte: Die letzte der von Williams benannten und von Labour bemühten Kategorien zur Rechtfertigung der Anwendung militärischer Gewalt ist die Pflicht der Weltgemeinschaft, bei Verstößen

---

[251] Vgl. Williams, British Foreign Policy under New Labour, S.170.

[252] Tony Blair, Speech by the Prime Minister at the Lord Mayor's Banquet (12. November 2001), http://www.fco.gov.uk, Abs.15-17.

gegen internationale Menschenrechtskonventionen, auch wenn diese gegenüber der eigenen Bevölkerung begangen werden, einzugreifen.[253] Auf einige Kritiker der neuen Selbstwahrnehmung Großbritanniens als „force for good",[254] welche die Labour-Partei durch ihre auf „ethische" Außenpolitik vertreten wollte, wirkte diese Begründung als die unklarste, weil schwierig auszumachende, um Interventionen in die Konflikte oder inneren Angelegenheiten anderer Staaten zu rechtfertigen. In den UN äußerte sich diese Weltanschauung besonders in Aussagen wie jener, welche 1999 auf der 54. Generalversammlung von Robin Cook getroffen wurde:

> „Intervention must always be the last resort. We can all agree that the first responsibility for reconciling internal conflict rests with the state in which conflict arises. But we also have a shared responsibility to act when confronted with genocide, mass displacement of people or major breaches of international humanitarian law. To know that such atrocities are being committed and not to act against them is to make us complicit in them. And to be passive in the face of such events is to make it more likely they will be repeated."[255]

Schon um die hier zentralen Begriffe „genocide", „mass displacement" und „major breaches of international humanitarian law" finden international zum Teil heftige Debatten statt, nach welchen Kriterien Handlungen oder Situationen als diesen Kategorien zugehörig eingestuft werden können und eine Intervention zu rechtfertigen ist.[256] Letztlich ist es zwar der Sicherheitsrat, der darüber entscheiden muss, ob eine militärische Intervention auf Basis dieser Verstöße gerechtfertigt ist, doch auch ihm fehlt es an einer allgemein verbindlichen Bemessungsgrundlage. Dennoch ist festzustellen, dass allein die Thematisierung dieser Vergehen vor den UN und ihrem höchsten Gremium eine große Wirkung erzielen kann. Labour-Großbritannien hat diese Aufgabe in vielen Fällen bereitwillig und mit größter Überzeugung übernommen, allerdings wurden gleichzeitig eine Vielzahl von Menschenrechtsverletzungen, z.B. in Burundi und Tschetschenien, von britischen Vertretern nicht thematisiert.[257] Dies lässt wiederum darauf

[253] Vgl. Williams, British Foreign Policy under New Labour, S.171f.

[254] Tony Blair, Speech by the Prime Minister at the Lord Mayor's Banquet (10. November 1997), http://www.fco.gov.uk, Abs.29.

[255] Robin Cook, Speech by the Foreign Secretary to the 54th United Nations General Assembly (21. September 1998), http://www.fco.gov.uk, Abs.22.

[256] Weiterführend zur generellen Debatte um die Notwendigkeit und Legitimation humanitärer Interventionen, siehe: Deen K. Catterjee/Don E. Scheid (Hrsg.), Ethics and Foreign Intervention, Cambridge 2003.

[257] Vgl. Williams, British Foreign Policy under New Labour, S.171.

schließen, dass trotz aller moralischen Bekundungen der Regierung gleichsam auch harte realpolitische Interessen die britische Außenpolitik bestimmten.

In seiner wegweisenden *Doctrine of the International Community*-Rede im Frühjahr 1999 bezog Tony Blair selbst ebenfalls Stellung zur umstrittenen Interventionsthematik. Besonders die Umstände, die einem Staat oder einer Staatengruppe gestatten können, diesen politisch zweifellos drastischen Schritt bei gleichzeitiger Wahrung der Integrität der Vereinten Nationen und den Prinzipien ihrer Charta zu vollziehen, waren für den Premierminister von entscheidender Bedeutung:

> „The most pressing foreign policy problem we face is to identify the circumstances in which we should get actively involved in other people's conflicts. Non-interference has long been considered an important principle of international order. And it is not one we would want to jettison too readily. One state should not feel it has the right to change the political system of another or forment subversion or seize pieces of territory to which it feels it should have some claim. But the principle of non-interference must be qualified in important respects. Acts of genocide can never be a purely internal matter. When oppression produces massive flows of refugees which unsettle neighbouring countries then they can properly be described as threats to international peace and security.“[258]

Der britische Regierungschef unterstrich seine Pro-Interventions-Argumentation in dieser Rede also durch einen klaren Bezug auf die in der Charta der Vereinten Nationen festgelegten Handlungsmaxime. Ohne die Feststellung, dass es sich nach Artikel 39 dieser um eine Bedrohung des Weltfriedens und der internationalen Sicherheit handelt, ist eine Resolution des UN-Sicherheitsrats unter Kapitel VII nicht denkbar. Blair geht jedoch auch nicht davon aus, dass eine solche Feststellung *ad hoc* und ohne gründliche Prüfung erfolgen kann. Vielmehr formuliert er einen aus fünf Punkten bestehenden Maßnahmenkatalog, um entscheiden zu können, ob und wann ein Eingreifen in die inneren Angelegenheiten eines Staates erforderlich ist:[259]

> „First, are we sure of our case? [...] Second, have we exhausted all diplomatic options? [...] Third, on the basis of a practical assessment

[258] Blair, 24. April 1999, Abs.53.

[259] Der von der ICISS im Jahre 2001 vorgelegte Bericht *The Responsibility to Protect* stellt ebenfalls eine Reihe von Kriterien auf, nach denen das Recht zur Intervention bemessen werden sollte. Diese decken sich im Großen und Ganzen mit den von Blair 1999 vorgestellten Kriterien. Die sog. „precautionary principles“ waren: „right intension“, „last resort“, „proportional means“ und „reasonable prospects“. Vgl. International Commission on Intervention and State Sovereignty, The Responsibility to Protect, Ottawa 2001, S.XII.

> of the situation, are there military operations we can sensibly and prudently undertake? [...] Fourth, are we prepared for the long term? [...] And finally, do we have national interests involved?"[260][261]

Obwohl diese Fragestellungen nicht die abschließende Entscheidungsbasis für die Vereinten Nationen und interventionswillige Staaten darstellen sollten, verstand Blair sie doch als „the kind of issues we need to think about in deciding in the future."[262] Er erinnerte zusätzlich noch einmal daran, dass ein zu strenges Festhalten an in einer liberalen und globalen Weltordnung überholten Denkweisen den Sicherheitsrat in einen ähnlichen Zustand der Selbstblockade versetzen könne wie zu Zeiten des Ost-West-Konflikts.[263] Was den Einsatz der NATO-Streitkräfte im Kosovo betraf, so betrachtete Blair das Vorgehen ohne Mandat des Sicherheitsrats als legitim. Zweifel daran, ohne dieses in Jugoslawien handeln zu dürfen, wurde durch das Argument zerstreut, die UN hätten schon bei den Völkermorden in Bosnien und Ruanda versagt, in Anbetracht dessen sich die Welt folglich auch nicht darauf verlassen könne, dass die Organisation in Zukunft bei ähnlichen Situationen handlungsfähiger sei.[264] Stattdessen sei es an den Prinzipien der „international community",[265] die sich auch aus der Charta der Vereinten Nationen ableiten, in derartigen Notfällen konsequente Handlungen zu legitimieren. Bemerkenswert hierbei ist, dass es sich bei der von Blair verwendeten Wortwahl einer „international community" eben nicht ausschließlich um die internationale Gemeinschaft im Sinne der Vereinten Nationen handeln konnte, sondern vielmehr um eine auf gemeinsamen Werten basierende Allianz von zum Engagement „willigen" Staaten.[266] Diese kann zweifellos exklusiv beschaffen sein und dennoch unter Bezugnahme auf die Grundprinzipien der UN, welche multilateral im Namen der internationalen Gemeinschaft

[260] Blair, 24. April 1999, Abs.56. Dieser fünfte und letzte Punkt, der die nationalen Interessen Großbritanniens an Interventionen unterstreicht, war und ist umstritten. Blair stellt in der Rede jedoch noch vor den zitierten Kriterien zur qualitativen Abwägung fest, dass auch die Förderung von Menschenrechten und moralischen Werten im nationalen, vor allem sicherheitspolitischen Interesse des Landes liegen: „In the end values and interests merge. If we can establish and spread the values of liberty, the rule of law, human rights and an open society then that is in our national interests too. The spread of our values makes us safer." ebd., Abs.55.

[261] Ebd., Abs.56.

[262] Ebd., Abs.57.

[263] Vgl. ebd., Abs.59.

[264] Vgl. Jason D. Ralph, Tony Blair's 'new doctrine of the international community' and the UK decision to invade Iraq, Leeds 2005, S.6.

[265] Blair, 24. April 1999, Abs.29.

[266] Vgl. Ralph, Tony Blair's 'new doctrine of the international community', S.6.

sowie im Dienste des Weltfriedens handeln, um sich vor allem auch moralisch abzusichern. Eine derartige Begründung reichte vielen UN-Mitgliedstaaten im Falle des Kosovoeinsatzes der NATO aus, um trotz des russischen Vetos zu einer Sicherheitsratsresolution militärisch eingreifen zu können. Im Hinblick auf den Irak gestaltete sich die Erklärung, dass es sich um einen moralisch und sicherheitspolitisch „gerechten Krieg“ handelte und die Beteiligung Großbritanniens an einem amerikanischen Militärschlag somit zu rechtfertigen war, deutlich schwieriger. Einen nachweisbaren Genozid gab es im Irak nicht, sondern kaum mehr als die Vermutung, dass Massenvernichtungswaffen hergestellt wurden und das Ba'ath-Regime Saddam Husseins damit gegen vorhergehende Sicherheitsratsresolutionen verstieß.

Welche Schlüsse lassen sich aus der hier betrachteten Grundeinstellung der britischen Labour-Regierung und insbesondere Tony Blairs zu militärischen Interventionen, vor allem in Hinblick auf die im nächsten Abschnitt zu betrachtende Irak-Politik des Landes in den UN, schließen? Zum einen war die Absicht, eine Intervention aus rein humanitären Gründen vornehmen zu wollen, die klar wünschenswerte für Labour und Blair. Ein Einschreiten zur Verteidigung der Menschenrechte passte gut in das Bild einer „ethischen“ Außenpolitik. Der Mangel an völkerrechtlich verbindlichen Kriterien zur Bestimmung von Verletzungen der Menschenrechte und die Schwierigkeit, andere Staaten davon zu überzeugen, dass ein Einschreiten in diesem oder jenem Falle notwendig ist, relativieren die Bedeutung der rein humanitären Begründung jedoch enorm. Stattdessen überwogen sicherheitspolitische und politisch-ökonomische Aspekte auch in den britischen außenpolitischen Reden und UN-Ansprachen. Die Organisation und ihr Sicherheitsrat bilden auf globaler Ebene die einzige Instanz, die im Stande ist, eine Berechtigung zur Einmischung in die innere Souveränität von Staaten zu erteilen. Die britische UN-Politik war sich dieser Tatsache stets bewusst, was bereits an dem starken Druck deutlich wird, den das Land auf die Organisation ausübte, um neue völkerrechtlich verbindliche Institutionen zu entwickeln und bestehende auszubauen. Dazu zählte auch, dass der Sicherheitsrat um mindestens die G4-Länder erweitert wird. Die Beteiligung bzw. der Grad der Beteiligung an internationalem Engagement, insbesondere in solch problembehafteten Fällen wie militärischen Interventionen, ist geprägt vom Abwägen verschiedener Verpflichtungen und Abhängigkeiten. Was im Falle des Iraks dabei scheinbar misslang und wie die Mitwirkung Großbritanniens an dem als unilateral gebrandmarkten Krieg unter Führung der USA vor den UN begründet und verteidigt wurde, soll im weiteren Verlauf des Kapitels dargelegt werden.

5.1.2 Großbritanniens Irak-Politik in den UN

Die Vermittlungsversuche 1987/88 im Krieg zwischen dem Irak und dem Iran stellten den ersten Schritt einer langen Auseinandersetzung der Vereinten Nationen, und somit implizit der intensiven Beschäftigung Großbritanniens als ständigem Sicherheitsratsmitglied, mit der Situation im Zweistromland und dem Regime Saddam Husseins dar.[267] Dass ein Abkommen zwischen den damals seit acht Jahren gegeneinander Krieg führenden Nachbarn erreicht werden konnte, galt als einer der durchschlagendsten Erfolge des UN-Sicherheitsrats und als Zeichen der Entspannung zwischen dessen Mitgliedern, die sich zu dem Zeitpunkt noch immer im Zustand des Kalten Krieges befanden. Saddam zeigte sich während dieses Prozesses sogar überaus kooperativ und wurde vor allem von der westlichen Welt als wichtiger Junior-Partner bei der Aufrechterhaltung des Kräftegleichgewichts am Persischen Golf wahrgenommen.[268] Diese durchaus positive Einschätzung änderte sich nahezu schlagartig, als irakische Truppenverbände im Sommer 1990 das Nachbarland Kuwait annektierten um sich Zugang zu den dortigen Ölvorkommen zu verschaffen.[269] Der Sicherheitsrat reagierte unverzüglich auf diesen eindeutigen Bruch des Friedens und der internationalen Sicherheit, indem er mit Resolution 660[270] den sofortigen Abzug irakischer Soldaten aus Kuwait forderte und den Druck schrittweise, nachdem der Irak den Forderungen nicht nachkam, durch die Resolutionen 661[271] bis 665[272] bis zum umfassenden Wirtschaftsembargo erhöhte. Mit Resolution 678[273] erreichten die USA, gestützt durch Großbritannien, dass den vorhergehenden sowie möglichen folgenden Beschlüssen in dieser Angelegenheit „mit allen erforderlichen Mitteln“ Geltung verschafft werden konnte. Die USA und Großbri-

[267] Vgl. David M. Malone, The International Struggle Over Iraq. Politics in the UN Security Council 1980-2005, Oxford 2006, S.22f.

[268] Vgl. ebd., S.44.

[269] Vgl. Norman Paech, Die Rolle der UNO und des Sicherheitsrats im Irakkonflikt, in: APuZ, 2003, Nr. 24-25, S.35f.

[270] UN Security Council, UN Doc. S/RES/660 (1990) v. 02.08.1990.

[271] Ders., UN Doc. S/RES/661 (1990) v. 06.08.1990.

[272] Ders., UN Doc. S/RES/665 (1990) v. 25.08.1990.

[273] Ders., UN Doc. S/RES/678 (1990).

tannien, das damals noch von Tories unter John Major regiert wurde, leiteten daraus auch den Einsatz militärischer Sanktionen gegen den Irak ab, obwohl diese nicht explizit durch die Resolution gedeckt waren und die dem Irak für die Umsetzung der Forderungen zugestandene Zeitspanne im Grunde zu kurz bemessen wurde. Der schnelle Sieg der Koalition, die Wiederherstellung der staatlichen Souveränität Kuwaits sowie die Einrichtung eines umfassenden Systems von Kontrollen und wirtschaftlichen Sanktionen durch Resolution 687[274] des Sicherheitsrats, verliehen der Kampagne im Nachhinein jedoch eine gewisse Berechtigung. Zumindest wurde sie weder von den übrigen Mitgliedern des Sicherheitsrats, noch von der Generalversammlung verurteilt. Die ebenfalls durch Resolution 687 auf Initiative des Vereinigten Königreiches geschaffene UNSCOM hatte nun die Aufgabe, die irakischen Waffenprogramme zu erfassen, zu überwachen und dem Sicherheitsrat darüber Bericht zu erstatten.[275] Auf Druck der USA blieben die durch Resolution 660 veranlassten Wirtschaftssanktionen gegen den Irak weiterhin bestehen.[276] Das Regime Saddam Husseins wurde zudem von einer gewaltsamen Absetzung durch vorrückende alliierte Truppenverbände, aufgrund von Befürchtungen, der ohnehin ruhelose Mittlere Osten könnte weiter destabilisiert werden sowie einer definitiv fehlenden völkerrechtlichen Legitimation, verschont. In Bezug auf die britische Rolle in diesem Prozess, der sich vor allem als eine Konfrontation zwischen den USA und dem Irak darstellte, lässt sich feststellen, dass das Vereinigte Königreich stets mit der grundsätzlichen Auffassung des amerikanischen Bündnispartners übereinstimmte und, wenn auch nicht immer aktive Unterstützung für bestimmte Maßnahmen geleistet wurde, doch zumindest für diplomatische Rückendeckung im UN-Sicherheitsrat sorgte.[277] Zudem vermochten es die Briten, durch kluge Vermittlungsdiplomatie und dem Beharren auf multilaterale Zusammenarbeit, das UN-System in die Lösung bzw. Bearbeitung der wichtigsten internationalen Konfliktursachen, z.B. die Herstellung von MVW, intensiv einzubeziehen. Zunächst waren die internationalen Operationen im Irak auch weitestgehend zufriedenstellend verlaufen, gleichwohl sich durch die vergleichsweise harten noch bestehenden Sanktionen die Situation für die irakische Bevölkerung weiter verschlechterte. Hinzu kam, dass die gesamte Aufklärungsmission durch

[274] UN Security Council, UN Doc. S/RES/687 (1991) v. 03.04.1991.

[275] Vgl. Malone, The International Struggle Over Iraq, S.153.

[276] Vgl. Paech, Die Rolle der UNO und des Sicherheitsrats im Irakkonflikt, S.37.

[277] Vgl. Malone, The International Struggle Over Iraq, S.121.

ein ständiges „Katz-und-Maus-Spiel“ der irakischen Regierung mit den Inspektoren der UNSCOM geprägt war und sich zunehmend zu einem Ärgernis auch für die britische Regierung, unabhängig ihrer politischen Couleur, entwickelte.

Der Irak-Problematik nahm sich die britische UN-Politik unter New Labour bereits im zweiten Jahr der Amtszeit Tony Blairs direkt vor der Generalversammlung an. In seiner auf der 54. Versammlung gehaltenen Rede am 21. September 1998 forderte Blair eine erhöhte Aufmerksamkeit, welche die internationale Gemeinschaft dem Irak und der im Frühjahr des selben Jahres getroffenen Vereinbarung mit UNSCOM über neue Waffeninspektionen entgegenbringen sollte.[278] „This agreement has to be honoured and we will play our part in ensuring that it is“[279] erklärte der Premierminister dazu in New York. Nur wenige Wochen danach führten die USA gemeinsam mit Großbritannien die „Operation Wüstenfuchs“, einen massiven Luftangriff gegen irakische Stellungen, durch und erweiterten diese auch auf an den Grenzen des Irak stationierte Radaranlagen, nachdem das Land die Zusammenarbeit mit UNSCOM endgültig beendete und Widerstand gegen die sog. Flugverbotszonen ankündigte.[280] Der Militäreinsatz im Dezember 1998 wurde weithin als völkerrechtswidrig, da nicht durch den Sicherheitsrat legitimiert, betrachtet, eine Verurteilung seitens der UN-Mitgliedstaaten blieb jedoch aus. Dies ist u.a. dadurch zu begründen, dass im Sicherheitsrat vollkommene Unklarheit darüber herrschte, ob und wann der Einsatz oder die Androhung militärischer Gewalt gegen den Irak gerechtfertigt war.[281] Die amerikanischen, jedoch insbesondere die britischen UN-Vertreter argumentierten, dass eine Legitimation durchaus durch die in den Sicherheitsratsresolutionen 678 und 687 vereinbarten Bedingungen zum Waffenstillstand nach dem zweiten Golfkrieg gegeben war. Selbst UN-Generalsekretär Kofi Annan erklärte im März 1998, dass lediglich „some sort of consultations with the other members [of the Security Council]“[282] notwendig seien, bevor es zu kriegerischen Handlungen käme, ein explizites Mandat demnach jedoch nicht gefordert wurde.[283] Der Waffengang gegen den Irak er-

[278] Vgl. Tony Blair, Speech by the Prime Minister to the 53rd United Nations General Assembly (21. September 1998), http://www.fco.gov.uk, Abs.35.

[279] Ebd.

[280] Vgl. Paech, Die Rolle der UNO und des Sicherheitsrats im Irakkonflikt, S.38.

[281] Vgl. Ruth Wedgwood, The Fall of Saddam Hussein. Security Council Mandates and Preemptive Self-Defense, in: The American Journal of International Law, 97 2003, Nr. 576, S.579.

[282] Zit. nach: ebd.

[283] Vgl. ebd.

reichte in seiner Folge die Wiederaufnahme der Inspektionen, nun unter der Bezeichnung UNMOVIC und unter der Leitung des Schweden Hans Blix sowie der IAEO.[284]

In der auf die „Operation Wüstenfuchs“ folgenden Generalverssamlung wurden der Irak und die durchgeführten militärischen Maßnahmen nicht explizit thematisiert. Vielmehr traf Außenminister Robin Cook allgemeine Aussagen zur Rechtmäßigkeit und Notwendigkeit humanitärer Interventionen, die sich, im weitesten Sinne, auch auf die Auseinandersetzung mit dem Irak um die Herstellung von Massenvernichtungswaffen ausweiten ließen.[285] Viel treffender, und zeitlich den Ereignissen im Irak näher angesiedelt, ist in diesem Falle auch die Rede zur Blair-Doktrin aus dem Frühjahr des selben Jahres. In ihr bringt der britische Premierminister unmissverständlich zum Ausdruck, dass er Saddam Hussein und Slobodan Milošević als die gefährlichsten und skrupellosesten Männer jener Zeit betrachtete, auf die viele der zu dem Zeitpunkt akuten Probleme der internationalen Gemeinschaft zurückzuführen wären:

> „Both have been prepared to wage vicious campaigns against sections of their own community. As a result of these destructive policies both have brought calamity on their own peoples. Instead of enjoying its oil wealth Iraq has been reduced to poverty, with political life stultified through fear.“[286]

Sieht man von Vorwürfen ab, die auch der internationalen Gemeinschaft, insbesondere den Mitgliedern des UN-Sicherheitsrats, Versagen gegenüber der irakischen Bevölkerung durch nach wie vor unangemessen hohe Sanktionen und die Unwirksamkeit des *Öl-für-Lebensmittel*-Programms bescheinigten,[287] so ist gerade an dieser Aussage von besonderem Interesse, dass Blair hier nicht von einer Bedrohung des Weltfriedens durch die Herstellung oder den Versuch der Herstellung von MVW spricht. Stattdessen werden die nach Meinung Blairs offensichtlichen Menschenrechtsverletzungen des Regimes thematisiert. Diese Umorientierung auf die Einforderung der Verantwortlichkeiten von Regierungen im eigenen Land und die stärkere Konzentration

[284] Die Ablösung von UNSCOM durch UNMOVIC ist vor allem Vorwürfen geschuldet, die UNSCOM wäre durch Mitarbeiter westlicher Geheimdienste, insbesondere der USA und Israels, unterwandert worden, und habe deshalb an Neutralität und Vertrauenswürdigkeit verloren. Vgl. Malone, The International Struggle Over Iraq, S.161.

[285] Vgl. Cook, 21. September 1999.

[286] Blair, 24. April 1999, Abs.49.

[287] Vgl. Paech, Die Rolle der UNO und des Sicherheitsrats im Irakkonflikt, S.38f.

auf moralische Aspekte internationaler Verantwortung verdeutlicht, dass Blair der Bedeutung jenes Konzepts, welches später als R2P bezeichnet werden wird, einen zunehmend höheren Stellenwert einzuräumen suchte als den herkömmlichen sicherheitspolitischen Argumentationsmustern.[288] Nicht ganz nachvollziehbar ist hierbei, dass der britische Premierminister lediglich die Zustände im Irak und in Jugoslawien direkt anspricht, während andere Regierungen, z.B. in weiten Teilen Afrikas und Südostasiens, zur gleichen Zeit ebenfalls massive Menschenrechtsverletzungen entweder duldeten oder sogar aktiv unterstützten, jedoch von Blair außen vor gelassen bzw. in der folgenden Aussage lediglich subsumiert werden:

> „Looking around the world there are many regimes that are undemocratic and engaged in barbarous acts. If we wanted to right every wrong that we see in the modern world then we would do little else than intervene in the affairs of other countries."[289]

Diese Äußerung verdeutlicht noch einmal, dass Blair eine unbedingte Notwendigkeit darin sah, in bestimmten Fällen auch von außen in die inneren Angelegenheiten eines Staates eingreifen zu können sowie im „Kampf Gut gegen Böse" notgedrungen gegen das Prinzip der inneren Souveränität verstoßen zu müssen. Kombiniert mit der nur wenige Sätze zuvor getätigten Aussage, dass insbesondere Europa darauf vorbereitet werden solle, neben den USA in diesen Fragen auch eine höhere militärische Verantwortung zu übernehmen, muss auf Kritiker der offensichtlichen westlichen Militärdominanz wie eine unausgesprochene Drohung gewirkt haben, die nur wenig mit den Prinzipien der Charta der Vereinten Nationen vereinbar war. Nichtsdestotrotz beschwor Blair auch in diesem Punkt die Notwendigkeit internationaler Institutionen, des Völkerrechts und der UN als faktisches Zentrum internationaler Beziehungen.[290]

In den der Blair-Doktrin unmittelbar folgenden Jahren wird der Irak nicht explizit innerhalb der britischen Redebeiträge auf der Generalversammlung thematisiert, gleichwohl dieser bzw. Saddam Hussein sicher inbegriffen waren, wenn z.B. von „any future tyrants"[291]

[288] Auf diese Weise war es möglich, eine neue, wenn möglich völkerrechtlich bindende Legitimationsgrundlage auch für eine spätere eventuelle Intervention im Irak oder für härtere wirtschaftliche Sanktionen gegen das Land zu schaffen.

[289] Blair, 24. April 1999, Abs.54.

[290] Vgl. ebd., Abs.59.

[291] Robin Cook, Speech by the Foreign Secretary to the United Nations Millennium Assembly (14. September 2000), http://www.fco.gov.uk, Abs.23.

die Rede gewesen ist, welche vor dem IStGh[292] ihrer Bestrafung zugeführt werden sollen.[293] Auf dem traditionellen Bankett des Londoner Bürgermeisters im Jahr 2000 unterstrich Blair zudem noch einmal ausdrücklich, dass er Saddam Hussein als den „most dangerous dictator in the world today“[294] betrachte.

Konnte die Politik Blairs gegenüber dem Irak in seiner ersten Amtsperiode durch die Unterstützung und das Vertrauen in das Kontrollsystem von UNSCOM und UNMOVIC sowie die aktive Teilnahme an Wirtschaftsembargos noch als „Contain-and-Punish“-Politik bezeichnet werden,[295] so wandelte sich diese nach dem 11. September 2001 entscheidend in Richtung einer schon länger von den USA verfolgten „Punish-and-Remove“-Strategie. Die Anschläge in New York und Washington D.C. überzeugten Tony Blair davon, dass der Bruch internationaler Vereinbarungen über die Entwicklung von MVW im Lichte der steigenden Gefahr durch internationale terroristische Gruppierungen nicht länger hinnehmbar war.[296] Diese, an die neue Bedrohungslage angepasste Einstellung, veranlasste die britische Regierung letztlich ebenfalls dazu, die gegenüber dem Irak bisher vertretene Strategie noch einmal zu überdenken und sich mit der keineswegs zufriedenstellenden Situation in Bezug auf das Hin und Her über die Inspektionen der Anlagen im Irak nicht länger zufriedenzugeben. Die Begründungen für eine Invasion im Irak griffen aus diesem Grunde hauptsächlich auf die Thematik der Herstellung derartiger Waffentechnologien und die Untergrabung der Autorität der Vereinten Nationen durch Saddam Hussein im Kontext der Bedrohung des internationalen Friedens und der internationalen Sicherheit zurück. Nichtsdestotrotz basierten sie auch auf Argumenten, welche im Falle einer Nichthandlung der Weltgemeinschaft die Glaubwürdigkeit und Verlässlichkeit der UN und ihres Sicherheitsrats gefährdet sahen oder die Notwendigkeit des Einschreitens aus humanitären Beweggründen hervorhoben. Letzteren lagen allerdings keine verbindlichen Handlungsmaxime zugrunde,

---

[292] Großbritannien ist im Gegensatz zu den USA ein vehementer Unterstützer des Internationalen Strafgerichtshofes. Diese Tatsache sorgte durchaus für Spannungen auch zwischen den beiden Partnernationen. Weiterführend zum Diskurs über die Verhandlungen zum Rom-Statut, siehe: Michael J. Struett, The Politics of Constructing the International Criminal Court. NGOs, Discourse, and Agency, New York 2008.

[293] Vgl. Cook, 14. September 2000, Abs.23.

[294] Tony Blair, Speech by the Prime Minister at the Lord Mayor's Banquet (13. November 2000), http://www.fco.gov.uk, Abs.19.

[295] Vgl. Williams, British Foreign Policy under New Labour, S.187.

[296] Vgl. ebd., S.192f.

weshalb sich Blair und seine Vertreter nur auf die völkerrechtliche Wirksamkeit des MVW-Arguments verlassen konnten. Dieses jedoch konnte selbst durch das im September 2002 von der Labour-Regierung vorgestellte Dossier zum irakischen Waffenprogramm mit dem Titel *Iraq's Weapons of Mass Destruction. The Assessment of the British Government*, das sowohl von den Briten als auch von den Amerikanern zur Begründung des Einsatzes im In- und Ausland sowie im UN-Sicherheitsrat herangezogen wurde, nicht zweifelsfrei belegt werden.[297] Tatsächlich stellte die von der Kriegskoalition im Anschluss an die Kampfhandlungen und als Nachfolgerin von UNMOVIC geschaffene *Iraq Survey Group* sogar fest, dass keines der in dem Dossier genannten Programme zur Herstellung von MVW existierte. Vorwürfe richteten sich deshalb im Nachhinein vor allem an den britischen Regierungschef, der den Geheimdiensten in dieser Sache zu unkritisch gegenüberstand und sich, vor allem geleitet durch seine persönliche, moralisch begründete Abneigung gegen Saddam Hussein sowie eines festen Glaubens an die Existenz dieser Programme, eine „virtuelle Realität“[298] geschaffen hätte.[299] Tony Blair leitete daraus auch eine persönliche Verpflichtung zum Handeln ab.[300] Der multilaterale Weg über die UN war für ihn dabei klar vorzuziehen, sowohl aus innenpolitischen Gründen als auch vor dem Hintergrund, dass die EU und Russland einen unilateralen Kurs der USA und Großbritanniens nicht toleriert hätten. Seine Hoffnung fußte zudem darauf, dass ein mögliches Scheitern der erneuten Verhandlungen mit Saddam Hussein auch den Kritikern die Augen würde öffnen können und sich die internationale Unterstützung für einen Krieg insgesamt ausweitet. Auch wusste Blair, dass die UN nach einem erfolgreichen Waffengang einen wertvollen Beitrag zum demokratischen Wiederaufbau des Landes leisten würden. Diese Grundhaltung gegenüber den Funktionen des UN-Systems in der Nachkriegszeit findet sich allerdings erst in auf den Krieg folgenden Reden vor der Generalversammlung. Dies lässt vermuten, dass sich die britische Regierung darüber bewusst war, dass ein derart öffentliches Bekenntnis zur Absicht, einen Regimewechsel herbeiführen zu wollen, zu diesem Zeitpunkt vollends deplatziert und

[297] Vgl. Seldon, Blair, S.580-584.

[298] Zit. nach ebd., S.583.

[299] Der britische Journalist John Kampfner schrieb in seinem vielzitierten Buch *Blair's Wars* dazu: „No ifs, no buts, no caveats, no discussion about the nature of the intelligence he was using to reinforce his argument.“ Kampfner, Blair's Wars, S.202.

[300] Vgl. Seldon, Blair, S.585.

dem Ziel Großbritanniens, eine breite internationale Koalition bilden zu wollen, gegenläufig gewesen wäre.

Ein wesentlicher Kritikpunkt an Blair während der Krise, war seine nach außen hin scheinbar unbedingte Loyalität zu den USA und George W. Bush. Doch trotz der prinzipiellen Bereitschaft zum gemeinsamen Vorgehen im Irak unterschied sich die Haltung des britischen Premiers in dieser Angelegenheit in einem wichtigen Punkt grundsätzlich von jener der einflussreichen „Falken“[301] in der Bush-Administration: die unbedingte Notwendigkeit einer Einbindung der UN in den Entscheidungsprozess zur Intervention.[302] Tony Blair war fest entschlossen, die USA dazu zu bewegen, nur dann militärisch gegen den Irak vorzugehen, wenn sich dafür eine breite internationale Koalition, am besten mit einem klaren Mandat des Sicherheitsrats, bilden würde. Er argumentierte zudem vehement gegen die Interessen der „Falken“, damit die Invasion und der Regimewechsel als Teil einer internationalen Verpflichtung zum demokratischen Staatsaufbau betrachtet werden konnte und nicht lediglich als bloße militärische Machtdemonstration des Westens wahrgenommen würde. Zu diesem Zeitpunkt glaubte der Brite fest daran, dass sein Einfluss auf die amerikanische Regierung und besonders Präsident Bush groß genug wäre, um sie von einem unilateralen Vorgehen abhalten zu können. Der größte Fehler Blairs bei den bilateralen Verhandlungen mit der Bush-Administration über eine Beteiligung am möglichen Krieg gegen den Irak war jedoch, dass er die Bedingungen seinerseits nicht deutlich genug herausstellen und durchsetzen konnte. Stattdessen vermittelte er den Amerikanern eine Grundhaltung, die mit einer bedingungslosen Loyalität zu den USA leicht zu verwechseln war. In seinem Heimatland und in den EU-Partnerstaaten stieß dies jedoch auf harsche Kritik. Die Labour-Partei, das FCO und viele Kabinettsmitglieder waren skeptisch, während die britischen Medien ihm gegenüber sogar einen zunehmend feindseligen Ton anschlugen. Der Premierminister wusste, dass sich die größte Opposition zu den Kriegsplänen mit den USA innerhalb seiner eigenen Partei und der britischen Bevölkerung bildete.[303] Robin Cook trat aus diesem Grunde vom Amt des Labour-Fraktionsvorsitzenden im Unterhaus 2002 zurück, da er keinen Krieg befürworten konnte, der nicht durch internationale Unterstützung oder den Rückhalt in

[301] Dazu zählten insbesondere Vizepräsident Dick Cheney, Verteidigungsminister Donald Rumsfeld und die nationale Sicherheitsberaterin Condoleeza Rice.

[302] Vgl. Seldon, Blair, S.574f.

[303] Vgl. Kampfner, Blair's Wars, S.192.

der eigenen Bevölkerung gedeckt war.[304] Um die Kritik an seiner Person und der Entscheidung, den USA zur Seite zu stehen, zu mildern, vertraute Blair vor allem darauf, die Brückenfunktion, welche Großbritannien traditionell zwischen Europa und den USA einnahm, zu nutzen und evtl. sogar noch eine diplomatische Lösung innerhalb und unter Zuhilfenahme der UN erreichen zu können.[305] Die Brücke hatte sich während des Afghanistan-Krieges unmittelbar nach dem 11. September als durchaus vorteilhaft erwiesen, stieß aber im Falle des Iraks an ihre Grenzen. Weder Gerhard Schröder und Jacques Chirac, welche beide eine militärische Intervention kategorisch ablehnten, noch die neokonservative Administration im Weißen Haus, die sich für die europäische Meinung und einen Konsens in den UN nur bedingt interessierte, maßen dieser selbsterklärten „pivotal role" Großbritanniens eine größere Bedeutung bei. Durch eine demonstrativ enge Nähe zur amerikanischen Regierung und insbesondere zu Präsident Bush hoffte Blair jedoch, einen bedeutenden Unterschied bewirken und die USA vom multilateralen Weg überzeugen zu können. Dies konnte er zunächst auch tatsächlich erreichen, indem er die UN-Bedingung auf den bilateralen Treffen fortwährend thematisierte und Bush letztlich öffentlich erklärte, den Weg über die Organisation suchen zu wollen.[306]

In der dem Einmarsch alliierter Truppen in den Irak vorhergehenden 57. UN-Generalversammlung nahm das Problem der MVW und insbesondere der Irak in diesem Zusammenhang deshalb eine bedeutende Stellung in der Rede des britischen Außenministers Jack Straw ein. Straw betrachtete die Mechanismen der UN gegen die Proliferation von Massenvernichtungswaffen als ein Arbeitsfeld, welches am stärksten durch die Unterstützung aller Mitglieder geprägt und auch in Zukunft intensiv unterstützt werden müsste.[307] In seiner Rede stellt der britische Außenminister zudem fest:

> „The Non-Proliferation Treaty, the Chemical Weapons Convention, and the Biological and Toxin Weapons Convention comprise one of

[304] Vgl. Sueddeutsche.de, Zum Tod von Robin Cook. Ein intelligenter Parlamentarier (07.08.2005), http://www.sueddeutsche.de/ausland/artikel/251/58193 Stand: 29.10.2008. Eine eigene Darstellung der Ereignisse um den Rücktritt Robin Cooks mit Auszügen aus den Tagebüchern des ehemaligen Außenministers ist 2003 erschienen. Siehe: Robin Cook, Point of Departure. Why One of Britain's Leading Politicians Resigned over Tony Blair's Decision to Go to War in Iraq, New York 2003.

[305] Vgl. Seldon, Blair, S.585.

[306] Vgl. ebd., S.579.

[307] Vgl. Jack Straw, Speech by the Foreign Secretary to the 57th United Nations General Assembly (14. September 2002), http://www.fco.gov.uk, Abs.18.

> the world's most significant bodies of international law. For the past three decades, this corpus law has ensured that - with one infamous exception - no states have resorted to these, the world's worst weapons.“[308]

Um seine Aussage zu vertiefen und die genannte Ausnahme zu konkretisieren, führte Straw weiterhin aus:

> „The exception is Iraq. For two decades, Saddam Hussein's regime has defied and frustrated every attempt to enforce the international rule of law. Iraq is the only country to be condemned by the United Nations for breaching the Geneva Convention on chemical weapons. Iraq has fought wars of aggression against two neighbours, and launched missile attacks against five countries in the region. Iraq has used poison gas against its own people. Saddam Hussein has persistently mocked the authority of the United Nations. No country has deceived every other country in the world as systematically and cynically as Iraq. And no country presents as fundamental a challenge to the UN as Iraq.“[309]

In diesem Abschnitt spiegeln sich gleich drei der im vorigen Kapitel genannten möglichen Begründungen für eine Intervention in die inneren Angelegenheiten eines Staates wider. Am wichtigsten war Straw die offensichtliche sicherheitspolitische Bedrohung, welche ein sich im Besitz von MVW befindlicher Irak unter Saddam Hussein für Nachbarstaaten und langfristig auch für weiter entfernte Länder darstellte. Dieses Argument ist das zweifellos unstrittigste, gleichwohl ein eindeutiger Beweis für das Vorhandensein von Anlagen zur Herstellung von MVW nicht zweifelsfrei vorgelegt werden konnte. Des Weiteren jedoch führte Straw den Bruch des Irak mit geltendem Völkerrecht an, indem er deutlich darauf hinwies, dass Saddam Hussein das System der UN und deren Resolutionen unterläuft und damit gleichsam die bestehende Weltordnung missachtete. Es handelte sich aus Sicht der britischen Regierung bei diesem Problem also nicht nur um eine Gefahr für die internationale Sicherheit an sich, sondern ebenfalls um einen Angriff auf die völkerrechtliche Autorität der UN und ihres Sicherheitsrats. Hätte Saddam demnach also Erfolg mit den Irreführungen des UN-Systems gehabt, so wäre dies nach britischer Meinung ein Vorbild für andere Staaten, die über ähnliche autoritäre Machtstrukturen verfügen, gewesen. Der Satz „Iraq has used poison gas against its own people“ ist zuletzt wieder die Anstrengung des R2P-Arguments

[308] Straw, 14. September 2002, Abs.20.

[309] Ebd., Abs.21f.

bzw. des moralischen Grundes zur Intervention, welchen die britische Labour-Regierung konsequent zu vertreten suchte.

Außerhalb der Generalversammlung setzte sich Tony Blair auch persönlich dafür ein, die skeptischen Vertreter im Sicherheitsrat, allen voran Frankreich, von der Notwendigkeit einer den militärischen Einsatz legitimierenden Resolution zu überzeugen.[310] Die detaillierten Verhandlungen zu dieser Resolution wurden auf britischer Seite allerdings nicht vom Premierminister persönlich, sondern von Außenminister Jack Straw und UN-Botschafter Jeremy Greenstock geführt, während Tony Blair und George W. Bush zwar regelmäßig informiert wurden, jedoch nicht direkt in die Verhandlungen einbezogen waren. Die grundsätzliche Aufgabe Großbritanniens innerhalb der von Bush geplanten „Koalition der Willigen", andere Regierungschefs von der Notwendigkeit eines die Anwendung militärischer Mittel legitimierenden Mandats zu überzeugen, wurde jedoch dadurch enorm erschwert, dass der US-amerikanische Kongress Präsident Bush den Einsatz amerikanischer Streitkräfte gegen den Irak im September 2002 genehmigte. Blair musste also eine internationale Allianz zur Legitimation des Einsatzes zu einem Zeitpunkt aufbauen als die USA bereits offensichtliche Planungen für ein militärisches Vorgehen gegen das Ba'ath-Regime im Frühjahr 2003 vornahmen. Der langwierige und zähe Verhandlungsprozess mit den Vertretern der übrigen Mitglieder im Sicherheitsrat wurde am 8. November 2002 durch die Verabschiedung der Resolution 1441[311] belohnt. Der Beschluss bestätigte, unter Hinweis auf die zuvor genannten sowie auf zahlreiche andere den Irak betreffende Resolutionen, dass das Land seine „Verpflichtungen nach den einschlägigen Resolutionen, namentlich der Resolution 687 (1991) erheblich verletzt hat und nach wie vor erheblich verletzt." Der Irak wurde in der Resolution „wiederholt vor ernsthaften Konsequenzen gewarnt", sollte er „weiter gegen seine Verpflichtungen [verstoßen]." Für Tony Blair waren die Feststellungen der Resolution ein großer Erfolg für das System der Vereinten Nationen und für die diplomatischen Bemühungen seiner Regierung. Der Premierminister kommentierte die Verabschiedung des Beschlusses in einer Stellungnahme am gleichen Tag und fühlte sich in seinen bisherigen Annahmen und dem von ihm in dieser Angelegenheit beschrittenen Weg über die UN bestätigt:

[310] Vgl. Seldon, Blair, S.584f.

[311] UN Security Council, UN Doc. S/RES/1441 (2002) v. 08.11.2002.

> „I have said for many months that the issue of Iraq is best addressed at the United Nations. I am delighted that the Security Council has risen to the challenge, [...] As the Resolution spells out, Iraq has defied the United Nations - and therefore the whole international community - over the last eleven years. It has been and continues to be in material breach of a series of UN Resolutions. With the adoption of this Resolution, the Security Council has made clear beyond doubt that the UN will no longer tolerate this. In the words of the resolution, Iraq now has a 'final opportunity' to comply with its international, legal obligations by giving up once and for all its weapons of mass destruction - its chemical, biological and nuclear weapons programmes and the means to deliver them. If it does not, then the consequences are clear. [...] The position of the international community is now unified and certain.“[312]

Noch in der gleichen Stellungnahme verdeutlichte Blair jedoch, dass die Resolution nicht zwangsläufig einen Automatismus für eine militärische Intervention in Aussicht stellt und eine weitere Diskussion der Thematik unter Einbeziehung der UN auf jeden Fall stattfinden würde:

> „In the event of Saddam refusing to co-operate or being in breach, there will be a further UN discussion, as we always said there would be. To those who fear this resolution is just an automatic trigger point, without any further discussion, paragraph 12 of the Resolution makes it clear that is not the case.“[313]

Die beinahe übermäßig optimistische Aussage Blairs zum möglichen Fortgang der Debatte wurde jedoch alsbald von unterschiedlichen Interpretationsweisen der Resolution durch die Sicherheitsratsmitglieder relativiert. Während die USA aus der Resolution die Erlaubnis zum militärischen Handeln bei Nichteinhaltung durch den Irak ableiteten, verlangten Frankreich und Russland eine zweite Resolution, die den Einsatz von Gewalt, basierend auf den Forderungen von Resolution 1441, erst definitiv rechtfertigen würde.[314] Die britischen Vertreter in den UN, die sich noch immer zufrieden mit dem Ausgang der Verhandlungen zu Resolution 1441 gaben, reagierten deutlich zu spät als die Forderung nach einer erneuten ausdrücklicheren Resolution wieder zur Debatte stand. Das Hauptproblem lag vor allem in den im Nachhinein undeutlichen Aussagen der Resolution vom 8. November 2002.

[312] Tony Blair, Statement by the Prime Minister on Iraq following UN Security Council resolution (08. November 2002), http://www.number10.gov.uk, Abs.1-6.

[313] Ebd., Abs.16.

[314] Vgl. Seldon, Blair, S.587.

Hätte Saddam Hussein die Forderungen voll und ganz erfüllt und seine Waffenprogramme offengelegt, so hätte die Koalition um die USA und Großbritannien keine Möglichkeit gehabt, militärisch einzuschreiten. Hätte er den Forderungen eine gänzliche Absage erteilt, wäre ein Militäreinsatz wahrscheinlich gewesen. Saddam Hussein war in dieser Situation jedoch verständig genug, die UN-Inspektoren wieder in den Irak zu lassen und zumindest teilweise der Resolution nachzukommen. Die zwölftausendseitige (!) schriftliche Antwort aus Bagdad am 7. Dezember 2002 bezüglich der MVW wurde insbesondere von den USA jedoch als „Witz“[315] empfunden. Die Vorbereitungen zum Militärschlag waren zu diesem Zeitpunkt bereits in vollem Gange.[316] Dennoch gab Tony Blair die Hoffnung nicht auf, innerhalb der UN noch eine friedliche Einigung erzielen zu können. Erstens wusste der Premier, dass er sich in ernsthaften innen- wie außenpolitischen Schwierigkeiten befände, würde er einen unilateralen Alleingang der Koalition ohne die Befürwortung der UN unterstützen. Obwohl Blair selbst davon überzeugt war, dass die Resolution 1441 den Einsatz von Gewalt unter Umständen rechtfertigen würde, war ihm, insbesondere nach zahlreichen Warnungen aus dem Kabinett und seinem engsten Stab in der Downing Street 10, bewusst, dass die britische Öffentlichkeit und das Parlament eine zweite Resolution, welche einen Militäreinsatz klar genehmigen würde, ausdrücklich verlangen würden. Zweitens war ihm sehr daran gelegen, den Sicherheitsrat während der Krise zusammenzuhalten und eine verurteilende Resolution bei Beginn des Waffenganges, wie sie bereits 1999 beim Kosovokrieg von Russland angeregt wurde, zu vermeiden. Würde dies geschehen, hätte Großbritannien sein Veto geltend machen und somit zusätzlich an Glaubwürdigkeit und internationalem Ansehen einbüßen müssen. Die Gesamtsituation wäre für das Land demnach eine ähnliche gewesen wie 1956 während der Suezkrise. Für Großbritannien stand dabei weit mehr auf dem Spiel als für die USA, da die Briten außenpolitisch an ein funktionierendes und von Vertrauen geprägtes System von Kontakten gebunden waren, die UN als bedeutendes Mittel ihrer Außenpolitik brauchten und zwischenstaatliche diplomatische Krisen nicht durch einen Großmachtstatus ausgleichen konnten.

In seiner letzten vor dem Irak-Krieg gehaltenen und die Rolle der UN in der Krise hervorhebenden Rede am 15. Februar 2003 auf einer

[315] Seldon, Blair, S.588.

[316] Vgl. ebd.

Konferenz der Labour-Partei in Glasgow ging Tony Blair vor allem auf die Kritik aus den eigenen Reihen ein, versuchte aber zu vermitteln, warum Großbritannien zum einen genau jenen beschwerlichen Weg über die UN und gegenüber dem Irak gehen müsse, den Blair offensichtlich einschlug, und warum er zum anderen ein militärisches Einschreiten gegen das Ba'ath-Regime so vehement befürwortete:

> „It is as one woman put it to me: I abhor the consequences of war. And I know many in our own Party, many here today will agree with her; and don't understand why I press the case so insistently. And I have given you the geo-political reason - the threat of Weapons of Mass Destruction and its link with terrorism. And I believe it."[317]

Seine weitere Argumentation innerhalb der Rede war neben dem sicherheitspolitischen Argument in Bezug auf MVW auch weiterhin klar auf die Verantwortung der Weltgemeinschaft gegenüber der irakischen Bevölkerung, auf die Durchsetzung von Demokratie und Menschenrechte, gerichtet:

> „If I am honest about it, there is another reason why I feel so strongly about this issue. It is a reason less to do with my being Prime Minister than being a member of the Labour Party, to do with the progressive politics in which we believe. The moral case against war has a moral answer: it is the moral case for removing Saddam. It is not the reason we act. That must be according to the United Nations mandate on Weapons of Mass Destruction. But it is the reason, frankly, why if we do have to act, we should do so with a clear conscience."[318]

Die beiden Redeauszüge mit den persönlichen, vor allem aber auch parteiideologischen Begründungen Blairs,[319] warum sich das Vereinigte Königreich am Militäreinsatz gegen den Irak beteiligen sollte, zeigen deutlich das Bewusstsein des Premiers darüber, welche Anforderungen von den UN und ihren Mitgliedstaaten, aber auch von der eigenen Gesellschaft gestellt werden, um eine derartige Handlung zu rechtfertigen.[320] Sie verdeutlichen gleichzeitig jedoch auch,

---

[317] Tony Blair, Speech by the Prime Minister at Labour's local government, women's and youth conferences (15. Februar 2003), http://www.therazor.org, Abs.25f.

[318] Ebd., Abs.27f.

[319] Hierbei sollte jedoch beachtet werden, dass es sich um eine Konferenz der britischen Sozialdemokraten handelte und nicht um eine Rede vor der internationalen Gemeinschaft.

[320] Die offizielle Begründung der britischen Regierung gegenüber dem Sicherheitsrat findet sich zum einen in einer gemeinsamen Erklärung Portugals, Spaniens, dem Vereinigten Königreich und den USA vom 18. März 2003 (UN Security Council, UN Doc. S/2003/335 v. 18.03.2003.) sowie in einem Brief Jeremy Greenstocks an den Präsidenten des UN-Sicherheitrats vom 21. März 2003 (Ders., UN Doc. S/2003/350 v. 21.03.2003.) Beide Stellungnahmen hoben die Inten-

dass moralische Aspekte eine der Haupttriebfedern Tony Blairs waren, auch entgegen der Kritik und Missbilligungen handeln zu wollen. Die Beteiligung am Irak-Krieg, auch ohne eine zweite Resolution, die von Frankreich, Deutschland, Russland, Syrien und China trotz der im Gegensatz zur US-Administration geflissentlichen Einsatzbereitschaft Blairs, auch die anderen Sicherheitsratsmitglieder für das Vorhaben zu gewinnen,[321] abgelehnt wurde,[322] ist demnach in großem Maße auf die persönliche Überzeugung des britischen Regierungschefs zurückzuführen, dass MVW im Irak existierten und damit eine Bedrohung für die internationale Sicherheit vorlag. Überzeugt war er jedoch auch davon, dass der Bevölkerung im Irak, welche so lange unter einer gewalttätigen Diktatur leiden musste, weltweite humanitäre Hilfe zustehen würde. Die Bedeutung der UN und ihres Sicherheitsrats im Prozess der Begegnung der Sicherheitsbedrohung und der Menschenrechtsbrüche sah Blair vor allem wiederholt darin, dass sie ihre Autorität in der Welt bewahren und am Beispiel des Iraks diese Autorität unter Beweis stellen müsse, um in Zukunft ähnliche Zustände in anderen Ländern schon im Voraus zu verhindern:

> „But if we show weakness now, if we allow the plea for more time to become just an excuse for prevarication until the moment for action passes, then it will not only be Saddam who is repeating history. The

tion hervor, die Einhaltung der durch den Sicherheitsrat verabschiedeten Resolutionen durch den Irak zu sichern und lediglich ein limitiertes Maß an militärischer Gewalt einzusetzen, um den Beschlüssen Nachdruck zu verleihen. Während ersteres Dokument auch das Interesse der irakischen Bevölkerung an einer Befreiung von der Diktatur Saddam Husseins unterstrich, argumentierte Greenstock ausschließlich mit der Sicherstellung der UN-Beschlüsse.

[321] Blair vertrat die Einstellung, dass wenn eine zweite Resolution schon nicht möglich war, doch zumindest eine unterstützende Mehrheit im Sicherheitsrat dafür erreicht werden sollte, um die Irak-Intervention nicht vollends des Unilateralismus-Vorwurfs auszusetzen, jedoch auch, um die nationale Opposition zum Krieg zu beschwichtigen. Vgl. Campbell/Scott, The Blair Years, S.674.

[322] Der erste von Hans Blix am 27. Januar 2003 an den Sicherheitsrat eingereichte Bericht über MVW im Irak war zwar kritisch gegenüber dem Ba'ath-Regime, Anlagen zur Herstellung dieser Waffen wurden jedoch nicht gefunden. In den darauf folgenden Berichten am 14. Februar und 7. März wurde dem Irak sogar eine höhere Kooperationsbereitschaft bescheinigt. Durch den Plan der USA, Saddam Hussein sehr harte Maßstäbe zur Erfüllung der durch Resolution 1441 festgelegten Forderungen zu setzen, und damit eine gewaltsame Absetzung Saddam Husseins herbeizuführen, wurden die meisten seinerzeitigen Mitglieder im Sicherheitsrat verunsichert. Die definitive Absage an eine erneute Resolution, ungeachtet der Umstände, durch den französischen Präsidenten Chirac löste eine interne Kettenreaktion aus. Andere Sicherheitsratsmitglieder sahen sich dadurch veranlasst, in Anbetracht der weltweiten öffentlichen Kritik an dem Vorhaben, ihr außenpolitisches Ansehen zu wahren und eine Unterstützung schon im Voraus abzusagen. Dieses „Duell“ zwischen Blair und Chiraq um die Stimmen der restlichen Sicherheitsratsmitglieder verschlechterte das Verhältnis zwischen Großbritannien und Frankreich enorm. Blair betrachtete das Verhalten Chiracs als Verrat an der gerechten Sache, für welche auch bzw. vor allem die UN einständen. Vgl. Seldon, Blair, S.592.

menace, and not just from Saddam, will grow; the authority of the UN will be lost; and the conflict when it comes will be more bloody. Yes, let the United Nations be the way to deal with Saddam. But let the United Nations mean what it says; and do what it means."[323]

Der Krieg im Irak begann am 20. März 2003 mit Beteiligung Großbritanniens in Folge einer harten Kampfabstimmung im britischen Parlament, welche verhängnisvoll für den Zusammenhalt der Labour-Partei und das innen- wie außenpolitische Ansehen des Premierministers endete.[324] Blair selbst sah die Schuld am Scheitern der Verhandlungen über eine zweite UN-Resolution bei den USA und Frankreich. Der Bush-Regierung warf er vor, sich nicht intensiv genug der Möglichkeit einer zweiten Resolution zugewandt und somit Länder wie Frankreich und Deutschland verprellt zu haben, während er Chirac beschuldigte, aus persönlichen Gründen und jenseits aller politischen Vernunft die Spannungen im Sicherheitsrat in Kauf genommen zu haben.[325] Für Blair war der Ausgang der gesamten Debatte in erster Linie eine persönliche Niederlage. Trotz des anfänglichen Optimismus, eine friedliche Lösung noch erreichen und die UN ihrer eigentlichen Bestimmung, der Wahrung des Friedens, zuführen zu können, waren die transatlantischen Fronten zu verhärtet, um sie durch eine vermeintliche „pivotal role" aufbrechen zu können. Blair hat sich mit der Zusage an George W. Bush, eine internationale Koalition bilden zu können hoffnungslos übernommen, da er das komplexe System, welches sich aus nationalen Interessen, internationaler Imagepflege und einer grundsätzlich Amerika-skeptischen Grundhaltung vieler, vor allem westeuropäischer Staaten und ihren Bevölkerungen kaum einzuschätzen wusste. Dennoch glaubte er so fest an eine Bedrohung, die vom Irak unter Saddam Hussein ausging, dass er sogar bereit war, sich entgegen der Kritik dreier UN-Sicherheitsratsmitglieder für eine Beteiligung Großbritanniens, auch ohne das Mandat der Vereinten Nationen und unter heftigem verbalen Beschuss aus den eigenen Reihen, für das gemeinsame militärische Vorgehen mit den US-Streitkräften zu entscheiden. Zudem war Blair nicht bereit, die Beziehungen zu den USA aufs Spiel zu setzen und auf diese Weise Einfluss auf die Politik des „großen Bruders" gegenüber Irak und womöglich der gan-

[323] Blair, 15. Februar 2003, Abs.9.

[324] Weiterführend zu den innenpolitischen Auseinandersetzungen über den Krieg im Irak, siehe: Kettell, Dirty Politics?.

[325] Vgl. Stothard, Thirty Days, S.15.

zen Welt zu verlieren.[326] Ein weiteres großes Problem, welches sich aus dem Kampf Blairs für eine zweite Resolution ergab, war, dass er durch diesen den Maßstab für die Bewertung seiner Beteiligung an der Intervention ohne das Mandat selbst gesetzt hatte.[327] Indem er eine definitive Erlaubnis des Sicherheitsrats für den Einsatz militärischer Gewalt gegen den Irak durch die zweite Resolution diplomatisch so angestrengt unterstützte, bestätigte er implizit auch, dass ein Vorgehen ohne diese illegal sei. In diesem Punkt widersprach sich die Politik des Premierminister letztlich selbst und verstärkte die nationale und internationale Kritik am britischen Vorgehen in den UN enorm.

Nach den Tagebucheinträgen seines Pressesprechers und engen Vertrauten, Alastair Campbell, war bereits am 12. März 2003, keine 48 Stunden nach Chiracs Absage an eine zweite UN-Resolution und eine Woche vor Beginn des Krieges, für Tony Blair und seinen engsten Stab klar, dass die UN eine wichtige Rolle im Nachkriegs-Irak einnehmen müssten. Die Hauptaufgabe der UN-Diplomatie bestand nun darin, einen Fahrplan für die friedliche Transformation des irakischen politischen Systems auszuarbeiten.[328] Großbritannien wollte hierbei eine Führungsrolle übernehmen und, obwohl die Beziehungen zu anderen Staaten, vor allem denen Kerneuropas, noch immer angeschlagen waren, weiter eine Vermittler- und Koordinationsrolle in den Vereinten Nationen und im Sicherheitsrat einnehmen. Schon wenige Wochen nach Beginn des militärischen Engagements unterstrich der Premier die Bedeutung der UN und ihres Sicherheitsrats für den Wiederaufbau des Landes in einer gemeinsamen Pressekonferenz mit Generalsekretär Kofi Annan, dem gegenüber Blair seinen Respekt für das besonnene Management der Organisation in den vergangenen schwierigen und belastenden Wochen internationaler Beziehungen zollte: „If I may start by paying tribute to the leadership of Kofi Annan at what has been a very difficult time in international affairs and I think he has handled the issues with not just tremendous skill but immense determination and bravery too.“[329] Blair führte gegenüber Annan und den Medienvertretern weiter aus:

> „I welcome very much the efforts that have been made by Mr Brahimi [der Sondergesandte des UN-Generalsekretärs im Irak, F.B.] on behalf

[326] Vgl. Dyson, Personality and Foreign Policy, S.300.

[327] Vgl. Malone, The International Struggle Over Iraq, S.268.

[328] Vgl. Campbell/Scott, The Blair Years, S.676f.

[329] Tony Blair, Comment by the Prime Minister at a joint press conference with the UN Secretary General, Kofi Annan, in Athens (16. April 2003), http://www.number10.gov.uk, Abs.1.

> of the United Nations to find the right way forward, the right political way forward. The circumstances will require us at some point in the near future to have a new United Nations Security Council resolution that will allow us to plan this way forward of political transition in Iraq and there is of course absolute agreement, I think virtually across the international community, about what we want to see in Iraq and that is a stable and prosperous and democratic Iraq governed by the Iraqi people, a sovereign state whose wealth is the wealth of the Iraqi people and whose government is the government of the Iraqi people.“[330]

Die in dieser Stellungnahme Blairs offensichtliche Vorstellung der Rolle der Vereinten Nationen im Nachkriegs-Irak war also die einer Legitimationsquelle und eines starken Partners bei der Etablierung demokratischer Strukturen im Land. Diese Zielsetzung spiegelte sich auch in der darauffolgenden Generalversammlung wider, in der Außenminister Straw ebenfalls auf die vergangene und nun folgende Rolle der Organisation einging sowie indirekt weltöffentlich eingestand, dass die Entscheidung, Gewalt gegen den Irak anzuwenden, zu Recht kontrovers diskutiert wurde. Bemerkenswert an den Ausführungen Straws bei dieser Rede war, dass er in keiner Weise mehr auf Massenvernichtungswaffen im Irak einging bzw. auch nicht darauf, dass die Gefahr durch diese nun gemindert sei, sondern vielmehr die beschädigte Autorität der UN thematisierte, die sich aus einem Nichteingriff ergeben hätte:

> „Of course I acknowledge the controversy over the military action we took, and the heavy responsibilities we now bear. But I firmly believe that the decision we took was the right one. The authority of the United Nations was at stake. Having given Saddam Hussein's regime a 'final opportunity' to comply with the UN, what would have happened if we had simply turned away? Would the world be a safer place today? No. Would Iraq be a better place today? No. Would the United Nations be a stronger institution today? No. Saddam Hussein would have been emboldened by our failure to act, every dictator would have been encouraged to follow his example, and the authority of the United Nations would have been gravely weakened.“[331]

Die zukünftige Rolle der Vereinten Nationen, sowohl im Irak als auch generell in den internationalen Beziehungen, hob Straw dabei noch einmal besonders hervor:

---

330 Blair, 16. April 2003, Abs.2.

331 Jack Straw, Speech by the Foreign Secretary to the 58th United Nations General Assembly (25. September 2003), http://www.fco.gov.uk, Abs.6.

> „Yet whatever the arguments of the spring, we must now come together again for a common purpose. As the Security Council has recognised in three resolutions, 1472, 1483 and 1500, we have a shared interest in helping Iraqi citizens to embrace the rights and freedoms which they have been denied for so long and for which this institution was founded. [...] We shall stay in Iraq as long, but only as long, as it is necessary to meet our clear responsibilities; and to restore sovereignty to the Iraqi people as quickly as we can in an orderly manner. I hope that we can agree a new Security Council Resolution to strengthen the UN's role in Iraq."[332]

Zu den Ergebnissen der Intervention im Irak führte Straw aus:

> „And let us not lose sight of what has been achieved and what is taking shape. Saddam Hussein's reign of terror is over. The apparatus of torture and oppression which claimed hundreds of thousands of lives is at an end. Instead we have the beginnings of representative government run by Iraqis for Iraqis; new Ministries providing daily services to the people; a free press; the freedom for members of all religious communities to worship as they wish; hospitals and schools in operation; bustling traffic on the streets and highways and a start to real economic regeneration."[333]

Straw verliert auch hier kein einziges Wort über eine abgewendete Gefahr durch Massenvernichtungswaffen. Dies deutet entweder darauf hin, dass sich die britische Regierung zu diesem Zeitpunkt bereits darüber bewusst war, dass diese tatsächlich nicht existierten, ein abschließendes Ergebnis der ISQ noch abzuwarten war, oder dass das Thema als für die Generalversammlung unbedeutend betrachtet wurde. Da allerdings auch auf dem Weg zur Intervention die MVW ständig durch Großbritannien in der Versammlung thematisiert wurden, scheinen die ersten beiden Möglichkeiten wesentlich wahrscheinlicher. Am Ende dieser Rede auf der 58. Treffen der UN-Mitgliedstaaten stand auch noch einmal – wichtiger denn je – das Bekenntnis der britischen internationalen Politik zu den Prinzipien und der Bedeutung der Vereinten Nationen:

> „The British Government is profoundly committed to the ideals of the UN. To us, the importance of this organisation has always been its ability to put those high ideals into effect. We will work wholeheartedly with the Secretary General and the international community to ensure that the United Nations retains both its idealism and its effectiveness."[334]

[332] Straw, 25. September 2003, Abs.7-9.

[333] Ebd., Abs.10.

[334] Ebd., Abs.26.

Auf den darauffolgenden Generalversammlungen wurde der Einsatz im Irak von britischer Seite nur noch am Rande oder im Hinblick auf die Bekämpfung des globalen Terrorismus angesprochen und als eher unerwünschtes Thema betrachtet. Jack Straw ging auf die Situation im Land und auf die Kontroverse um die Rechtmäßigkeit des Einsatzes lediglich ein, als er sich für eine stärkere Begegnung der Ursachen von Terrorismus aussprach und die Unterstützung der gesamten Weltgemeinschaft in diesem Prozess forderte:

> „Yes, I know – how could I forget – that opinions have differed over the rightness of the military action taken in Iraq 18 months ago. But I warrant that no nation is in favour of the terrorist insurgency now occurring there. For we all recognise that what is being attempted by the terrorists in Iraq is an attack both on the Iraqi people and on everything for which this organisation stands: safety, security, human rights. We must come together to defeat the terrorists and their despicable aims.“[335]

Besonders auffällig an diesem Auszug ist die Bemerkung „how could I forget“. Der Ausdruck symbolisiert die Probleme, welche die britische Politik mit dem fortwährenden Vorwurf des unilateralen Vorgehens zu haben schien. Möglicherweise waren es die britischen außenpolitischen Vertreter zu diesem Zeitpunkt schlichtweg Leid, an ihrem Verhalten während dieser Krise und am gemeinsamen Vorgehen mit den USA, gemessen zu werden. Das Thema dominierte die britische UN-Politik lange Zeit und entwertete die moralische Stimme Großbritanniens enorm. Der Vorwurf, selbst die Autorität der UN untergraben zu haben, lastete schwer auf Tony Blair und seiner Regierung, welche immerhin ein Land vertrat, welches das UN-System in der Vergangenheit maßgeblich prägte und in der Gründungsphase genau jene Prinzipien festlegte, die durch das Land aus der Sicht vieler Mitgliedstaaten im März 2003 selbst gebrochen wurden. Dennoch, oder gerade aus diesen Erfahrungen heraus, trat Straw in seiner Rede noch einmal vehement für die Weiterführung der Entwicklung neuer Mechanismen und Kriterien in Bezug auf kollektive militärische Handlungen, insbesondere bei Menschenrechtsbrüchen, ein, um ähnliche Situationen in den UN in Zukunft zu verhindern:

> „[...] we must resolve [...] to engage - both in situations of humanitarian catastrophe or grave violations of international humanitarian law, and

[335] Jack Straw, Speech by the Foreign Secretary to the 59th United Nations General Assembly (23. September 2004), http://www.fco.gov.uk, Abs.27.

> in the face of other threats to international peace and security. The principle of non-interference has to be qualified by a duty to protect, especially where governments are failing in that duty."[336]

Das Beispiel zeigt deutlich, dass die britische Regierung auch nach den bitteren Erfahrungen, welche sie während der Verhandlungen um eine zweite Resolution des Sicherheitsrats zum Irak und der massiven internationalen Kritik am eigenen politischen Vorgehen gesammelt hatte, konsequent für jene Prinzipien und Vorstellungen über die Aufgaben und Verantwortlichkeiten der Organisation einstehen wollte, die sie bereits vor dem Krieg vertrat.

5.1.3 Zwischenfazit: Die Irak-Krise als Bruch Großbritanniens mit den UN?

Stellt der Irak-Krieg und die mit ihm verbundene Debatte einen ähnlichen Bruch Großbritanniens mit den UN dar wie die Suezkrise in den 1950er Jahren? War die britische Beteiligung am militärischen Alleingang der USA so überraschend, dass man Tony Blair und seiner Regierung vorwerfen müsste, die gesamte bisherige UN-Politik des Landes ad absurdum geführt zu haben? So drastisch und pauschal lässt sich das Handeln der britischen Regierung in dieser Angelegenheit nicht beschreiben. Vielmehr verdeutlichte die Krise, in welch enormen Spannungsfeld zwischen den USA, Europa und den Prinzipien der UN-Charta sich die britische Außen- und UN-Politik seit jeher befindet. Hinzu kamen die von Labour und insbesondere Tony Blair beschworenen moralischen Aspekte außenpolitischen Handelns und die sich aus der Universalität der Menschenrechte ergebende Pflicht der Weltgemeinschaft, auch bei innerstaatlichen Verstößen gegen diese handeln zu können.

Der letztlich ausschlaggebende Punkt für die Beteiligung Großbritanniens am Krieg gegen den Irak und die damit verbundene Untergrabung bzw. Umgehung der Autorität des UN-Sicherheitsrats war die persönliche Überzeugung des Regierungschefs, dass es sich bei der Intervention um eine völkerrechtlich und moralisch richtige Tat handelte. Zur Erinnerung: in seiner *Doctrine of the International Community*-Rede im Frühjahr 1999 gab Tony Blair fünf bedeutende Kriterien

[336] Straw, 23. September 2004, Abs.20f.

vor, nach denen entschieden werden müsste, ob und wann eine Intervention in die inneren Angelegenheiten anderer Staaten gerechtfertigt sei.[337] Die Entscheidung des Premiers, sich an der sog. präemptiven Intervention im Irak auch entgegen des Vetos anderer Sicherheitsratsmitglieder zu beteiligen, muss sich im Nachhinein vor allem an den von ihm selbst vorgegebenen Kriterien messen lassen.

First, are we sure of our case? Tony Blair glaubte fest daran, dass sich der Irak im Bruch mit den zu Beginn der 1990er Jahre verabschiedeten Resolutionen des UN-Sicherheitsrats, namentlich den Resolutionen 678 und 687, befand und Programme zur Herstellung von Massenvernichtungswaffen unterhielt. Gestützt wurde diese Vermutung durch das auf Informationen des britischen Geheimdienst MI6 zurückgreifende Dossier der Regierung *Iraq's Weapons of Mass Destruction. The Assessment of the British Government*, welches die Grundlage auch für die amerikanische Begründung des Krieges im Sicherheitsrat legte. In Anbetracht der verheerenden Anschläge in New York und Washington D.C. und der mit ihnen verbundenen Erkenntnis, dass die Feinde der westlichen Lebensweise, zu denen auch der Irak unter Saddam Hussein zählte, vor Massenmord an der Zivilbevölkerung nicht zurückschrecken, war es für Blair die richtige Entscheidung, einem möglichen Angriff des Iraks mit MVW – gegen welches Land auch immer – zuvorzukommen. Zudem wusste er, dass Saddam Hussein Ende der 1980er Jahre Giftgas auch gegen die eigene Bevölkerung eingesetzt sowie politische Gegner verfolgt und getötet hatte. Tief verwurzelt in der christlichen Ethik und dem Glauben an eine moralische Verpflichtung der internationalen Gemeinschaft, auch gegen Menschenrechtsbrüche innerhalb einer Gesellschaft vorzugehen, sah Tony Blair auch aus diesem Grund die Notwendigkeit zum Handeln. Im Nachhinein jedoch lässt sich, besonders im Hinblick auf die vermeintlichen Massenvernichtungswaffen, der Eindruck nicht vermeiden, Blair hätte in dieser Sache zu voreilig gehandelt und den Berichten seines Geheimdienstes zu unkritisch gegenübergestanden.

Second, have we exhausted all diplomatic options? Zahlreiche Resolutionen des UN-Sicherheitsrats, mehrere Beobachtermissionen der IEAO und Wirtschaftsembargos sollten das Ba'ath-Regime im Irak dazu bewegen, die vermuteten Waffenprogramme offenzulegen und der völkerrechtlichen Autorität der Vereinten Nationen und ihres Sicherheitsrats Folge zu leisten. 12 Jahre lang war das Verhältnis zwischen

[337] Blair, 24. April 1999, Abs.56.

der Organisation und dem Irak von ständigen diplomatischen Hinhaltetaktiken und halbherziger Zusammenarbeit Saddam Husseins mit den Experten von UNSCOM und UNMOVIC geprägt. Während der gesamten Debatte hofften Tony Blair und seine außenpolitischen Vertreter dennoch, eine für alle Beteiligten zufriedenstellende diplomatische Lösung zu erreichen und dabei die traditionelle Vermittlerrolle des Landes einsetzen zu können. Nach dem 11. September verschärfte jedoch auch die britische UN-Politik den Ton gegenüber dem Irak und schloss sich mehr und mehr dem amerikanischen Ziel eines Regimewechsels im Zweistromland an. Selbst als Saddam Hussein mit Resolution 1441 im November 2002 ein vermeintlich endgültiges Ultimatum gesetzt wurde, setzte dieser seine bisherige Strategie im Umgang mit den UN-Beobachtern fort. Zu diesem Zeitpunkt befand sich die britische UN-Politik an einer Wegmarke. Entweder schließt sie sich der Auffassung der europäischen Kernstaaten an und erklärte eine zweite Resolution zum *unbedingten* Muss für eine Intervention, oder sie steht weiterhin fest zur Partnerschaft mit den USA. Sie entschied sich für letztere Variante bzw. einen Mittelweg. Bis zehn Tage vor Beginn des Kampfeinsatzes im Irak setzte sich Großbritannien für eine zweite Resolution und eine Mehrheit im Sicherheitsrat ein. Mit der definitiven Absage Frankreichs an diese sahen jedoch auch die britischen Vertreter ihre diplomatischen Bemühungen in dieser Krise am Ende. Aus oben genannten Gründen entschieden sie sich dafür, doch gemeinsam mit den USA und entgegen völkerrechtlicher Bestimmungen zu handeln. Getrieben wurde die britische Außenpolitik dabei auch von der festen Überzeugung im Einklang mit den vor allem moralischen Prinzipien der Charta der Vereinten Nationen zu handeln und die Autorität der Organisation durch konsequentes Eintreten im Sinne verabschiedeter Resolutionen nachhaltig zu sichern.

Third, on the basis of a practical assessment of the situation, are there military operations we can sensibly and prudently undertake? Für Großbritannien und insbesondere Tony Blair war klar, dass ein Ende der vielen Diskussionen und Streitigkeiten mit dem und über den Irak gleichzusetzen sei mit der kompletten Absetzung der Regierung Saddam Husseins. Sowohl der Militäreinsatz im zweiten Golfkrieg, als auch die gezielten Bombardierungen 1998 gegen Forschungseinrichtungen und Radaranlagen hatten keine Wirkung auf die Politik der irakischen Regierung gezeigt. Dies führte auch bei der sozialdemokratischen Regierung des Vereinigten Königreiches zu der Erkenntnis, dass nur ein Regimewechsel durch die Demokratisierung des Landes, auch unter den Bedingungen eines umfassenden Kriegseinsatzes, das Problem lösen konnte. Dass Frankreich, Russland und China einen solchen Einsatz als „unvernünftig" ablehnten, damit der weltweiten öffentlichen Meinung entsprachen und ihre Zustimmung zu einer Resolution verweigerten, lastete schwer auf der britischen UN-Politik und ihrer Wahrnehmung als „force for good".

Fourth, are we prepared for the long term? Die Einbindung des UN-Systems in den demokratischen Wiederaufbau des Irak war für die Blair-Regierung ein wichtiges Anliegen. Den britischen außenpolitischen Vertretern war bewusst, dass ihr militärisches Engagement ohne die Legitimation durch den Sicherheitsrat nur dann durch andere Staaten geduldet werden würde, wenn im Anschluss an den Einsatz weit mehr als die bloße Absetzung einer Regierung stand. Die Briten wussten, dass mit einer Absage an die Autorität des Sicherheitsrats und dessen Mitglieder gleichzeitig auch ein Bekenntnis zur Rolle der Vereinten Nationen in der Nachkriegszeit stehen muss, um sich nicht gänzlich des Vorwurfs einer Befürwortung unilateralen Vorgehens auszusetzen.

And finally, do we have national interests involved? Die Regierung Blairs sah seit Beginn ihrer Amtszeit in der Förderung der Menschenrechte und der Verbreitung demokratischer und moralischer Grundwerte ein nationales Interesse Großbritanniens. Diese Grundeinstellung sollte auch die Politik gegenüber dem Regime Saddam Husseins prägen. Zudem betrachtete Tony Blair die mögliche Entwicklung von MVW durch den Irak als eine direkte Bedrohung der nationalen Sicherheit seines Landes. Diese Gefahr sollte durch die Ergebnisse der Intervention, d.h. die Absetzung des Terror-Regimes, die Etablierung eines demokratischen Systems und der Wiederaufbau der irakischen Wirtschafts- und Gesellschaftsordnung, gebannt sein.

Die britische Regierung unter Tony Blair betrachtete sich aus der Tradition von Labour heraus stets als loyal gegenüber dem System und den Idealen der Vereinten Nationen. Hätte sie diese Auffassung nicht vertreten, so hätte sie während der Krise womöglich einen ähnlichen politischen Kurs verfolgt wie die US-amerikanische Regierung. Die Briten taten genau dies nicht und setzten sich gegenüber den USA vehement für die Einbeziehung der UN und des Sicherheitsrats in dieser Angelegenheit ein. Dass sich die britische Regierung letztlich auch ohne eine Resolution des Rates in den gemeinsamen Krieg mit den USA begab, versetzte ihrer nationalen und internationalen Glaubwürdigkeit und ihrem weltweiten Ansehen einen herben Schlag. Die Widersprüche darin, einerseits die Autorität der UN sichern zu wollen und andererseits genau diese Autorität selbst zu missachten, waren schlicht zu groß, um im kollektiven Gedächtnis der Welt als Multilateralist anerkannt zu werden. Fest steht dennoch: Großbritannien unter Tony Blair hat das Gebot zur Nichteinmischung in die Angelegenheiten anderer Ländern, welches die UN-Charta in Artikel 2 festlegt, wissentlich gebrochen. Die Entscheidung dafür, glaubt man den Aussagen seines engen Vertrauten Alastair Campbell und seines Biographen Anthony Seldon, fiel Blair alles andere als leicht. Was letztlich überwog, war nicht etwa fehlendes Vertrauen in die Fähigkeiten des UN-Sanktionsregimes, sondern vor allem tiefes Misstrauen gegenüber der Regierung Saddam Husseins und deren Handeln gegenüber dem eigenen Volk und der internationalen Gemeinschaft. Die moralischen Prinzipien, welche die Briten während der Krise stets anzuführen suchten, waren im Grunde jene universellen Werte, auf welchen die Organisation 1945 auch durch das Vereinigte Königreich begründet wurde. Der Kampf Tony Blairs um den Einsatz im Irak sollte aus seiner Sicht also auch ein Kampf um den weltweiten Wert dieser Prinzipien darstellen, gleichwohl er diese stark im Sinne ihrer moralischen Aspekte interpretieren musste. Genau aus diesem Widerspruch zwischen Loyalität zu den Prinzipien der Charta einerseits und dem Bruch mit dem in der Charta verankerten Einmischungsverbot, den Tony Blair jedoch nicht als solchen erkannt wissen wollte, ergibt sich heftig kritisierte Ambivalenz seiner Politik. Nichtsdestotrotz unterschied sich diese grundsätzlich von der Edens 1956. Während damals ausschließlich nationale Interessen die Zuwiderhandlung der Regierung gegen völkerrechtliche Verpflichtungen und die UN bestimmten sowie massive Geheimdiplomatie betrieben wurde, legte der an multilateralem Vorgehen interessierte Blair während der Irak-Debatte außerordentlichen Wert darauf, dass der kommende Krieg als im Interesse der Sicherheit der gesamten Staatenwelt zu betrachten war und durch diesen die globale Bedeutung der durch die Weltorganisation vertretenen Prinzipien gewahrt werden sollte. Blair hat sich in diesem Punkt jedoch außerordentlich verkalkuliert. Er hat seine eigenen Fähigkeiten zur internationalen Koalitionsbildung, zur Beeinflussung der anderen Staatsführer hoffnungslos überschätzt und die enorme Komplexität der Thematik auf ein einfaches „wir gegen sie“- und „moralisch richtig vs. moralisch falsch“-Schema reduziert.

Die Vertretung einer solchen Weltanschauung ist jedoch schwierig, bedenkt man die Heterogenität, welche sich insbesondere mit einer Organisation verbindet, die für alle Nationen und Kulturkreise offensteht.

5.2 Entwicklung: Eliminating World Poverty

Die auch von britischen Ideen nach dem Zweiten Weltkrieg inspirierte Charta der Vereinten Nationen verspricht in ihrer Präambel neben der Zusicherung territorialer Integrität für alle Staaten, auch die "[Förderung des sozialen Fortschritts und eines besseren Lebensstandards] in größerer Freiheit". Um diesem Auftrag gerecht zu werden, wurden gemäß Kapitel IX der Charta wesentliche Grundziele[338] formuliert sowie eine Reihe von Sonderorganisationen, welche der Verwirklichung dieser Ziele dienen sollten, entweder neu geschaffen oder in das UN-System integriert. Nach Artikel 56 der Charta verpflichten sich zudem alle Mitgliedstaaten, „gemeinsam und jeder für sich mit der Organisation zusammenzuarbeiten, um die [...] Ziele zu erreichen". Das Vereinigte Königreich trägt eine große Verantwortung und Verpflichtung für die Entwicklung anderer Länder, die sich aus seiner Geschichte, seines Wohlstands und weltpolitischen Stellung des Landes ergeben. Zum einen sind viele der heute als Entwicklungsländer geltenden Staaten aus ehemaligen britischen Kolonien hervorgegangen und Mitglieder des Commonwealth. Zum anderen ist Großbritannien ebenfalls eine von acht führenden Industrienationen und verfügt über eine bedeutende Position in der Europäischen Union. Unter den konservativen Regierungen von Margaret Thatcher und John Major geriet diese Verpflichtung jedoch eher zur außenpolitischen Nebensache. Der Beitrag, den Großbritannien bereit war für internationale Entwicklungszusammenarbeit zu leisten, sank kontinuierlich auf ein für britische Verhältnisse niedriges Niveau. Dieser geringe Stellenwert britischer Verantwortung gegenüber den Menschen in ärmeren Ländern sollte sich unter der neuen Regierung Tony Blairs 1997 ändern, da dies

[338] Die zu fördernden Ziele nach Artikel 55 der Charta sind (a) die Verbesserung des Lebensstandards, die Vollbeschäftigung, und die Voraussetzungen für wirtschaftlichen und sozialen Fortschritt und Aufstieg; (b) die Lösung internationaler Probleme wirtschaftlicher, sozialer, gesundheitlicher und verwandter Art sowie die internationale Zusammenarbeit auf den Gebieten der Kultur und der Erziehung; und (c) die allgemeine Achtung und Verwirklichung der Menschenrechte und Grundfreiheiten für alle ohne Unterschied der Rasse, des Geschlechts, der Sprache oder der Religion.

vor allem als dem Konzept der „ethischen“ Außenpolitik New Labours zuträglich betrachtet wurde. Im Vorwort eines 1997 veröffentlichten Weißbuchs des *Department for International Development* heißt es dehalb auch: „It is our duty to care about other people, in particular those less well off than ourselves. It is our moral duty to reach out to the poor and needy.“[339]

Im Folgenden soll die Entwicklungszusammenarbeit Großbritanniens unter New Labour im Lichte der eigenen Zielsetzungen und der dabei forcierten Rolle der Vereinten Nationen bei der Verwirklichung dieser betrachtet werden. Besonders im Vordergrund stehen dabei die Unterstützung der UN-Millenniumentwicklungsziele sowie die Einrichtung der sog. *Commission for Africa* auf Initiative Tony Blairs im Vorfeld des zeitgleich mit der EU-Ratspräsidentschaft Großbritanniens zusammenfallenden G8-Vorsitzes 2005.

5.2.1 New Labours entwicklungspolitische Ziele und die Rolle der UN

Spätestens mit der ersten Regierungszeit des Labour-Premiers Harold Wilson von 1964 bis 1970[340] nahmen sich die Sozialdemokraten der Verantwortung Großbritanniens gegenüber weniger entwickelten Staaten und Regionen im weitaus stärkeren Maße an als die Konservativen.[341] Vor allem durch die Mitglied- bzw. faktische Führerschaft des Landes im kontinuierlich durch neue ehemalige Kolonialgebiete wachsenden Commonwealth erwuchs auch das Bedürfnis Labours, dem Leitbild internationaler Solidarität durch eine aktivere Entwicklungspolitik nachzukommen, welche der auch nach der Auflösung des Empire noch immer bedeutenden geopolitischen Stellung des Vereinigten Königreiches gerecht werden sollte. Sichtbarer Ausdruck dieses neuen Zugangs zu internationaler Verantwortung war die Einrichtung

---

339 Secretary of State for International Development, Eliminating World Poverty: A Challenge for the 21st Century. White Paper on International Development, http://www.dfid.gov.uk 1997, S.5.

340 Die Amtszeit Wilsons war von bedeutenden außenpolitischen Veränderungen geprägt. In seine Regierungszeit fallen u.a. die Unabhängigkeit mehrerer britischer Kolonien (Barbados, Mauritius und Swasiland), die Aufgabe von Stützpunkten im Nahen und Mittleren Osten und Asien, sowie die Unterzeichnung des Atomwaffensperrvertrages durch Großbritannien. Wilson nahm somit die Neuorientierung der britischen Außenpolitik hin zu einer „moral power“ stärker vor als alle Premierminister vor ihm. Jedoch wird Wilson im historischen Rückblick jedoch eine Überschätzung der Bedeutung dieser moralischen Rolle des Landes in der internationalen Politik attestiert. Vgl. Vickers, Labour's search for a Third Way in foreign policy, S.35f.

341 Vgl. Williams, British Foreign Policy under New Labour, S.144.

eines eigens für Entwicklungszusammenarbeit zuständigen Ministeriums, dem *Ministry for Overseas Development*. Dieses sollte sich ausschließlich mit nationalen und internationalen Lösungsstrategien für die meist wirtschaftlichen und strukturellen Probleme von Entwicklungsländern beschäftigen und in seiner Zielsetzung nicht länger an die Weisungen des Außenministeriums gebunden sein. Konservative Regierungen schafften das Ministerium stets wieder ab und integrierten die Aufgaben in eine vom FCO halbautonome sog. *Overseas Development Administration*.

Auch 1997, mit der Wahl Tony Blairs zum Premierminister, stand die Einrichtung eines vom FCO unabhängigen Entwicklungsministeriums nach 22 Jahren auf der politischen Agenda.[342] Begründet wurde dieser Schritt mit der „klaren moralischen Verantwortung, bei der Bekämpfung globaler Armut Hilfe zu leisten."[343] Das damit verbundene Ziel New Labours war nicht mehr und nicht weniger, als einen Führungsanspruch Großbritanniens in der internationalen Gemeinschaft auch in Entwicklungsfragen durchzusetzen.[344] Obwohl das FCO über die Entscheidung zur Trennung der Aufgaben vor allem aus finanziellen, jedoch auch aus Prestigegründen sehr unzufrieden war, bedeutete die Gründung eines eigenen Ministeriums einen logischen Schritt bei der angestrebten Schärfung eines neuen internationalen Profils Großbritanniens als „force for good".[345] Diesem Vorhaben ausgesprochen zuträglich war die Entscheidung Blairs, die verdiente Labour-Politikerin Clare Short zur Leiterin des *Department for International Development* zu ernennen und ihr den Status einer Ministerin im Kabinett zuzuspechen.[346] Dies bedeutete auch, dass es zum ersten Mal seit drei Jahrzehnten einen eigenen Ministerposten für Entwicklungszusammenarbeit im britischen Regierungskabinett gab.[347] Shorts charismatische Persönlichkeit, ihre engen Kontakte zu Mitarbeitern der wichtigsten Ministerien und ihre ausgesprochen aktive Rolle bei der Ausübung der mit dem Posten verbundenen Aufgaben und Verantwortlichkeiten wirkten sich überaus positiv auf die Stellung der Mate-

[342] Vgl. British Labour Party, Britain will be better with new Labour. Labour Party Manifesto 1997, http://www.labour-party.org.uk/manifestos/1997 1997, S.53f.

[343] Ebd., S.53.

[344] Vgl. ebd.

[345] Ebd., S.55.

[346] Vgl. Ralph Young, New Labour and international development: a research report, in: Progress in Development Studies, 1 2001, S.247.

[347] Der Ministerposten im Kabinett wurde unter der letzten Labour-Regierung früher wieder abgeschafft als das Ministerium selbst.

rie in der außenpolitischen Programmatik der Regierung aus. Schnell verdiente sie sich den Ruf als „the conscience of the Blair cabinet".[348] Zu den großen Leistungen Shorts bezüglich der Wahrnehmung und kabinettsinternen Durchsetzung ihrer Zuständigkeiten zählte auch, ihre Thematiken derart einzubringen, dass sich andere Ministerien den Prioritäten und Vorgaben des DFID verpflichteten und dementsprechend umsetzten.[349] Dies galt ebenfalls für das FCO unter Robin Cook und Jack Straw. Zudem erreichte Clare Short nach langen Verhandlungen mit Schatzkanzler Gordon Brown im Jahr 2000, dass die Beziehungen des Landes zur Weltbank fortan vom DFID gepflegt wurden. Somit konnte das Ministerium in verschiedenen Bereichen wie der Handhabung der Schulden von Entwicklungsländen deutlich flexibler handeln und Fragen der Entwicklungsfinanzierung in eine DFID-Gesamtstrategie einbinden.

Schon die innenpolitischen und finanziellen Herausforderungen, denen sich das neue Ministerium und dessen Ministerin gleich zu Beginn ihrer Tätigkeit stellen mussten, waren enorm. Obwohl das FCO-ODA unter den schwierigen Rahmenbedingungen der Tory-Regierungen seine Integrität weitestgehend bewahren konnte, über ausgezeichnetes Personal verfügte und trotz der nicht gerade optimalen Bedingungen effizient arbeitete, sank die Bedeutung der Entwicklungshilfe in der außenpolitischen Agenda Großbritanniens auch auf ein vergleichsweise niedriges finanzielles Niveau.[350] Unter den Premierministern Thatcher und Major verringerte sich so der Beitrag, den das Land für internationale Entwicklungszusammenarbeit leistete kontinuierlich von etwa 0,5 Prozent des britischen Bruttonationaleinkommens 1979 auf vergleichsweise magere 0,26 Prozent 1996. Der Anteil für Ausgaben am sog. multilateralen ODA, d.h. der ungebundenen Entwicklungshilfe, welche u.a. dem UN-Entwicklungssystem zu Gute kommt, lag bei

[348] Zit. nach Williams, British Foreign Policy under New Labour, S.144. Clare Short legte 2003, genau wie der ehemalige Außenminister (bis 2001) und Labour-Fraktionsführer Robin Cook, ihr Amt nieder, da sie mit der Entscheidung Blairs, Großbritannien am Krieg im Irak zu beteiligen, nicht einverstanden war. Short behauptete nach ihrem Ausscheiden sogar, der britische Geheimdienst hätte UN-Generalsekretär Kofi Annan während der Irak-Krise abgehört. Beweisen konnte sie die Anschuldigungen jedoch nicht und Tony Blair bezeichnete ihre Aussagen als „unverantwortlich". BBC News, UK 'spied on UN's Kofi Annan' (26.02.2004), http://news.bbc.co.uk/1/hi/uk_politics/3488548.stm Stand: 07.12.2008, Vgl.. Unter ihren beiden Nachfolgern, der Baroness Valerie Amos und Hilary Benn, verlor das DFID zunehmend an Sichtbarkeit und Bedeutung im Kabinett Blairs, blieb jedoch aufgrund des bis dahin gestiegenen Interesses Tony Blairs an Entwicklungsfragen weiterhin einflussreich. Vgl. Williams, British Foreign Policy under New Labour, S.145.

[349] Vgl. Young, New Labour and international development, S.248.

[350] Vgl. ebd.

ebenfalls niedrigen 0,13 Prozent des BNE.[351] Unter den Tories war Entwicklungszusammenarbeit zudem stark selektiv in Bezug auf die Auswahl der unterstützten Projekte und Staaten ausgerichtet. Schon, um sich von diesen Zahlen der Major-Regierung abzuheben und die „moralische Überlegenheit“ sowie Weitsichtigkeit der neuen sozialdemokratischen Führung Großbritanniens auf internationaler Bühne unter Beweis zu stellen, sollten die finanziellen Aufwendungen und das gesamte britische Entwicklungsengagement deutlich erhöht werden.

Genaue Zielvorstellungen, wie eine bessere und effizientere Entwicklungshilfe gestaltet werden konnte, gab es zu Beginn der Amtszeit Blairs nicht. Das Wahlprogramm der Labour-Partei versprach lediglich in fünf kurzen und sehr unspezifischen Absätzen die Bekämpfung globaler Armut, die innenpolitische Umstrukturierung der Entwicklungsaufgaben, das Eintreten für den Erlass von Schulden für Entwicklungsländer sowie die Erhöhung der Ausgaben auf die bereits 1970 durch die UN vorgeschlagene und beim Kopenhagener Weltgipfel 1995 noch einmal bekräftigte Zielvorstellung von 0,7 Prozent des BNE.[352] Der aus den konzeptionellen Schwächen des Regierungsprogramms resultierenden Aufgabe, der Entwicklungspolitik Großbritanniens konkretere Handlungs- und Zielvorstellungen zu setzen, nahmen sich Clare Short und das DFID unverzüglich an und veröffentlichten bereits ein halbes Jahr nachdem New Labour die Regierungsverantwortung übernommen hatte, das erste von insgesamt drei Weißbüchern für eine umfassende Entwicklungshilfestrategie des Vereinigten Königreiches unter dem ehrgeizigen Titel *Eliminating World Poverty. A Challenge for the 21st Century.*[353] Das Weißbuch war ebenfalls das erste derartige entwicklungspolitische Strategiepapier seit 22 Jahren und wurde u.a. in Zusammenarbeit mit relevanten NGOs erstellt.[354] Diese äußerten sich ausgesprochen zufrieden darüber, nach Jahren der Marginalisierung durch die Tories wieder intensiver am politischen Gestaltungsprozess mitwirken zu können.

Für das DFID stellte das neue Weißbuch eine ganz besondere Herausforderung dar. Innerhalb der seit der letzten umfassenden Entwicklungsstrategie Großbritanniens vergangenen zwei Jahrzehnte, hatte sich das internationale Umfeld, innerhalb dessen neue Zielvorstel-

[351] Vgl. United Nations Development Programme (Hrsg.), Human Development Report 1998, New York 1998, S.196.

[352] Vgl. British Labour Party, Labour Party Manifesto 1997, S.53ff.

[353] Vgl. Young, New Labour and international development, S.247.

[354] Vgl. Williams, British Foreign Policy under New Labour, S.145.

lungen und Handlungsmaßnahmen formuliert werden mussten, stark verändert.[355] Das Ende des Kalten Krieges, Globalisierung, Bürgerkriegsökonomien, aufsteigende Industriestaaten in Asien, marktliberale Ansätze von Entwicklungszusammenarbeit sowie neuartige globale Probleme wie die fortschreitende Zerstörung der Umwelt durch Raubbau und wenig nachhaltige Industrialisierung erschwerten ein Anknüpfen an vergangene Vorstellungen effektiver Entwicklungszusammenarbeit. Während sich das 1975 vom *Ministry for Overseas Development* erstellte Weißbuch deshalb noch weitestgehend auf die Bekämpfung von Armut im Rahmen ländlicher Entwicklung konzentrieren konnte, musste das des DFID 1997 weitaus umfassender, ausgereifter und weitsichtiger formuliert werden. Themenschwerpunkte wie nachhaltige Entwicklung, „good governance", Menschenrechte und die Nutzbarmachung globaler wirtschaftlicher Vernetzung auch für bisherige „Verlierer der Globalisierung" traten nun verstärkt in das Zentrum britischen Entwicklungsengagements. Viele dieser neuen Herausforderungen waren von ausgesprochen umfangreicher und universeller Natur, d.h. sie konnten nicht ausschließlich auf die Situation innerhalb einzelner Länder reduziert werden. Ihnen mit selektiver und womöglich rein projekt- und staatengebundener Entwicklungshilfe zu begegnen, ohne die Möglichkeiten des profilierten multilateralen Systems der Vereinten Nationen oder der Bretton-Woods-Institutionen zu nutzen sowie Partnerschaften mit neuen internationalen Akteuren wie den NGOs und multinationalen Unternehmen zu suchen, hätte den globalen Erfordernissen der Zeit nicht entsprochen.

Das vom DFID ausgearbeitete *Eliminating World Poverty. A Challenge for the 21st Century* kündigte insgesamt zwölf zentrale Handlungsfelder für die Entwicklungspolitik der neuen Regierung an.[356] Zu diesen gehörten z.B. eine enge Zusammenarbeit mit internationalen Entwicklungsbehörden und anderen Geberländern, die zur Unterstützung der internationalen Entwicklungsziele[357] ermutigt werden

[355] Vgl. Young, New Labour and international development, S.247ff.

[356] Vgl. Secretary of State for International Development, Eliminating World Poverty 1997, S.6.

[357] Die nach dem Kopenhagener Gipfel von der OECD formulierten Ziele waren (1) die Halbierung der Anzahl an Menschen, die in Armut leben bis 2015; (2) die Bereitstellung umfassender Grundschuldbildung weltweit bis 2015; (3) Fortschritte bei der Bekämpfung der Geschlechterungleichbehandlung und die Rolle der Frauen im ersten und zweiten Bildungsgang bis 2005; (4) die Reduzierung der Sterblichkeit bei Kindern unter fünf Jahren um Zwei-Drittel und der Müttersterblichkeit um Drei-Viertel bis 2015; (5) Zugang für alle Menschen zu einer Gesundheitsversorgung bis 2015; sowie (6) die Implementierung nationaler Strategien zur nachhaltigen Entwicklung in allen Ländern bis 2005, um bis 2015 einen Rückgang der Zerstörung der Umwelt zu erreichen. Vgl. ebd., S.21.

sollten. Außerdem sollte die Erreichung der Ziele durch neue Partnerschaften mit betroffenen Staaten sowie eine erhöhte Zusammenarbeit mit dem britischen Privat-, Forschungs- und Freiwilligensektor forciert werden. Diese Partnerschaften sollten insbesondere im Rahmen der sog. *Commonwealth Development Corporation*, eine britische Entwicklungsorganisation,[358] geschlossen werden: „[o]ur main instrument for investing in the private sector in the poorest countries is the Commonwealth Development Corporation."[359] Das DFID nahm sich zudem vor, eine Kohärenz der britischen Regierungspolitik in Bezug auf Entwicklungsländer und -thematiken herzustellen, um auf diesem Wege effektiv und mit Nachdruck der Förderung der Menschenrechte sowie transparenter und verantwortungsvoller Regierungsführung in diesen Staaten im Sinne der fortwährend von der britischen Regierung beworbenen „ethischen" Dimension internationaler Politik nachzugehen. Entwicklungspolitik sollte also weniger auf den bloßen und oft vertretenen Wohltätigkeitsgedanken ausgerichtet sein, sondern einer wirtschaftlichen und außenpolitischen Gesamtstrategie folgen, die Entwicklungsländer und deren Regierungen vor allem dazu animieren sollte, Verantwortung gegenüber der eigenen Zukunft und Bevölkerung zu übernehmen.[360] Diese Ziele schlossen ebenfalls den vorausschauenden Einsatz finanzieller Ressourcen sowie eine auf Nachhaltigkeit ausgerichtete Schuldenpolitik ein, um politische Stabilität und sozialen Zusammenhalt in konfliktgefährdeten Ländern zu erhalten bzw. in einigen Fällen erst zu schaffen.[361] Bemessen werden sollte die britische Entwicklungspolitik dabei auf Grundlage der internationalen Entwicklungsziele – das ambitionierte Vorhaben, die weltweite Armut bis 2015 um die Hälfte zu reduzieren, eingeschlossen. Die Absichten, sich an diesen Zielen der UN/OECD von 1995 zu orientieren, waren inhaltlich unumstritten, gleichwohl das DFID und Short innenpolitisch insbesondere dafür kritisiert wurden, diese zu unrealistisch und unspezifisch, mit wenig Aussagen über das genaue Vorgehen zur Erreichung dieser, festgelegt bzw. übernommen zu haben.[362] Nichtsdestotrotz haben die schon früh im Weißbuch formulierten Ziele einen Maßstab gesetzt,

358 Weiterführend dazu, siehe: Michael McWilliam, The development business. A history of the Commonwealth Development Corporation, Basingstoke/London 2001

359 Secretary of State for International Development, Eliminating World Poverty 1997, S.46.

360 Vgl. Young, New Labour and international development, S.251.

361 Vgl. Secretary of State for International Development, Eliminating World Poverty 1997, S.21.

362 Vgl. Williams, British Foreign Policy under New Labour, S.145f.

an dem die britischen Bemühungen zur Entwicklungszusammenarbeit gemessen werden können.

Besonders wichtig war der britischen Entwicklungspolitik die einzigartige Stellung und Geschichte des Landes im internationalen System, vor allem in den Vereinten Nationen. Aus dieser Stellung ergibt sich, folgt man der Argumentation des DFID-Weißbuches von 1997, eine globale moralische Verantwortung bei der Unterstützung des Kampfes gegen Armut.[363] Unterstützung heißt in diesem Falle auch, den Zielen und Wertvorstellungen des UN-Entwicklungssystem international sowohl durch rhetorische Bekenntnisse als auch aktive Beteiligung Nachdruck zu verleihen. Die Weltorganisation hat in der Vergangenheit eine Vielzahl an Instrumenten, Programmen und Sonderorganisationen entwickelt, um internationale Entwicklungshilfe möglichst effizient gestalten zu können. Zwar ist auch dieses System unter den heutigen globalen Bedingungen stark reformbedürftig,[364] es bietet dennoch die Möglichkeit, die Erwartungen von Geber- und Empfängerländern besser aufeinander abzustimmen als es bilaterale Verhandlungen vermögen. Der britische Beitrag zu diesem System sollte insbesondere darin bestehen, sich den Zielvorstellungen und entwicklungspolitischen Prinzipien der UN zu verpflichten sowie die Maßnahmen des UNDP und aller anderen themenrelevanten UN-Institutionen vor allem finanziell zu unterstützen.

Das Weißbuch von 1997 hob die Bedeutung der zwei Jahre zuvor festgelegten Kopenhagener Ziele für die eigene zukünftige Entwicklungszusammenarbeit deutlich hervor und erklärte den politischen Willen der Regierung, diese innerhalb der dem Land zur Verfügung stehenden Kreise zu bewerben:

> „There are two key elements which need to be in place if the fight to eliminate poverty is to succeed. The first is clear set of internationally agreed policies and principles which promote sustainable development and encourage environmental conservation. These exist, in the form of international targets for sustainable development based on UN Conventions and Resolutions. [...] We welcome and will promote them. They are achievable. In 2015, we will need to set further targets. [...] The second element is that problems of international development can

---

[363] Vgl. Secretary of State for International Development, Eliminating World Poverty 1997, S.20.

[364] Vgl. François Rohner, Systemweite Koheränz - aus der Sicht des Nordens. Die Reformvorschläge zu den UN-Entwicklungsaktivitäten sind wegweisend, in: Vereinte Nationen, 2007, Nr. 2, S.45-51; sowie: Thalif Deen, Systemweite Koheränz - aus der Sicht des Südens. Die G-77 lehnt eine Verbindung von Entwicklungshilfe und Menschenrechte ab, in: Vereinte Nationen, 2007, Nr. 2, S.52-55.

only be resolved if there is the political will to address them in both poorer and richer countries. This government has that political will and will seek to mobilise it elsewhere."[365]

Zur Rolle der Vereinten Nationen, aber auch zur Dringlichkeit einer Reform des UN-Entwicklungssystems, um die auch tatsächlich Ziele erfüllen zu können, heißt es in dem Bericht:

> „We will enhance our support for the role of the United Nations in development and especially for the UN Secretary-General's recently launched reform package, which we hope will provide the leaner and more effective organisation necessary to deliver the poverty elimination targets set out in the 1997 Human Development Report. The Government's decision to rejoin the [UNESCO] and to reverse the previous Government's intention to leave the [UNIDO] demonstrate our strong commitment to the United Nations and our desire to work from within in order to strengthen the system. In the UN, as in all multilateral institutions, we will seek to build new alliances for change and work more closely with our developing country partners to increase the effectiveness of these agencies in meeting the needs of poor countries.[366]

In beiden Auszügen äußert sich der klare Wille, die bestehenden Möglichkeiten zur zwischenstaatlichen Interaktion, welche insbesondere die Rede vor den Vereinten Nationen bieten kann, nutzen zu wollen, um enge multi-, aber auch bilaterale Partnerschaften mit dem gemeinsamen Ziel, effektiv gegen die weltweite Armut vorzugehen und das UN-System in dieser Aufgabe zu stärken, einzugehen. So unterstrich Außenminister Robin Cook, der eng mit Clare Short zusammenarbeitete, bereits in seiner ersten Rede auf der UN-Generalversammlung von 1997, welchen Stellenwert das UN-Entwicklungssystem für die Gesamtwahrnehmung der Organisation und ihre Relevanz für vor allem wirtschaftlich benachteiligte Mitgliedstaaten einnimmt: „[i]f the UN is to be relevant to its members, then more than anything else it must enable people to lift themselves out of poverty."[367] Zudem ging Cook direkt auf die Vorstellungen seiner Regierung ein, wie eine stärkere Hinwendung Großbritanniens zu entwicklungspolitischen Themen erreicht werden sollte:

> „Britain supports the UN aid target. As Britain's contribution to achieving it, the new Labour Government has committed itself to reversing the decline in the British aid budget. Britain has consistently

[365] Secretary of State for International Development, Eliminating World Poverty 1997, S.20f.

[366] Ebd., S.36f.

[367] Robin Cook, Speech by the Foreign Secretary to the 52nd United Nations General Assembly (23. September 1997), http://www.fco.gov.uk, Abs.13.

> urged faster action in tackling the problem of debt, [...] But aid alone will not eliminate poverty. We need to continue breaking down the barriers that deny the poorest countries access to the world's most lucrative markets. We need to make sure that producers in Africa are allowed to sell their goods to Europe and America as easily as our producers can sell their goods to Africa."[368]

Es lassen sich also vier grundlegende Ziele New Labours identifizieren, die auch explizit im Rahmen der Generalversammlung, und somit für jeden deutlich wahrnehmbar, formuliert wurden und die Zusammenarbeit mit internationalen Behörden und anderen Staaten erfordern sollten:

- die Erhöhung der britischen Ausgaben für die Entwicklungszusammenarbeit,
- der Erlass von Schulden für Entwicklungsländer,
- die Öffnung der Weltmärkte für Waren aus Entwicklungsländern,
- die Förderung der nachhaltigen Entwicklung.

Das erste Ziel konnte von Großbritannien bzw. der britischen Regierung freilich nur selbst erreicht werden. Die anderen drei Ziele erforderten für einen spürbaren Erfolg auch die Zusammenarbeit mehrerer, vor allem reicher Länder mit internationalen Institutionen wie den Bretton-Woods-Organisationen (Weltbank und IWF) und den für Entwicklung relevanten UN-Sonderorganisationen und -Programmen (u.a. FAO, ILO, WHO, WTO, UNDP, UNEP, UNESCO, UNICEF).

Besonders auffällig ist die Konzentration New Labours auf die Möglichkeiten, die ein freier Markt für alle Beteiligten bei der Bekämpfung von Armut bieten konnte. Die deutlich marktliberale Auffassung von Entwicklungszusammenarbeit bildete von Beginn an den klar erkennbaren Rahmen, in dem die britische Politik agieren wollte.[369] Obwohl dies für eine sozialdemokratische Regierung eher ungewöhnlich erscheinen mochte, entsprach dieser Zugang durchaus der traditionell pragmatischen Einstellung Großbritanniens, dass sich Hilfe zur Selbsthilfe für alle beteiligten Staaten besonders lohnen würde, als auch dem „Dritten Weg", den insbesondere der Regierungschef und Parteivorsitzende anstrebte.

Die Aufgabe, welche die Vereinten Nationen bei der Verwirklichung dieser marktliberalen Strategie, zumindest nach Einschätzung Tony Blairs, übernehmen sollten, bestand insbesondere darin, die angestrebten Partnerschaften mit den Regierungen betroffener Länder sowie

[368] Cook, 23. September 1997, Abs.14f.

[369] Vgl. Williams, British Foreign Policy under New Labour, S.144.

den öffentlichen Sektoren zu unterstützen und die für diese Partnerschaften notwendigen Rahmenbedingungen zu schaffen.[370] Er beharrte dazu vor allem auf der Dringlichkeit, der Schaffung einer effektiven Koordination von UN-Entwicklungsprogrammen, der WTO und den Bretton-Woods-Institutionen höchste Priorität einzuräumen, jedoch ohne genaue Bedingungen zu nennen.[371] Auch in dieser Rede unterstrich der Premier noch einmal – wie bereits Außenminister Robin Cook im Jahr zuvor – die Notwendigkeit der barrierefreien Beteiligung von Entwicklungsländern an den Vorteilen der Globalisierung und Marktwirtschaft, und wies zu diesem Zwecke auf die Anstrengungen der Europäischen Union hin, bis zum Jahr 2000 die Einfuhrzölle für Entwicklungsländer abzuschaffen. Gleichzeitig ermunterte Blair alle anderen Industrieländer, diesem Beispiel zu folgen. Ähnliche Forderungen bestanden auch im Hinblick auf den Erlass von Schulden.[372] Blair hob dabei die Zustimmung seines Landes zum sog. *Mauritius Mandate* hervor, ein Abkommen zwischen den Finanzministern des Commonwealth, die ärmsten Länder des Zusammenschlusses bis zum Jahr 2000 von ihrer Schuldenlast zu befreien. Die Notwendigkeit wirtschaftlicher Zusammenarbeit sowie der Entlastung der Entwicklungsländer von hohen Schulden blieben ein durchgehendes Motiv britischer Redebeiträge auf der Generalversammlung. Insbesondere im Vorfeld der großen Weltwirtschaftsgipfel der G8-Staaten, die sich als ein Konglomerat der wichtigsten Geberländer für Entwicklungshilfe mit derartigen Themen zunehmend beschäftigten, griffen Blair und seine Vertreter gerne auf die Thematik des Schuldenerlasses zurück. Dies sollte einerseits andere Geberländer zu einer Kooperation mit den koordinierenden Institutionen, insbesondere Weltbank und IWF, bewegen, jedoch ebenfalls die eigenen Bemühungen in der Entwicklungspolitik hervorheben.

Das zweite Weißbuch des DFID trug den Titel *Eliminating World Poverty. Making Globalisation Work for the Poor*[373] und erschien direkt im Anschluss an den Millennium-Gipfel der UN vom 6. bis 8. September 2000, der sich intensiv mit Strategien zur Bekämpfung weltweiter Armut auseinandersetzte. Tony Blair regte innerhalb seines

[370] Blair, 21. September 1998, Abs.14.

[371] Ebd., Abs.15f.

[372] Ebd., Abs.18.

[373] Secretary of State for International Development, Eliminating World Poverty: Making Globalisation Work for the Poor. White Paper on International Development, http://www.dfid.gov.uk 2000.

Redebeitrages auf dem größten je stattgefunden Treffen von Regierungschefs vor allem die gemeinsame Unterstützung Afrikas mit Hilfe eines „coherent and unified plan“[374] an.[375] Für Tony Blair und seinen Außenminister Robin Cook, der am 14. September 2000 ebenfalls eine Rede auf der Generalversammlung hielt, stellten die Bekämpfung der Armut, „schlechter Regierungsführung“ sowie von Zuwiderhandlungen gegen Freiheit und Minderheitenrechte die wichtigsten Aufgaben der internationalen Gemeinschaft dar, da sie als „the root causes of conflict“[376] betrachtet wurden und damit von entscheidender Bedeutung waren, um den Zielen der Charta gerecht werden zu können. Am Ende des Millennium-Gipfels stand die sog. Millennium-Erklärung der Vereinten Nationen,[377] welche einen Durchbruch bedeutete, insofern sich alle damaligen 189 UN-Mitgliedstaaten dazu verpflichteten, einem Katalog von Entwicklungshauptzielen zuzustimmen, welcher von einer Arbeitsgruppe aus UN, OECD und Weltbank ausformuliert werden sollte. Die Etablierung der acht sog. Millenniumentwicklungsziele im Jahr 2001[378] wurde von der britischen Regierung, und insbesondere vom DFID mit allergrößtem Wohlwollen aufgenommen, da die Zielvorstellungen fast identisch mit den im Weißbuch von 1997 formulierten Absichten waren und somit nur wenig an der nationalen Entwicklungsstrategie geändert werden musste. In den der Millennium-Versammlung folgenden Generalversammlungen mahnten der britische Außenminister Jack Straw sowie seine Nachfolgerin im Amt, Margaret Beckett, kontinuierlich, den MDG den international nötigen Nachdruck zu verleihen und wiesen auf die eigenen Bemühungen, insbesondere durch die Anhebung finanzieller Auf-

[374] Tony Blair, Speech by the Prime Minister at the UN Millennium Summit (06. September 2000), http://www.fco.gov.uk, Abs.12.

[375] Siehe dazu: Kapitel 5.2.2 zur britischen Afrika-Inititiative.

[376] Cook, 14. September 2000, Abs.14.

[377] UN General Assembly, UN Doc. A/RES/55/2 v. 18.09.2000.

[378] (1) Halbierung von extremer Armut (definiert als von unter einem US-Dollar pro Tag leben zu müssen) und Hunger bis 2015; (2) umfassende Grundschuldbildung für alle; (3) Förderung der Gleichstellung der Geschlechter sowie Stärkung der Rolle der Frau; (4) Reduzierung der Kindersterblichkeit um Zwei-Drittel bis 2015; (5) Reduzierung der Müttersterblichkeit um Drei-Viertel bis 2015; (6) Bekämpfung von HIV/AIDS, Malaria und anderen schweren Krankheiten; (7) Ökologische Nachhaltigkeit; sowie (8) Aufbau einer globalen Entwicklungspartnerschaft. Ebenfalls wurden u.a. die Verpflichtung auf eine „gute Regierungsführung“, Schuldenerleichterungen für hoch verschuldete arme Länder sowie die Unterstützung eines freien Weltmarktes in den Katalog aufgenommen. Ders., Road map towards the implementation of the United Nations Millennium Declaration. Report of the Secretary-General, UN Doc. A/56/326 v. 06.09.2001.

wendungen hin, um den Zielen in Zukunft gerecht zu werden.[379] In dem 2000er Weißbuch heißt es dann auch zu den Ergebnissen der Versammlung: „the Millennium Assembly was a milestone in terms of gaining international recognition of the International Development Targets."[380] Dennoch übt das Strategiepapier trotz des „considerable progress [that] has been made [in recent years]"[381] auch Zweifel an der tatsächlichen Effektivität des UN-Entwicklungssystems: „[b]ut the current UN system is not as effective as it should be."[382] Besonders die Überschneidungen von Zuständigkeitsbereichen der UN-Behörden war für das DFID Grund, eine stärkere und spezifischere Ausrichtung dieser auf die durch die Entwicklungsziele gegebenen Vorgaben zu fordern:

> „Each individual UN agency needs to identify and concentrate on its areas of comparitive advantage in delivering the International Development Targets. The UN can help to promote greater coordination and coherence in the international system, through improving its own collaboration around country-led programmes and harmonisation of its administrative systems with other development agencies. Beyond this, the proliferation of independent, issue-based institutions creates a strong case for looking at the effectiveness of the overall structure of the UN system for meeting the challenges of the new millennium."[383]

Um den Herausforderungen des neuen Jahrtausends gerecht zu werden, so führt der Bericht sinngemäß weiter aus, müssen die Vereinten Nationen auch mit anderen Akteuren der internationalen Entwicklungspolitik wie der Weltbank und den regionalen Entwicklungsbanken, aber auch mit einzelnen Ländern im Rahmen einer von den jeweiligen Regierungen ausgearbeiteten Entwicklungsstrategie, enger zusammenarbeiten.[384] Deutlich erkennbar ist auch hierbei, dass die britische Regierung das UN-System vor allem in ein auf wirtschaftliche Entwicklung fundiertes Entwicklungsnetzwerk integriert sehen wollte. Dass die ökonomische Unterstützung, besonders durch freien Welthandel und den Erlass von Schulden durch Industrieländer, noch immer das wichtigste Ziel einer globalen Entwicklungspolitik darstel-

[379] Vgl. Straw, 14. September 2002, Abs.12; Ders., 25. September 2003, Abs.18; Ders., 23. September 2004, Abs.14; sowie Margaret Beckett, Speech by the Foreign Secretary to the 61st United Nations General Assembly (22. September 2006), http://www.fco.uk.gov, Abs.15f.

[380] Secretary of State for International Development, Eliminating World Poverty 2000, S.97.

[381] Ebd.

[382] Ebd.

[383] Ebd.

[384] Vgl. ebd.

len sollte, war allein schon durch den Titel des 2000er Weißbuchs *Making Globalisation Work for the Poor* kommuniziert. An dem Willen, internationale Entwicklungspartnerschaften aufzubauen und sich für die Etablierung dieser Partnerschaften weiterhin innerhalb aller Einflussbereiche Großbritanniens einzusetzen, hatte sich in den seit dem ersten Weißbuch vergangenen drei Jahren demnach nichts Grundlegendes geändert. Für Tony Blair und das DFID war der Kampf gegen die Armut und die Beteiligung der Entwicklungsländer an den Vorteilen der Globalisierung weiterhin „the greatest moral challenge facing our generation".[385]

Die Erfahrungen des 11. September 2001 und die damit verbundene, zwar nicht neue, aber dennoch beträchtlich an Aktualität gewonnene Feststellung, dass politisch destabilisierte und wirtschaftlich verarmte Gesellschaften in vielen Fällen als Brutstätten und Rückzugsmöglichkeiten für international agierende Terrornetzwerke dienen, wirkten sich auch auf den Zugang Großbritanniens zu entwicklungspolitischen Thematiken sowie auf die Rhetorik britischer Vertreter innerhalb der Generalversammlung aus. Entwicklungszusammenarbeit wurde fortan zusätzlich unter einem deutlich sicherheitspolitischen Aspekt betrachtet. Armut, korrupte Eliten, „schlechte Regierungsführung" und die Missachtung von Menschenrechten sind in den meisten Fällen ursächlich für inner- wie zwischenstaatliche Kriege. Zwar wurde dieser Zusammenhang bereits früher von britischen UN-Vertretern, u.a. von Robin Cook 1999 auf der UN-Generalversammlung festgestellt, doch zum ersten Mal bekamen die vornehmlich westlichen Staaten und Gesellschaften direkt zu spüren, wie genau sich die riesige Kluft zwischen armen und reichen Ländern auch auf die eigene Sicherheit auswirken kann und wie wichtig es deshalb war, die enormen Unterschiede durch effektive Maßnahmen zu überwinden. Der britische Außenminister Jack Straw brachte die Anschläge und die internationalen Entwicklungsbemühungen auf der 56. Generalversammlung in einen direkten, vor allem für die weltpolitische Sicherheit relevanten Wirkungszusammenhang, der jedoch auch die moralische Notwendigkeit solidarischen Handelns gegenüber Entwicklungsländern hervorhob: „[i]f September 11 teaches us anything, it is surely this: that if we ignore our moral responsibilities to each other, we will be forced later to face painful consequences."[386] Moralische Verantwortung gegenüber anderen Ländern

[385] Secretary of State for International Development, Eliminating World Poverty 2000, S.6.
[386] Straw, 11. November 2001, Abs.15.

und die Verantwortung zum Schutz der eigenen Bevölkerung vor Gefahren, die aus der Nichterfüllung ersterer erwachsen können, waren für Straw die zwei wichtigsten zu erfüllenden Handlungsmaxime einer Regierung. Der Zusammenhang bildet förmlich die Essenz dessen, was für Großbritannien das Konzept des „good international citizenship" beinhaltet. Um den Nutzen dieses Konzepts mit erfolgreichen Beispielen zu untermalen, gab Straw zu erinnern, dass in den Ländern, in denen bereits internationales Entwicklungsengagement, selbst unter anfänglichem Einsatz militärischer Gewalt, zur Anwendung kam, namentlich Sierra Leone und die Region um die Großen Seen in Afrika, zum ersten Mal seit Langem wieder ernsthaft Hoffnung schöpfen können. Diese Erfolge wären insbesondere auf verantwortungsvolle Regierungen und die Partnerschaft mit effektiven internationalen Geldgebern zurückführen.[387] Der britische Außenminister gestand jedoch auch ein, dass es in Bezug auf den fortwährend von Großbritannien angestrebten freien Welthandel bisher kaum Fortschritte gegeben hat und Barrieren, vor allem für landwirtschaftliche Produkte aus Afrika, eine wirklich nachhaltige Entwicklungszusammenarbeit noch immer erschwerten. Er setzte jedoch alle Hoffnung in die Verhandlungen zur Beseitigung dieser „injustices",[388] welche zur gleichen Zeit im Rahmen der WTO-Konferenz in Doha (Katar) begonnen hatten.[389]

Der 2005 im Vorfeld des *Millennium Review Summit* der Vereinten Nationen unter Regie des DFID erschienene Regierungsbericht *The UK's Contribution to Achieving the Millennium Development Goals*[390] legt die britischen Anstrengungen, welche seit der Formulierung der MDG 2001 vergangen waren, dar. In dem Bericht geht das DFID, das u.a. jedem MDG eine eigene Abteilung einrichtete, durchaus selbst-

[387] Vgl. Straw, 11. November 2001, Abs.16.

[388] Ebd., Abs.19.

[389] Die sog. Doha-Runde scheiterte bisher jedoch und erreichte in Bezug auf den Abbau weltweiter Handelsschranken bis heute keine zufriedenstellenden Ergebnisse. Die Verhandlungen wurden bereits mehrmals, zuletzt im Juli 2008 bei einem Treffen in Genf, unterbrochen. Vgl. DW-WORLD.DE, Letzte Runde für die Doha-Runde (19.07.2008), http://www.dw-world.de/dw/article/0,,3493137,00.html?maca=de-rss-de-all-1119-rdf Stand: 03.12.2008. Zu den Zielen der Doha-Runde und ihren bisherigen Verlauf, siehe: Homepage der World Trade Organisation, Understand the WTO: The Doha Agenda, http://www.wto.org Stand: 03.12.2008. Zu den britischen Erwartungen an die Doha-Runde und den Beitrag, den eine Handelsreform für die Entwicklungszusammenarbeit leisten kann, erschien 2004 Weißbuch des damaligen *Department of Trade and Industry* (heute: *Department for Business, Enterprise and Regulatory Reform*) unter dem Titel *Making Globalisation a force for good* Secretary of State for Trade and Industry, Making Globalisation a force for good, http://www.berr.gov.uk/ 2004.

[390] HM Government, The UK's Contribution to Achieving the Millennium Development Goals, http://www.dfid.gov.uk 2005.

kritisch mit den Erfolgschancen für die Umsetzung der Ziele um.[391] Während es zwar z.B. für möglich gehalten wurde, die Anzahl der Menschen, die von unter einem US-Dollar pro Tag leben müssen, zu halbieren, empfahl der Bericht z.B., in Bezug auf die Halbierung der Anzahl der an Hunger leidenden Menschen mehr Anstrengung zu zeigen, da es hier unwahrscheinlich war, dass die Ziele ohne mehr Einsatz erfüllbar waren. Umfassende Grundschulbildung sowie die Senkung der Kinder- und Müttersterblichkeitsrate wurden sogar als nicht mehr bis 2015 erreichbar eingestuft. Hervorgehoben wurde bei fast allen Zielen die intensive Zusammenarbeit mit den für die einzelnen MDG relevanten UN-Sonderorganisationen und Programme. Insbesondere die UNESCO, UNICEF, die WHO und UNFPA gehören zu den wichtigsten Partnern des DFID bei der Erreichung der Ziele. Meist bezieht sich die Zusammenarbeit auf die Finanzierung von notwendigen Programmen oder die Bereitstellung wissenschaftlicher Daten und Expertise. Aber auch außerhalb des UN-Systems, z.B. bei der Umsetzung von MDG 8, das u.a. neue globale Public-Private-Partnerschaften fordert, vermeldete das DFID Erfolge, vor allem im Bereich der Zusammenarbeit mit britischen Pharmakonzernen, um die medizinische Versorgung in Entwicklungsländern kostengünstiger zu gestalten.[392] Auch die UNA-UK erkennt in ihrem Bericht *In Larger Freedom in the UK* die Anstrengungen der britischen Regierung bei der Erreichung der MDG zwar an, mahnt jedoch zum weiteren und intensiveren Eintreten für die Ziele gegenüber den USA und der EU:

> „The UK government should use its political position in the international system – and in particular its influence with the US government and its status within the EU – to maintain and build momentum behind the Millennium Development Goals and to ensure that long-standing development pledges are now translated into concrete gains.“[393]

Dies galt ebenso für den Aufbau von Entwicklungspartnerschaften, insbesondere mit betroffenen Ländern, die ebenfalls stärker gefordert werden müssen, um eigene Strategien zur Erreichung der MDG zu entwickeln. Die UNA-UK warnt jedoch auch davor, den Gedanken einer Liberalisierung der Märkte sowie von Regierungsaufgaben, überzustrapazieren:

[391] Vgl. HM Government, The UK's Contribution to the MDG, S.25-33.
[392] Vgl. ebd., S.33.
[393] Carter/Mucha, In Larger Freedom in the UK, S.1.

> „The UK government should encourage partner countries to formulate their own development strategies based on the MDGs. The UK should not tie aid to privatisation of services, and should dissuade other donor countries from imposing conditionalities which do not directly contribute to the achievement of the MDGs.“[394]

Ein wichtiger Kritikpunkt, den der UNA-UK-Bericht hervorhebt ist jedoch, dass sich sowohl bei der britischen Regierung als auch bei den Vereinten Nationen selbst, eine zunehmende Tendenz zur ausschließlich sicherheitspolitischen Notwendigkeit von Entwicklungszusammenarbeit und der damit verbundenen Durchsetzung „guter Regierungsführung“ als „Quasi-Allheilmittel“ beobachten ließe.[395] Nichtsdestotrotz unterstützte UNA-UK die 2002 auf der *International Conference on Financing or Development* in Monterrey (Mexiko) u.a. vom Vereinigten Königreich bekräftigte Feststellung und daraus resultierende Forderung, dass insbesondere die von Armut betroffenen Länder die Hauptverantwortung für ihre eigene Entwicklung und die Erreichung der MDG, u.a. durch die Etablierung funktionierender und effizienter Regierungsstrukturen, die Bekämpfung von Korruption, die Unterstützung von investitionsfördernden Infrastrukturen sowie den Willen zur Zusammenarbeit mit internationalen Institutionen und Industrieländern, tragen.

„Good governance“ und die Notwendigkeit einer Bereitschaft zur Zusammenarbeit auf Seiten der Entwicklungsländer bildete auch den Hauptschwerpunkt im dritten und letzten während der Regierungszeit Blairs erschienenen Weißbuch des DFID *Eliminating World Poverty. Making Governance Work for the Poor.*[396] „Good governance“ auf nationaler und „global good governance“ auf internationaler Ebene, so der seit 2003 im Amt befindliche Entwicklungsminister Hilary Benn im Vorwort des Weißbuches, „will make the difference“,[397] um den „Skandal“, den weltweite Armut in der Gegenwart darstellt, zu beenden. Auch der multilaterale Gedanke globaler Zusammenarbeit wird von Benn zwar hervorgehoben, jedoch noch immer Kritik an der Aktualität und damit verbundenen Effizienz der internationalen Institutionen:

---

[394] Carter/Mucha, In Larger Freedom in the UK, S.1.

[395] Vgl. ebd., S.17f.

[396] Secretary of State for International Development, Eliminating World Poverty: Making Governance Work for the Poor. White Paper on International Development, http://www.dfid.gov.uk 2006.

[397] Ebd., S.viii-x.

> „When we look at the the principal institutions of multilateralism – the United Nations, the World Bank and the International Monetary Fund, the World Trade Organisation, and the European Union – the chief characteristic they share is that they were all the result of the 1945 post-war settlement. They were, in other words, institutions built for a world very different from today's.“[398]

Anschließend gibt das Weißbuch bzw. das DFID fünf Handlungsmaßnahmen für die Politik Großbritanniens in den UN im Bereich der zukünftigen Entwicklungszusammenarbeit aus, um die Arbeit der Organisation effizienter zu gestalten:

> „[...] urge the UN to play the leading role in fragile and conflict states; seek agreement on implementing the 'four ones' in developing countries: one UN office, one leader, one programme and one budget; work with other donors to reform financing by pooling funding for the UN at country level and centrally; support the UN's work with the World Bank to help developing countries draw up long-term plans to achieve the MDGs; support the UN in developing and implementing international standards.“[399]

Die genannten Maßnahmen spiegeln ein klares Bild wider, welche Forderungen die britische Politik an die vor allem koordinierenden und rahmengebenden Aufgaben des UN-Entwicklungssystems stellt. Der erste Punkt bezieht sich insbesondere auf die, auch für die britische Regierung über die Jahre stetig gestiegene Bedeutung von UN-Peacekeeping-Missionen im Rahmen internationaler Entwicklungszusammenarbeit und die Förderung demokratischer Strukturen und Menschenrechte. Die Beteiligungen britischer Soldaten an internationalen Friedensmissionen, die in vielen Fällen die Rahmenbedingungen für effiziente Entwicklungshilfe bilden, um für halbwegs stabile politische und gesellschaftliche Verhältnisse zu sorgen, war unter Blair jedoch eher symbolischer Natur. Die Rolle Großbritanniens beschränkte sich hier vor allem auf die Finanzierung[400] und Beratung dieser Missionen, z.B. durch die Ausbildung von Armeen im Rahmen der sog. P3-Initiative Großbritanniens, Frankreichs und der USA zum Aufbau

[398] Secretary of State for International Development, Eliminating World Poverty 2006, S.viii.

[399] Ebd., S.107.

[400] Im letzten Jahr der Blair-Regierung betrug der Anteil Großbritanniens an der Finanzierung von UN-Peacekeeping-Missionen 8%. Das Land war somit nach den USA, Japan und Deutschland viertgrößter Beitragszahler zu den Missionen. United Nations Department of Public Information (Hrsg.), United Nations Peacekeeping. Fact Sheet, UN Doc. DPI/2429/Rev.1 2007, S.3.

afrikanischer Peacekeeping-Kapazitäten.[401] In den wenigen Fällen, in denen britische Truppenverbände für Peacekeeping-Missionen eingesetzt wurden, insbesondere in Afrika, geschah dies außerhalb formaler UN-Kommandostrukturen, wie die Beispiele Sierra Leone (2000) und DRK (2003) belegen.[402] Bei Letzterem beteiligten sich britische Streitkräfte an der von der EU beschlossenen und von Frankreich geführten Operation Artemis, welche das dafür nötige Mandat allerdings durch die UN-Sicherheitsratsresolution 1448[403] erhielt. Diese zurückhaltende Politik der britischen Regierung im Bereich der aktiven Friedenserhaltung kann verschieden interpretiert werden. Einerseits kann es darauf hindeuten, dass Großbritannien nicht bereit war, eigene Truppen einem erhöhten Risiko auszusetzen, andererseits kann dieses Verhalten auch auf das Ziel zurückzuführen sein, die Verantwortung für stabile Rahmenbedingungen den betroffenen Ländern, hauptsächlich in Afrika, selbst zu überlassen und auf diesem Wege Formen von „good governance" im Bereich der Sicherheit zu entwickeln.

Die drei vom DFID veröffentlichten Weißbücher stehen stellvertretend für den programmatischen Anpassungsprozess, welche die britische Entwicklungspolitik in den zehn Jahren der Blair-Regierung vorgenommen hat und welcher auch in den Redebeiträgen auf den UN-Generalversammlungen nachvollzogen werden kann. Nachdem zu Beginn insbesondere eine marktliberale und auf Schuldenerlass basierende Entwicklungsstrategie durch die britische Regierung vertreten wurde, gewann das Konzept von „good governance", vor allem nach dem 11. September 2001, zunehmend an Bedeutung. Nach britischer Ansicht galt es nun auch für die Vereinten Nationen, die mit den MDG einen Meilenstein in der internationalen Entwicklungszusammenarbeit beitragen konnten, das Ideal einer effizienten und verantwortungsvollen Regierungsführung in jenen Mitgliedstaaten, die als Entwicklungsländer gelten, durchzusetzen. Die Millennium-Erklärung sowie der Bericht *In Larger Freedom* des UN-Generalsekretärs waren ein wichtiger Schritt in Richtung der globalen Stärkung dieses Ideals. Letzterer betrachtete demokratische, rechtsstaatliche und auf die Achtung von Menschenrechten ausgerichtete politische Strukturen als not-

---

401 Weiterführend dazu: Alice Walpole, A British Perspective on the P3 Initiative for Enhancing African Peacekeeping Capability (Published in Monograph No 21, Resolute Partners, February 1998), http://www.iss.co.za/Pubs/Monographs/No21/Walpole.html Stand: 04.12.2008.

402 Vgl. Williams, British Foreign Policy under New Labour, S.80f.

403 UN Security Council, UN Doc. S/RES/1448 (2002) v. 09.12.2002.

wendig, um „die Freiheit in Würde zu leben“[404] garantieren zu können – eine der wichtigsten Grundvoraussetzungen, um Staaten und Gesellschaften langfristig aus der politischen und sozialen Armutsfalle zu befreien. Die britische Regierung unterstützte dieses Ziel insbesondere durch eine verstärkte Zusammenarbeit mit betroffenen Regierungen in Afrika. Wie und aus welchen Gründen diese Zusammenarbeit von britischer Seite forciert wurde und welche Rolle den UN in Zukunft zugedacht war, soll im folgenden Abschnitt dargelegt werden.

5.2.2 Afrika, „Good Governance“ und die Blair-Kommission

Afrika war die Hauptregion, in der sich die britische Entwicklungszusammenarbeit engagierte.[405] Bis zum Ende der Amtszeit Tony Blairs flossen zuletzt mehr als die Hälfte der gesamten Entwicklungsausgaben Großbritanniens in Maßnahmen auf dem afrikanischen Kontinent.[406] Dieser stellte die sprichwörtliche „Feuerprobe“ für eine nach „ethischen“ Gesichtspunkten handelnde Außenpolitik dar. Die Probleme bzw. die Realität in dieser Region standen im starken Gegensatz zu jenen Grundwerten, welche Tony Blair und New Labour seit der Amtsübernahme 1997 auch in der internationalen Politik stärker hervorzuheben gedachten – Wohlstand, Frieden und Demokratie. Stattdessen herrschten in den meisten afrikanischen Ländern Hunger, Armut, Verschuldung, Krieg, Krankheit und politische Instabilität vor. „The state of Africa is a scar on the conscience of the world. But if the world as a community focused on it, we could heal it. And if we don't, it will become deeper and angrier“[407] warnte der britische Premier in seiner Rede auf der Labour-Parteikonferenz im Oktober 2001. Die konservativen Vorgängerregierungen behandelten diese Probleme eher am Rande und richteten entwicklungspolitische Maßnahmen ausgesprochen selektiv auf einzelne Länder aus statt sie thematisch umfassend und geographisch weitreichend durchzusetzen.[408] Die Blair-Regierung

[404] Annan, In Larger Freedom, S.34.

[405] Vgl. Williams, British Foreign Policy under New Labour, S.75f.

[406] Homepage des Department for International Development, Press Release. UK keeps aid promises to the world's poor (04.04.2008), http://www.dfid.gov.uk/news/files/pressreleases/UK-keeps-promises-poor.asp Stand:12.12.2008.

[407] Tony Blair, Speech by the Prime Minister to the Labour Party conference in Brighton, England (02. Oktober 2001), http://australianpolitics.com/news/2001/01-10-02b.shtml.

[408] Vgl. Williams, British Foreign Policy under New Labour, S.76.

wollte sich, einerseits um sich von den konservativen Vorgängern abzuheben und andererseits aufgrund des hohen Einflusses Clare Shorts, nun verstärkt dafür einsetzen, ihre als universell deklarierten Werte auch in Afrika stärker durchsetzen und insbesondere „good governance" auf dem Kontinent zu fördern. Die Mitgliedschaft zahlreicher afrikanischer Länder im Commonwealth (18 von 53 Staaten) verkürzte die diplomatischen Wege Großbritanniens und erzeugte ebenfalls entsprechenden Druck auf die Regierung des Vereinigten Königreichs, sich intensiver mit den Problemen des Kontinents zu beschäftigten. Problematisch war jedoch dabei, dass viele der afrikanischen Staaten durch autoritäre Strukturen entweder weit davon entfernt waren „gut" regiert zu werden oder es im großen Maße überhaupt an irgendeiner Art „governance" mangelte. In diesem Punkt wollte die Blair-Regierung die afrikanischen Länder auch mit Hilfe der Möglichkeiten, welche die Vereinten Nationen zur Verfügung stellen unterstützen. Dies schloss neben der Thematisierung der Problematik gegenüber der in der Generalversammlung versammelten Staatenvertretern anderer einflussreicher Länder sowohl begrenzte militärische, eine hohe finanzielle Hilfe für Peacekeeping-Operationen der UN, die Kooperation mit relevanten regionalen und globalen Institutionen als auch diplomatische Vermittlung ein.

Das Schicksal Afrikas war ein Themenbereich, welchem sich Tony Blair höchstpersönlich annahm und das er gegenüber anderen Regierungschefs fortwährend einbrachte.[409] Über die Gründe für Blairs zunehmendes persönliches Interesse an Problemlösungsstrategien für Afrika herrscht allerdings allgemeine Unklarheit. Basierend auf den Forschungen des Politikwissenschaftlers Paul Williams zur britischen Außenpolitik, bieten sich jedoch vier mögliche Erklärungen an. Zum Ersten führt Williams dies auf den Einfluss von Blairs Stabschef Jonathan Powell sowie des späteren Botschafters in den USA und außenpolitischen Beraters, David Manning, zurück. Beide hätten sich ihm gegenüber für mehr Engagement in Afrika eingesetzt, besonders vor dem Hintergrund, dass der junge Premier vergleichsweise wenig außenpolitische Erfahrung mitbrachte und deshalb gut „formbar" gewesen sei. Zum Zweiten könnte auch politischer Opportunismus der Auslöser für Blairs Interesse an der Afrika-Problematik gewesen sein, da Clare Short und das DFID in internationalen Entwicklungskreisen, insbesondere vom UNDP, stets für ihr Engagement und ihre Weitsich-

[409] Vgl. Williams, British Foreign Policy under New Labour, S.75f.

tigkeit gewürdigt wurden. Blair selbst wollte, vermutlich zusätzlich und verstärkt durch den dunklen Schatten, den die Irak-Krise Anfang 2003 auf das Ansehen der britischen multilateralen Politik und ebenfalls auf seine Person warf, die deutlich positivere Reputation der britischen Entwicklungspolitik auch zu seinem Image-Vorteil nutzen.[410] Eine dritte Erklärungsmöglichkeit wäre, dass Blair sich den Rat Bill Clintons bei einem Abendessen im Dezember 2002 zu Herzen nahm, gegenüber der kommenden Bush-Administration verstärkt für die Probleme Afrikas einzutreten und enge bilaterale und öffentlich-private Partnerschaften aufzubauen.[411] Zum Letzten könnten auch in diesem Punkt Blairs sowohl in der christlichen Ethik als auch im sozialdemokratischen Solidaritätsgedanken verankerte persönliche moralische Überzeugungen eine große Rolle gespielt haben. Begriffe wie „Moral“, „Verpflichtung“ und „Verantwortung“ stellten ein durchgehendes Motiv innerhalb der meisten auf den Kontinent bezogenen außenpolitischen Reden Blairs dar. Möglicherweise hat auch jeder der genannten Punkte zum erhöhten Interesse Blairs für Entwicklungsfragen beigetragen.

Vor den UN wurden die Probleme, welche in und mit vielen Ländern in Afrika herrschten, von Tony Blair während der Millennium-Versammlung im September 2000, die sich insbesondere mit Entwicklungsthematiken auseinandersetzte und an deren Ende die Millennium-Erklärung der Vereinten Nationen stand, besonders hervorgehoben. Obwohl bereits in vorhergehenden Generalversammlungen von britischen Regierungsvertretern der wesenhafte Zusammenhang zwischen Armut und Gewalt thematisiert wurde, mahnte Blair die Notwendigkeit des Einsatzes für „good governance“ in Afrika, um die negativen Begleiterscheinungen unter Kontrolle zu bekommen:

> „Nowhere are people dying more needlessly from starvation, from disease, from conflict. Deaths not by acts of fate, but by acts of man. By bad governance, factional rivalries, state-sponsored theft and corruption.“[412]

[410] Nach einer 2005 durchgeführten Erhebung des Chatham House gelang ihm das auch. In der Umfrage bestätigte die Expertenkommission, dass die Mehrheit der Briten ein stärkeres Engagement der Regierung in Afrika, besonders in den Bereichen HIV/AIDS-Bekämpfung, Armutsbekämpfung, Konfliktlösung und Stärkung „guter Regierungsführung“ befürworteten. Eva Kaplan, British Attitudes to Africa, http://www.chathamhouse.org.uk 2005, Chatham House Briefing Notes.

[411] Vgl. Williams, British Foreign Policy under New Labour, S.75f.

[412] Blair, 06. September 2000, Abs.7.

Blair ermunterte die an der Versammlung teilnehmenden Staatenvertreter dazu, Partnerschaften einzugehen, um den Ländern in Afrika den gleichen wirtschaftlichen und sozialen Aufstieg zu ermöglichen, welchen die asiatischen und lateinamerikanischen Staaten in den bis dahin vergangenen drei Jahrzehnten bereits verwirklichen konnten. Blair betrachtete diese Tatsache als ein Zeichen der Hoffnung, dass es auch den afrikanischen Ländern möglich wäre, einen solchen Aufschwung zu leisten:

> „There can be change. There can be hope for Africa. There is political leadership, business opportunity and above all the will on behalf of the people for a better future for Africa. We must be partners in the search for change and hope.“[413]

Die Idee einer Partnerschaft mit den afrikanischen Ländern, um „good governance“ ihnen gegenüber weiter zu fördern und den Regierungen die eigene Verantwortung zur Lösung der zahlreichen Probleme zu verdeutlichen, wurde in dieser Rede auch noch einmal explizit thematisiert:

> „We need a new partnership for Africa, in which Africans lead but the rest of the world is committed; where all the the problems are dealt with not seperately but together in a coherent and unified plan. Britain stands ready to play our part with the rest of the world and the leaders of Africa in formulating such a plan.“[414]

Die *New Partnership for Africa's Development*, ein Entwicklungsprogramm, welches im Oktober 2001 in Nigeria nach mehreren Verhandlungsjahren von 15 afrikanischen Regierungen initiiert wurde, und dem schon bald nach Gründung alle 53 Staaten der Afrikanischen Union angehörten,[415] entsprach genau den konzeptionellen Vorstellungen der britischen Regierung und der Vereinten Nationen, die zur Unterstützung des Partnerschaftsprogramms 2003 sogar eine eigene Abteilung einrichteten.[416] Zudem stellte sie einen Paradigmenwechsel in der Eigenwahrnehmung der afrikanischen Staaten dar. Die Probleme des Kontinents wurden durch das Gründungsdokument nicht mehr ausschließlich als das Erbe von Kolonialismus und Sklaverei betrachtet, sondern zu großem Teil auch als durch ineffiziente Staatsführung

[413] Blair, 06. September 2000, Abs.9.

[414] Ebd., Abs.12.

[415] Vgl. Cord Jakobeit, Fünf Jahre NEPAD, in: APuZ, 2006, Nr. 32-33, S.21.

[416] Homepage des UN Office of the the Special Adviser on Africa, New Partnership for Africa's Development (NEPAD), http://www.un.org/africa/osaa/nepad.html Stand: 09.12.2008.

und unwirksame wirtschaftliche Strukturen „selbstverschuldet". Die der *Organisation für Afrikanische Einheit*, der Vorgängerin der AU, angehörenden Regierungen planten mit Hilfe der NEPAD das Prinzip von „guter Regierungsführung" in ganz Afrika durchzusetzen, die zahlreichen Kriege auf dem Kontinent zu beenden, Korruption zu bekämpfen, mehr Geld in Bildung und Gesundheit zu investieren sowie marktliberale Wirtschaftssysteme einzuführen.[417] Tony Blair persönlich unterstützte dieses Programm aus verschiedenen Gründen. Zum einen war Großbritannien und das DFID indirekt an der Erarbeitung des Gründungsdokuments auf südafrikanischer Seite beteiligt und zum anderen sah Blair in NEPAD ein zwar ehrgeiziges, dafür aber vielversprechend umfassendes Gerüst, um viele der in Afrika bestehenden Probleme nachhaltig lösen zu können. NEPAD versprach genau den Anforderungen gerecht zu werden, welche die britische Regierung seit Beginn ihrer Amtszeit formulierte. Mit ihr verband sich ebenfalls die Hoffnung Tony Blairs und der britischen Entwicklungspolitik, entscheidende Fortschritte bei der Verwirklichung der UN-Millenniumentwicklungsziele erreichen zu können.[418] Als problematisch betrachteten insbesondere NGOs jedoch, dass NEPAD von den afrikanischen Regierungen ohne Abstimmung mit den eigenen Bevölkerungen ins Leben gerufen wurde und sich das Programm für einige Kritiker zu stark an den Entwicklungshilfekriterien orientierten, welche die Weltbank und die G8-Staaten stets vorgaben, um von ihnen bspw. den Erlass von Schulden abhängig zu machen. Nichtsdestotrotz hat NEPAD die Debatte um eine effektive und multilaterale Entwicklungszusammenarbeit in Afrika vor allem zwischen den G8-Staaten neu beleben können. Besonders Großbritannien tat sich dabei als ausgesprochener Befürworter der Initiative hervor. Der sog. *Africa Action Plan* der G8, welcher vor allem der Bedeutung einer die politischen und gesellschaftlichen Verhältnisse stabilisierenden Entwicklungszusammenarbeit in Afrika im Rahmen des „Krieges gegen den Terrorismus" gerecht werden sollte, versprach, dem NEPAD-Programm durch verstärkte Anstrengungen beim Aufbau einer produktiven Infrastruktur und gerechtere Handelsbedingungen entgegenzukommen.[419] Die britische Regierung plante während ihres zeitgleich mit der Ratspräsidentschaft in der EU einhergehenden G8-Vorsitzes 2005 die wirt-

[417] Vgl. Williams, British Foreign Policy under New Labour, S.93.

[418] Vgl. ebd.

[419] Gruppe der Acht, Africa Action Plan, http://www.g8.gc.ca/2002Kananaskis/resources/documents-en.asp v. 26./27.06.2002.

schaftliche Entwicklung Afrikas und NEPAD zu einem Themenbereich höchster Priorität zu erklären. Dies zumindest kündigte Außenminister Straw auf der UN-Generalversammlung im Herbst 2004 gemeinsam mit dem Vorhaben, eine unabhängige Kommission für Afrika mit dem Ziel, Vorschläge für die optimale Unterstützung von NEPAD und der AU durch die internationale Gemeinschaft zu erarbeiten, an:

> „The UK's Chairmanship of the G8 next year will focus [...] on Africa, on which the independent Commission for Africa will be producing recommendations for how best we can support the radical agenda for change and development designed by Africa itself through NEPAD and the African Union."[420]

Straw hob in diesem Zusammenhang auch noch einmal die Anstrengungen der noch immer laufenden Doha-Runde für den Abbau von Handelsschranken sowie der Europäischen Union, effektivere und umfassendere Kapazitäten zum Krisenmanagement zu schaffen, hervor.[421]

Die in der Rede Straws angekündigte Einrichtung der *Commission for Africa*, auch *Blair Commisson for Africa* genannt, gilt als eine der größten entwicklungspolitischen Leistungen des Regierungschefs. Die Idee dazu wurde ihm von dem Musiker und Begründer der *Live8*-Konzerte zur Unterstützung der Entwicklungszusammenarbeit in Afrika, Bob Geldof, im Januar 2004 angetragen. Da Blair in der Vergangenheit schon öfter mit Geldof und dem U2-Sänger Bono als zivilgesellschaftliche Vertreter im Zuge verschiedener Entwicklungsinitiativen wie der *Jubilee 2000* und *Make Poverty History*-Kampagnen Kontakt hatte und die Kommunikation zwischen den populären Prominenten und Blair hervorragend funktionierte, bot es sich auch in diesem Falle an, intensiv zusammenzuarbeiten.[422] Die Kommission, welche sich aus 17 Mitgliedern unter Vorsitz Tony Blairs zusammensetzte und deren Mehrheit aus Vertretern afrikanischer Länder stammte, hatte die

[420] Straw, 23. September 2004, Abs.37.

[421] Vgl. ebd.

[422] Der Blair-Regierungssprecher und Vertraute Alastair Campbell beschreibt in seinen Tagebuchauszügen ein Gespräch zwischen Tony Blair und Bono auf einem Treffen der *Jubilee2000*-Kampagne zur Unterstützung des Schuldenerlasses für Entwicklungsländer. Nachdem der Premierminister die Schwierigkeiten seiner Regierung bei der Überzeugung anderer Geberländer, welche über verschiedene Programme zur Entwicklungszusammenarbeit verfügen, mit einer Besteigung des Mount Everest verglich, antwortete der irische Rocksänger herausfordernd: „When you see Everest, Tony, you don't look at it, you fucking climb it." Spätestens seit jenem Treffen im Juni 1999 galt das Verhältnis zwischen dem britischen Regierungschef und den beiden bekannten Aktivisten als besonders freundschaftlich und vertraut. Über Tony Blair gelang es Bob Geldof und Bono dann auch, mehr Einfluss gegenüber der britischen Regierung üben zu können und die zivilgesellschaftliche Komponente im Bereich der Entwicklungszusammenarbeit entscheidend zu stärken. Vgl. Campbell/Scott, The Blair Years, S.406f.

Aufgabe, das bisherige Entwicklungsengagement in Afrika zu evaluieren und Handlungsvorschläge zu unterbreiten, wie einerseits mit Hilfe der internationalen Gemeinschaft, insbesondere der G7/G8-Staaten und andererseits durch Eigeninitiative betroffener Länder, eine effektivere Entwicklungszusammenarbeit auf dem afrikanischen Kontinent erreicht werden konnte. Dies betraf insbesondere wirtschaftliche Probleme wie die hohe Schuldenlast, niedrige Investitionsraten, Handelshemmnisse und die wenig ausreichenden Hilfsmaßnahmen für die ärmsten Teile der Bevölkerung betroffener Länder. Die Ziele, welche die Kommission hauptsächlich verfolgte, waren die Entwicklung neuer Ideen und Handlungen für ein starkes und wohlhabendes Afrika, deren Verwirklichung durch die Präsidentschaft Großbritanniens 2005 in G8 und EU vorangetrieben werden sollten; die Unterstützung von NEPAD und AU als „the best existing work on Africa"; die Hilfe bei der Umsetzung internationaler Vereinbarungen zu Afrika; die Schaffung eines neuen und deutlich positiveren Blickwinkels auf den Kontinent und seine Kulturen, um Vorurteile abzubauen und Investitionen zu erhöhen; sowie die Erwartungen der Afrikaner zu berücksichtigen, indem sie intensiv in die Arbeit der Kommission eingebunden werden.[423] Besonderer Wert wurde auf die Heterogenität der Kommissionsteilnehmer gelegt, um eine neue Art Dialog über die Zukunft des Kontinents zu führen, gleichwohl sich die Kommission hauptsächlich unter Einbeziehung der britischen Außenpolitik unterliegenden Kreise gestaltet wurde. Unter den 14 durch die Kommissionsteilnehmer vertretenen Nationen befanden sich acht Mitgliedstaaten des Commonwealth, Vertreter aus Frankreich, den USA und China, vier G8-Staaten sowie zwei Untergeneralsekretäre der Vereinten Nationen, aus Ghana und Tansania stammend. Ebenso waren Vertreter der Zivilgesellschaft und der Banken in die Kommission eingebunden. Interessengruppen oder multinationale Unternehmen bekamen die Möglichkeit, sich und ihre konkreten Vorstellungen für eine effektivere Entwicklungszusammenarbeit durch den Kontakt zu einzelnen Kommissionsteilnehmern in den Prozess einzubringen. Die CfA kam demnach dem schon früh in den Weißbüchern des DFID formulierten Ideal der britischen Regierung für eine multilaterale Partnerschaft am nächsten und wurde sowohl vom Generalsekretär der Vereinten Nationen als auch von Entwicklungsorganisationen begrüßt. Das Ergebnis der einjährigen Kommissi-

[423] Vgl. Commission for Africa, Our Common Interest. Report of the Commission for Africa, http://www.commissionforafrica.org 2005, S.462.

onstätigkeit war der etwa 450-seitige Bericht *Our Common Interest*,[424] der im März 2005 veröffentlicht und sowohl von den UN als auch von zahlreichen Geber-, insbesondere Frankreich und Deutschland,[425] und Empfängerländern als „wichtiger Lösungsbeitrag“[426] gewürdigt wurde.

Die Feststellungen und Empfehlungen des Berichtes lassen sich grob in drei Handlungskategorien einordnen: Regierungsführung, Frieden und Sicherheit sowie wirtschaftlicher Wachstum und Verringerung der Armut.[427] „Schlechte Regierungsführung“ wurde von der Kommission als das Kernproblem Afrikas identifiziert und dessen Begegnung dementsprechend als die zunächst notwendigste Maßnahme betrachtet. Die afrikanischen Regierungen waren gefordert, ihre Zuverlässigkeit zu erhöhen und den politischen Entscheidungsprozess transparenter und vor allem offener zu gestalten.[428] Um zuverlässige Dienste an der Bevölkerung zu leisten, so der Bericht sinngemäß, müssen jedoch auch entsprechende Maßnahmen wie Investitionen in Bildung, Gesundheit und Infrastrukturen getroffen werden, welche wiederum beträchtliche finanzielle Aufwendungen erfordern, die nur durch eine aktive und umfassende Unterstützung durch die entwickelten Staaten geleistet werden können. Diese sollen vor allem intensiver darauf achten, welchen Weg ihre Entwicklungsinvestitionen nehmen und ob die dafür nötige Transparenz vorhanden ist. Auch bei der Aufrechterhaltung stabiler gesellschaftlicher Strukturen, z.B. durch ein höheres Verantwortungsbewusstsein im Bereich des Peacemaking und Peacekeeping sollen die Geberländer zwar stärker gefordert werden, jedoch im Gegenzug auch eine stärkere Wahrnehmung der Verantwortung von Regierungen in Entwicklungsländern fordern dürfen. Dies geht direkt einher mit der

[424] Commission for Africa, Our Common Interest.

[425] Die amerikanische Regierung stand den Vorschlägen des Berichts deutlich skeptischer gegenüber. Dies lässt sich u.a. dadurch erklären, dass schon die Festlegung der Industriestaaten auf die Bereitstellung von 0,7 Prozent des BNE für Entwicklungszusammenarbeit für die USA Mehrausgaben in Höhe von 40 Mrd. US-Dollar kosten würde. Zudem waren die Amerikaner nicht überzeugt davon, dass der Vorschlag eine International Financy Facility einzurichten, die nötigen Erfolge bei der Erreichung der MDG nach sich ziehen würde. Dennoch gab es auch Stimmen in der US-Regierung, die sich für eine Unterstützung der Blair-Initiative aussprachen, schon allein als „Dank“ für das gemeinsame Handeln 2003 im Irak. Raymond W. Copson, Africa, the G8 and the Blair Initiative. CRS Report for Congress, http://digital.library.unt.edu/govdocs/crs/permalink/meta-crs-7590.tkl 2005, S.2-5.

[426] UN News Centre, Annan welcomes UK Commission on Africa report as important contribution to solutions (11.03.2005), http://www.un.org/apps/news/story.asp?NewsID=13624 Stand: 09.12.2008.

[427] Vgl. Chris Landsberg/David Kalete, The Africa Commission: A Critical Assessment. Discussion paper commissioned by the Nelson Mandela Foundation, www.cps.org.za/cps%20pdf/BlairCommissionReport.pdf 2005, S.2ff.

[428] Vgl. Commission for Africa, Our Common Interest, S.14-17.

zweiten Kategorie, nämlich der Bereitstellung von Frieden und Sicherheit. Um Kriege in Zukunft zu verhindern, müssen effektivere staatliche und zwischenstaatliche Kapazitäten zum Umgang mit Konfliktsituationen und -ursachen geschaffen werden. Insbesondere regionale Organisationen wie die AU, aber auch die UN, sollen wirkungsvolle Frühwarn-, Verhandlungs- und Friedenserhaltungsmaßnahmen entwickeln, um einem möglichen Versagen der zwischenstaatlichen Diplomatie, z.B. bei Streitigkeiten um den Zugang zu Ressourcen, entgegenwirken zu können. Die Geberländer können diesen Prozess vor allem durch eine flexiblere Zuteilung finanzieller Mittel an die regionalen Organisationen als auch durch die Unterstützung globaler Maßnahmen, wie die Etablierung einer *UN-Peacebuilding Commission* unterstützen. In Bezug auf die Gestaltung gerechterer und umfassenderer Beteiligung afrikanischer Staaten am weltweiten Wirtschaftsprozess sind ebenfalls sowohl Geber- als auch Empfängerländer gefordert. Während erstere weiter ermutigt werden, Handelsschranken abzubauen und die Doha-Runde endlich zu einem Abschluss zu bringen, sollen letztere vor allem innerstaatlich durch Verbesserungen von Transportinfrastrukturen, den Abbau von Bürokratie sowie die Bekämpfung von Korruption nicht nur ein freundlicheres Investitionsklima schaffen, sondern ebenso Möglichkeiten wirtschaftlicher Zusammenarbeit zwischen einzelnen Staaten sondieren. Um die erforderlichen Mittel für alle genannten Maßnahmen aufbringen zu können, fordert der Bericht zusätzliche 25 Milliarden US-Dollar, die zunächst bis 2010 von den Geberländern bereitzustellen wären. Über weitere jährlich 25 Milliarden US-Dollar bis 2015 sollte nach Ablauf des ersten Zeitraums auf Grundlage des Grades der Verwirklichung bestimmter Rahmenbedingungen wie „good governance“ in den Entwicklungsländern verhandelt werden. Dies wäre einer Verdoppelung der Gesamtausgaben für Entwicklungszusammenarbeit gleichgekommen. Doch vor allem sollten sich die Finanzhilfen in ihrer Qualität ändern und sowohl auf Basis der Förderung bestimmter Projekte, einem 100-prozentigen Schuldenerlass für Entwicklungsländer, aber auch ungebundener Entwicklungshilfe stattfinden. Ebenso gefordert waren die internationalen Institutionen, sowohl auf regionaler als auch auf globaler Ebene. Die Afrikanische Entwicklungsbank sollte gestärkt und die Rolle der UN-Wirtschaftskommission für Afrika ausgebaut werden. Die Geberländer sollten sich dazu noch einmal und mit entsprechendem Nachdruck zu den Millenniumentwicklungszielen und dem Vorhaben, nationale Entwicklungshilfe bis 2015 auf 0,7 Prozent des Bruttonationaleinkommens anzuheben, bekennen. Da die damit verbundene enorme finanzielle Last auch von den Geberländern freilich nicht sofort bewältigt werden konnte, sollte eine schon länger vom britischen Finanzministerium und dem DFID geplante *International Finance Facility*[429] geschaffen werden, welche die entsprechenden Mittel zur Erreichung der MDG bis 2010 für die Geberländer auslegt. Nicht zuletzt sollte auch die kulturelle Vielfalt des afrikanischen Kontinents und seiner Staaten stärker in entwicklungspolitische Maßnahmen einbezogen werden und vermitteln, dass ähnliche Maßnahmen in verschiedenen Ländern zum Teil anders in Angriff genommen werden müssen. Insgesamt sprach der Bericht 89 Empfehlungen aus.[430] Auch das System der Vereinten Nationen wurde darin aufgefordert, u.a. effektive Mechanismen zur Evaluierung der Fortschritte bei den MDG zu entwickeln, eine Monitoring-Funktion in Bezug auf fairen Handel mit knappen Ressourcen auszuüben sowie durch die Bildung einer *Peacebuilding-Commission* Maßnahmen zur Friedenskonsolidierung sowohl umfassender als auch koordinierter zu gestalten. Ebenso fordert der Bericht eine stärkere Repräsentation Afrikas im Sicherheitsrat.[431] Die geforderte Einbindung des UN-Systems war vielfältig. Zusammenfassend lässt sich feststellen, dass die UN in dem Bericht der CfA insbesondere bei der Implementierung und Überwachung internationaler entwicklungspolitischer und wirtschaftlicher Rahmenvereinbarungen auf dem afrikanischen Kontinent gefordert sind.

Viele der genannten Lösungsvorschläge der CfA waren sicherlich nicht neu. Sowohl die Forderungen nach Erhöhung der Entwicklungsausgaben und dem Abbau von Handelsschranken an die Geberländer als auch jene nach „guter Regierungsführung" in den Empfängerländern sowie die enge Einbeziehung des UN-Systems bestanden schon seit den 1970/80er Jahren. Dennoch bedeuteten die Ergebnisse der Kommis-

[429] Die IFF war nicht als Entwicklungsbank im klassischen Sinne gedacht. Stattdessen sieht sie vor, auf der Grundlage langfristiger Entwicklungshilfezusagen der Industrieländer Kredite an den Finanzmärkten aufzunehmen, um relativ rasch höhere Auszahlungen für die Entwicklungshilfe zulasten späterer Jahre finanzieren zu können. Der Vorschlag wurde jedoch von den USA, Japan und den EU-Staaten aus ordnungs- und haushaltspolitischen Gründen vorerst abgelehnt. Von vielen NGOs wurde der Vorschlag jedoch aufgrund der Verbindlichkeit, die eine Zusage zu diesem System für die Geberländer nach sich ziehen würde, weitestgehend positiv und als Schritt in die richtige Richtung aufgenommen. Vgl. Jörg Seifert-Granzin, Stellungnahme des Sprechers der VENRO-AG Internationale Finanzinstitutionen zu den Erwartungen deutscher Nichtregierungsorganisationen an die IWF/Weltbank-Jahrestagung in Dubai (18. September 2003), http://www.venro.org.

[430] Penny Jackson, The Commission for Africa, Gleneagles, Brussels and Beyond, in: African Affairs, 104 2005, Nr. 417, S.657.

[431] Vg. Commission for Africa, Our Common Interest, S.63.

sion einen enormen Fortschritt für die internationale Entwicklungszusammenarbeit. Zum ersten Mal fand ein konstruktiver Dialog zwischen den Industrieländern, den Entwicklungsländern sowie den internationalen Entwicklungsinstitutionen statt, der die Erwartungen aller Beteiligten in den Prozess der Politikformulierung einbringen konnte und es vermochte, jeder dieser Gruppen sowohl Rechte als auch Pflichten zu gewähren. Frieden, demokratische und transparente politische Strukturen, Wohlstand, Bildung, funktionierende Infrastrukturen, Gesundheit, Entwicklungsverantwortung, Schuldenerlass, globale Partnerschaften – nie zuvor wurden die Lösungsvorschläge für den Kontinent so deutlich miteinander in einen engen Wirkungszusammenhang gebracht.[432] Zudem ergab sich direkt im Anschluss die Gelegenheit, die ausgegebenen Empfehlungen mit Unterstützung der internationalen Position Großbritanniens in die Tat umzusetzen. Schon aufgrund des Umfangs der Empfehlungen und Handlungsmaßnahmen wurde der Bericht in diplomatischen Kreisen auch als „Marshall-Plan“ für Sub-Sahara-Afrika bezeichnet.[433] Der Erfolg des G8-Gipfels in Gleneagles musste sich also auch an den in *Our Common Interest* geäußerten Vorschlägen messen lassen. Tony Blair versuchte im Vorfeld des Gipfels persönlich, die Regierungen der G8 von der Notwendigkeit zur Umsetzung der CfA-Vorschläge zu überzeugen. Gestützt wurde er dabei u.a. von groß angelegten zivilgesellschaftlichen Kampagnen wie *Make Poverty History* und *Live8* sowie den Vereinten Nationen. UN-Generalsekretär Kofi Annan forderte die G8 im Vorfeld des Treffens in Gleneagles auf, „ihre helfende Hand auszustrecken.“[434] Nichtsdestotrotz, so das Ergebnis einer Studie der Zeitschrift *African Affairs* war der Rückhalt für die Vorschläge der CfA in keinem anderem G8-Staat so hoch wie in Großbritannien.[435] Dies wurde u.a. darauf zurückgeführt, dass die Kommission und ihr Bericht als hauptsächlich britische, bestenfalls durch das Commonwealth initiierte Kampagne wahrgenommen wurde, die sich anschickte, vorherige Versuche der G8-Staaten, sich mit den Problemen in Afrika auseinanderzusetzen, als vergleichsweise unbedeutend abzutun und sich als Quasi-Konkurrenzveranstaltung zum G8-NEPAD-Prozess zu etablieren. Insbeson-

[432] Vgl. Landsberg/Kalete, The Africa Commission, S.9.

[433] Copson, Africa, the G8 and the Blair Initiative, S.2.

[434] UN News Centre, Annan urges group of G8 nations to 'stretch out its helping hand' to the poor (06.07.2005), http://www.un.org/apps/news/story.asp?NewsID=14916 Stand: 11.12.2008, Übers.: F.B..

[435] Vgl. Jackson, The Commission for Africa, Gleneagles, Brussels and Beyond, S.658f.

dere Frankreich, das in der Vergangenheit ein sehr hohes, vor allem finanzielles, Entwicklungsengagement aufbrachte und sich den UN-Entwicklungszielen im ebenso starken Maße verpflichtet sah, stand der selbsterklärten „leadership“ Großbritanniens in Entwicklungsfragen skeptisch bis ablehnend gegenüber, unterstützte jedoch weitestgehend die Ideen und Forderungen des Berichts.

Der G8-Gipfel vom 6. bis 8. Juli 2005 im schottischen Gleneagles fiel in Bezug auf die Umsetzung der von der CfA geforderten Vorschläge sehr zwiespältig aus. Überschattet von den Terroranschlägen auf Londoner Nahverkehrsmittel am zweiten Verhandlungstag, gelang es den acht führenden Industriestaaten zwar, viele der in *Our Common Interest* genannten Punkte umzusetzen, jedoch nicht in jedem Falle genau so wie es von der Kommission und Tony Blair beabsichtigt war.[436] Die gemeinsame Abschlusserklärung beinhaltete eine Reihe von Maßnahmen, denen die G8-Staaten auf Basis der Vorschläge des Berichts der CfA zugestimmt haben. So z.B. wurde der Verdoppelung der ODA bis 2010 um 25 Milliarden US-Dollar pro Jahr weitestgehend zugestimmt, ebenso einer Entschuldung der Entwicklungsländer um insgesamt 40 Milliarden US-Dollar. In Anbetracht dessen, dass die Gesamtschuldenlast der Region jedoch bei etwa 300 Milliarden US-Dollar liegt und eine hundertprozentige Entschuldung nur für 18 HIPC-Staaten[437] stattfand, kann man dieses Ergebnis insbesondere aus Sicht vieler NGOs, die aufgrund des CfA-Berichts höhere Erwartungen an Gleneagles hegten, als enttäuschend bezeichnen. Auch zeigten die G8-Staaten wenig Interesse daran, etwas an der Zweckgebundenheit der Hilfe ändern zu wollen oder wirkungsvolle internationale Mechanismen für den Einsatz von Entwicklungsausgaben zu fordern. Auch in Bezug auf den Abbau von Handelsschranken, insbesondere für Agrargüter aus Afrika, konnten keine signifikanten Fortschritte erreicht werden. Stattdessen wurden derartige Punkte auf die WTO-Runde Ende des Jahres in Hong Kong vertagt. Die von dem CfA-Bericht geforderte stärkere Ein-

[436] Vgl. Jackson, The Commission for Africa, Gleneagles, Brussels and Beyond, S.659.

[437] Die *Debt Initiative for Heaviliy Indebted Poor Countries* (HIPC-Initiative) ist eine 1996 von der Weltbank und dem IWF gestartete Maßnahme, um den Erlass von Schulden für Entwicklungsländer durch die Bretton-Woods-Institutionen und die wichtigsten Geberländer zu koordinieren. Die Möglichkeit, teilweise oder ganz von ihren Außenständen befreit zu werden, war dabei für die Entwicklungsländer an bestimmte Kriterien wie z.B. der Vorlage eines Strategiepapiers zur nachhaltigen Verwendung der gewonnen Mittel oder der Umsetzung von durch die Weltbank und den IWF vorgegebenen Reformmaßnahmen, gebunden. Die G8-Staaten einigten sich 2005 im Vorfeld des Wirtschaftsgipfels in Gleneagles auf den Erlass von 40 bis 55 Milliarden US-Dollar an Schulden für Entwicklungsländer. Vgl. Yolanda Rivera, UICIFD Briefing Paper No. 1: Debt Forgiveness, http://www.uicifd.com 2006.

bindung afrikanischer Staaten in die Entscheidungsprozesse von Weltbank und IWF wurden überhaupt nicht thematisiert. Nichtsdestotrotz überraschten die G8-Staaten mit einigen wichtigen und längst fälligen Zugeständnissen in Bezug auf die Bekämpfung von Korruption in den Entwicklungsländern. Nicht nur wurde die UN-Konvention gegen Korruption von allen anwesenden Staaten ratifiziert, sie verpflichteten sich ebenso zum aktiven Einsatz gegen Bestechung und höhere Transparenz. Die Europäische Union sowie alle auf dem Gipfel vertretenen EU-Mitgliedstaaten bekannten sich, auch dank des beharrlichen Einsatzes des britischen Premierministers während der britischen EU-Ratspräsidentschaft, zusätzlich noch einmal zu dem Ziel einer Anhebung der ODA auf 0,7 Prozent des BNE bis 2015 und legten dafür sogar konkrete Zeitpläne vor.[438] Die Vereinten Nationen, vertreten durch Generalsekretär Kofi Annan, betrachteten die Ergebnisse des Gipfels zwar als „very good news“,[439] warnten jedoch, dass es sich dabei lediglich um einen Anfang handeln konnte. Mark Malloch Brown, der zum Zeitpunkt der G8-Abschlusserklärung Geschäftsführer des UNDP gewesen ist und an den Verhandlungen in Gleneagles teilnahm, erklärte dazu: „[t]oday was a good day for Africa and a good day for the fight against poverty, even if it was not so good on trade or climate change.“[440] Daher mahnte Brown zusätzlich:

> „[c]itizens groups in industrialized nations and the leaders of the developing countries themselves must intensify pressure for the elimination of these unfair and costly subsidies, and the thorough reform of other trade practices that penalize the world's poor.“[441]

Auf einer Pressekonferenz während des im Jahr 2005 abgehaltenen Millennium+5-Gipfels, der sich mit dem Erfolgen bei der Umsetzung der Millenniumentwicklungsziele beschäftigen sollte, betrachtete Tony Blair das Treffen von Gleneagles rückblickend ebenfalls als einen verheißungsvollen Einstieg in nachfolgende Verpflichtungen und Maßnahmen der internationalen Gemeinschaft und insbesondere der entwickelten Staaten:

> „What we did at the Gleneagles Summit was we entered into a series of commitments. Those commitments have essentially been safeguarded

[438] Weiterführend zu den Ergebnissen des G8-Gipfels 2005 in Gleneagles, siehe: HM Government, The Official UK G8 Presidency homepage, www.g8.gov.uk Stand: 11.12.2008.

[439] UN News Centre, Front-line UN agencies welcome G8 summit's commitment to Africa (11.07.2005), http://www.un.org/apps/news/story.asp?NewsID=14964 Stand: 11.12.2008.

[440] Ebd.

[441] Ebd.

at the UN Summit, but all of us want to see us go further. And over the coming months there are going to be a series of major decision points as to whether these commitments can be carried through. There is the World Trade Organisation meeting in Hong Kong in December; there is the discussion on debt relief for the IMF and the World Bank; there is the building up of the African Peacekeeping Force; there is the action on HIV-Aids, and malaria and the other killer diseases. There are a whole series of things, quite apart from obviously the commitments on aid, that have got now to be carried through over a period of time, and we want to make sure that the pressure is kept up, the insistence is there, that the commitments that have been entered into at the G8 are adhered to."[442]

5.2.3 Zwischenfazit: Die britische multilaterale Entwicklungszusammenarbeit an der Grenze zwischen Erfolg und Enttäuschung

Großbritannien unter Tony Blair und New Labour fühlte sich den Zielvorstellungen der Vereinten Nationen im Bereich der Entwicklung, schon allein durch die Konzentration auf die „ethische Dimension" von Außenpolitik und dem Vorhaben, sowohl ein „good international citizen" sein zu wollen als auch „global moral leadership" auszuüben, stets verpflichtet. Dies wird in den zwar wenigen zitierten, dafür jedoch sehr exemplarischen Redebeiträgen vor der Generalversammlung, vor allem aber in den drei Weißbüchern des *Department for International Development* sehr gut deutlich. Letztlich sind die Briten bei der Erreichung dieser Ziele größtenteils ihren eigenen Weg gegangen und banden die UN-Entwicklungsbehörden nur dann enger in ihr Engagement ein, wenn es sich als wirklich vorteilhaft erweisen konnte und es keine andere Möglichkeit gab, diese Ziele auf bilateralem oder begrenzt multilaterem Wege zu erreichen. Zwar wurde das System der Vereinten Nationen durch hohe finanzielle Aufwendungen unterstützt[443] und

[442] Tony Blair, Comment by the Prime Minister at a joint press conference with Sir Bob Geldof at the 2005 UN World Summit (16. September 2005), http://www.number10.gov.uk, Abs.2.

[443] Im letzten Jahr der Blair-Regierung betrug der Beitrag des DFID an die zahlreichen Entwicklungsprogramme und themenrelevanten Sonderorganisationen der UN ca. 575 Mio. US-Dollar. Dies entspricht zwar einer faktischen Erhöhung der jährlichen finanziellen Ausgaben an das UN-Entwicklungssystem um bis zu 125 Millionen US-Dollar seit 2001. Prozentual ist der Anteil der finanziellen Mittel an das UN-System am Gesamt-ODA Großbritanniens jedoch von etwa 7,4% in 2001 auf 4,4% in 2006 gesunken. Der Anteil der Förderung von UN-Behörden an den Gesamtausgaben für multilaterale Entwicklungszuammenarbeit sank von 17,5% auf 15,1%. Be-

auch die Bedeutung der Behörden für die Arbeit und das Ansehen der Organisationen und die Koordination der Maßnahmen gepriesen, die eigentlichen Handlungen jedoch, welche einen deutlichen Fortschritt für die Entwicklungsländer bedeuten sollten, fanden außerhalb dieses Systems, hauptsächlich in Zusammenarbeit mit den wichtigsten Geberländern oder Staaten des Commonwealth[444] statt. Dies muss nicht zwangsläufig zu dem Schluss führen, dass das UN-System als für die Arbeit irrelevant betrachtet wurde, sondern deutet auf einen vor allem pragmatischen Ansatz auch in diesem Bereich hin. Themen, die nicht durch das UN-System bearbeitet werden konnten, aber dennoch wichtig waren für die Aufgabe, die globale Armut zu bekämpfen und „good governance" zu fördern, vornehmlich der Erlass von Schulden für Entwicklungsländer und die Öffnung der Weltmärkte für deren Erzeugnisse, wurden auch nicht an die UN als Akteur der Entwicklungszusammenarbeit, vom IWF als UN-Sonderorganisation einmal abgesehen, getragen. Dafür nutzte die britische Politik die UN und ihre Generalversammlung als Forum internationaler Politik, um wichtige entwicklungspolitische Probleme gegenüber der Weltgemeinschaft zu thematisieren sowie internationale Entwicklungspartnerschaften mit sowohl Industrie- als auch Entwicklungsländern zu forcieren. Nur durch die Zusammenarbeit und die Artikulierung gegenseitiger Erwartungen konnten nach Meinung der britischen Entwicklungspolitik und des Premierministers die Ursachen für die Hauptprobleme in den Entwicklungsländern wie Armut, Hunger, Krankheit und Krieg bekämpft werden. Die Förderung demokratischer Strukturen und die Forderung nach einer Marktliberalisierung der Entwicklungsländer waren dabei die zentralen Handlungsmaxime, denen sich die britische Regierung und auch zunehmend die UN verpflichtet sahen. Durch die Garantie von Sicherheit und Stabilität in den Entwicklungsländern sowie die Bereitschaft der Regierungen dieser, mit den Industrienationen zu kooperieren, würden auch die Regierungen der Geberländer eher dazu bereit sein, verbindliche Zusagen für die Unterstützung der Entwick-

deutende Steigerungen gab es zuletzt dagegen bei der Unterstützung regionaler Entwicklungsbanken (+330%), den Entwicklungsmaßnahmen der EU (+90%) und der Weltbank (+90%). Die Europäische Union zahlte an die UN-Entwicklungsbehörden von 2001 bis 2006 jährlich durchschnittlich 280 Mio. US-Dollar, wobei sich diese Ausgaben in besagtem Zeitraum um etwa 250% erhöhten. Vgl. Organisation for Economic Co-operation and Development, OECD.Stat, http://stats.oecd.org/WBOS/index.aspx Stand: 30.11.2008, (Ausdruck liegt dem Autor vor).

[444] Weiterführend zur Entwicklungszusammenarbeit zwischen dem Commonwealth und den Vereinten Nationen, siehe: Daisy Cooper, The UN, the Commonwealth and the Millennium Development Goals, http://www.cpsu.org.uk/resource/publications.htm Stand: 25.11.2008.

lungszusammenarbeit einzugehen, sowie globale Unternehmen dazu, stärker in die Wirtschaft dieser Länder zu investieren. Kritik an diesen Forderungen regte sich jedoch vor allem deshalb, da ihnen implizit ein Zwang für die Entwicklungsländer unterlag, sich den politischen und ökonomischen Vorstellungen der westlichen Industrienationen zu unterwerfen. Um diesem Vorwurf der „Zwanghaftigkeit“ zu entgehen, waren es vor allem Tony Blair und das DFID, die auf eine Kooperation von Geber- und Empfängerländern und die Durchsetzung von sowohl Rechten als auch Pflichten für beide Seiten eintraten. Dies lag freilich auch im Sinne der Ziele der Vereinten Nationen, die nach Artikel 1(3) der Charta das Ziel verfolgen„ eine internationale Zusammenarbeit herbeizuführen, um internationale Probleme wirtschaftlicher, sozialer, kultureller und humanitärer Art zu lösen.“ Das UN-Entwicklungssystem selbst wurde jedoch durchgehend als reformbedürftig und in vielen Fällen ineffizient betrachtet. Vor allem im Vorfeld des *Millennium Review Summit* veröffentlichte das FCO deshalb auch einen umfassenden Reformkatalog der britischen Regierung, der auch klare Forderungen an das UN-Entwicklungssystem stellt.[445]

Nicht wenige Beobachter, insbesondere die mit Entwicklungsthematiken beschäftigten NGOs, betrachten die Bilanz der Regierung Tony Blairs in diesem Bereich als eine Mischung aus „real achievement, frustration and deep disappointment.“[446] Als Erfolg kann dabei durchaus die Erhöhung des nationalen Entwicklungshilfebudgets nach den Vorstellungen der UN-Ziele und die stärkere Finanzierung bilateraler Entwicklungsprogramme angeführt werden. So z.B. verdreifachten sich die Gesamtausgaben Großbritanniens für Entwicklungszusammenarbeit bis zum letzten Jahr der Amtszeit Blairs (ohne Einbeziehung der Schuldenerleichterungen) und werden, sollte sich der Trend fortsetzen, bereits 2013 die angestrebten 0,7 Prozent des BNE erreichen.[447] Als allgemeine Enttäuschung hingegen wird gewertet, dass Tony Blair, New Labour und insbesondere das eigens für die Stärkung von Entwicklungszusammenarbeit geschaffene DFID von Beginn ihrer Regierungszeit an Großbritannien zwar als globale moralische Führungsnation in Entwicklungsfragen etablieren wollten, ihre multilaterale Bilanz dieses Rollenverständnis rückblickend jedoch

445 Weiterführend dazu: Secretary of State for Foreign and Commonwealth Affairs, The United Kingdom in the United Nations (Cm6892), http://www.fco.gov.uk 2004.

446 Catholic Fund for Overseas Development, Assessing Blair's legacy on international development, http://www.ekklesia.co.uk/node/5260 Stand: 11.12.2008.

447 Homepage des Department for International Development, Press Release (04.04.2008).

nicht voll und ganz bestätigen kann. Besonders Frankreich und Japan konnten zum Teil höhere Entwicklungsausgaben aufweisen und auch mehr finanzielle Unterstützung für das UN-Entwicklungssystem leisten. Viele der Entwicklungsziele, die das DFID im Weißbuch 1997 ausgab und die 1997 von Robin Cook auf der UN-Generalversammlung als die wichtigsten Ziele der britischen Entwicklungspolitik hervorgehoben wurden, blieben bis zum Ende der zehnjährigen Regierungszeit Blairs zum größten Teil weiter ungelöst. So z.B. wurden weder die Handelsschranken für Güter aus afrikanischen Ländern abgebaut, noch einschneidende Fortschritte bei dem Erlass von Schulden erreicht. Zwar gab es auch in diesem Bereich positive Entwicklungen, doch die anfängliche Hoffnung Tony Blairs, durch persönliches Engagement auch andere Industrienationen, allen voran die USA, von der Einhaltung und intensiveren Unterstützung der Millenniumentwicklungsziele zu überzeugen, konnte sich nicht erfüllen. Dies gilt teilweise auch für die Ergebnisse der Afrika-Kommission. Während Großbritannien die Vorschläge des Berichts *Our Common Interest* zwar umsetzte, insbesondere im finanziellen Bereich, gelang es nicht, die G8-Staaten für einige der wichtigsten Punkte wie vollständigen Schuldenerlass für die gesamte Region unter Einbeziehung einer IFF zu gewinnen. Auch wird kritisiert, dass die Unterstützung von Entwicklungsländern durch die Blair-Regierung noch immer sehr selektiv stattfand und sich hauptsächlich Mitglieder des Commonwealth in der Blair-Kommission befanden, die auch von bilateralen Entwicklungsausgaben Großbritanniens am meisten profitierten.[448] Innenpolitisch galt das persönliche Engagement Blairs für Afrika zwar als lobenswert und half dabei, seine Popularität nach dem Irak-Debakel anzuheben, kritisiert wurde jedoch, dass sich die Blair-Regierung zu wenig um die Armut im eigenen Land kümmerte. So ergab eine Studie des UN-Kinderhilfswerks im Jahr 2007, dass die Kinderarmut in Großbritannien unter allen westlichen Staaten am höchsten lag.[449]

[448] Vgl. Department for International Development, Statistics on International Development, 2002/03-2006/07, http://www.dfid.gov.uk 2007, S.27.

[449] Vgl. guardian.co.uk, British children: poorer, at greater risk and more insecure (14.02.2007), http://www.guardian.co.uk/society/2007/feb/14/childrensservices.politics Stand: 16.12.2008.

6 Schlussbetrachtung: Blair und New Labour in der Tradition britischer UN-Politik?

Großbritannien braucht die Vereinten Nationen. Die UN sind elementarer Bestandteil der nationalen Außenpolitik des Landes. Für das Vereinigte Königreich ist die Mitgliedschaft in der Organisation und dem Sicherheitsrat eine wichtige Ergänzung ihres internationalen Einflusses statt eine Widerspiegelung großer weltpolitischer Macht durch militärische oder wirtschaftliche Stärke wie es z.B. bei den USA der Fall ist, und die deswegen, wenn auch unter heftiger internationaler Kritik, ohne die Rückendeckung durch die UN handeln können.[450] Für Großbritannien besteht diese Möglichkeit nicht. Zumindest nicht, ohne dabei an außenpolitischem Kapital, z.B. das über Jahrzehnte erarbeitete Image des Landes als „moralische Instanz“ im UN-Sicherheitsrat und den anglo-amerikanischen Beziehungen, einzubüßen. Über die UN hat die britische Außenpolitik die einmalige Chance, trotz ihres Status als europäische Mittelmacht, die politische Struktur der Welt weiterhin aktiv zu gestalten und bei der Entscheidung über Krieg und Frieden über großes Mitspracherecht verfügen zu können. In der Vergangenheit hat sich das Land der damit einhergehenden Verantwortung, mit Ausnahme der Suezkrise, stets gestellt und die Ziele der Organisation, trotz zahlreicher Effizienzdefizite, die von britischen Regierungen allerdings kontinuierlich thematisiert und ihnen mit zum Teil harten Maßnahmen begegneten, unterstützt. An dieser Grundhaltung, jedoch weniger den Methoden der Vorgängerregierungen, sollte sich auch unter Tony Blair nichts ändern. Die Verbundenheit mit den Zielen der Organisation, die internationale Sicherheit aufrechtzuerhalten und mo-

[450] Weiterführend dazu: James W. Skillen, With or against the world? America's role among the nations, Lanham Md. u.a. 2005.

ralische Grundwerte in jedem Teil der Welt auf eine solide Grundlage zu stellen, blieb weiterhin hoch. Das Land unterstützte die UN sowohl finanziell als viertgrößter Beitragszahler (im Haushaltsjahr 2006)[451] als auch ideell, z.B. durch die Förderung der internationalen Entwicklungsziele. Ebenso hielt das Vereinigte Königreich unter New Labour an der Forderung nach Reformen, die den neuen globalen Herausforderungen gerecht werden, fest.

Kaum ein Faktor hat sich so außerordentlich auf die britische Außen- und UN-Politik von 1997 bis 2007 ausgewirkt wie der individuelle. Unter Tony Blair vollzog sich das internationale Auftreten des Landes, besonders bei so konfliktgeladenen Themen wie der Beteiligung am Irak-Krieg, auf einer persönlichen Ebene, wie sie seit den Hochphasen von Tory-Premierministerin Margaret Thatcher nicht mehr stattgefunden hatte. Die Grundeinstellungen und der Einfluss des Premierministers auf die außenpolitischen Entscheidungsprozesse waren in den internationalen Handlungen des Landes deutlich identifizierbar. Die Persönlichkeit Blairs vermochte es sogar, sich über die Traditionslinien der britischen Sozialdemokratie gegenüber den UN, nämlich eine jedwede Zuwiderhandlung gegen die völkerrechtliche Autorität der Organisation abzulehnen, hinwegzusetzen und einen für Labour-Premierminister ungewöhnlichen und unerwarteten außenpolitischen Weg zu verfolgen. Dieser basierte auf einer tiefen, durch christliche und humanitäre Werte geprägten Überzeugung Blairs, dass es eine moralische Verpflichtung Großbritanniens als „good international citizen“ bei der Durchsetzung von Menschenrechten und „guter Regierungsführung“, die Grundvoraussetzungen für weltweite Sicherheit und Wohlstand, gäbe. Damit befand sich Tony Blair zwar nicht im Widerspruch zum außenpolitischen Verständnis seiner Partei oder den Zielen der UN-Charta. Jedoch stieß er mit seinen Vorstellungen über die Erreichung dieser Ziele an die Grenze zwischen dem völkerrechtlichen Verbot der Einmischung in die inneren Angelegenheiten von Staaten nach Artikel 2 der Charta auf der einen, sowie dem in der Präambel formulierten Ziel der Förderung der Menschenrechte, der Grundfreiheiten und eines „Lebensstandard[s] in größerer Freiheit“ auf der anderen Seite. Die moralischen Grundsätze Blairs sowie die „ethische Dimension“ der Außenpolitik Labours führten dazu, dass letzterem Ziel seit 1997 ein deutlich höherer Wert im internationalen Auf-

[451] Vgl. Global Policy Forum, Regular Budget Payments of Largest Payers, http://globalpolicy.org/finance/tables/reg-budget Stand: 11.08.2008.

treten Großbritanniens beschieden wurde. Das Vereinigte Königreich sollte als „force for good“ diese Grundsätze auch in die internationalen Beziehungen einbringen und dazu eine weltweite, insbesondere moralische Führungsrolle, basierend auf der Position des Landes an der Schnittstelle dreier Kreise – den USA, Europa und dem Commonwealth – und in den Vereinten Nationen ausüben. Dieses weltpolitische Selbstverständnis äußerte sich sowohl in Bezug auf die Interventionspolitik des Landes, welche die Durchsetzung moralischer Zielvorstellungen – notfalls auch mit militärischer Gewalt – als im nationalen Interesse Großbritanniens einerseits und im Interesse der gesamten Staatengemeinschaft sowie der Autorität der UN andererseits betrachtete, als auch bei entwicklungspolitischen Maßnahmen, bei denen Großbritannien durch den Aufbau von Entwicklungspartnerschaften und die Thematisierung von Problemlagen diese Rolle zu bestätigen suchte.

Die Vereinten Nationen als globale moralische Instanz sollten zur Umsetzung dieser von New Labour gestärkten „ethischen Dimension“ mit ihren Funktionen als Arena der internationalen Politik, in der Probleme und geplante Handlungen thematisiert wurden, sowie als Instrument zur Erreichung außenpolitischer Ziele, z.B. durch die völkerrechtliche Legitimation von Interventionen oder die Umsetzung von „good governance“ in Entwicklungsländern, beitragen. Tony Blair und seine außenpolitischen Vertreter wussten, dass nur der Weg über die Vereinten Nationen zur Erreichung dieser Ziele beitragen kann, da Großbritannien sonst dem Vorwurf des Unilateralismus oder der Bevormundung von Entwicklungsländern ausgesetzt gewesen wäre, und zusätzlich im Rahmen der UN auch die nötige Kooperation mit anderen Ländern hergestellt werden konnte. Aus diesen, vor allem legitimatorischen Gründen, unterstützte das Land auch die Rolle der UN beim Wiederaufbau des Irak und hob die rahmensetzende und koordinierende Funktion der Organisation bei der internationalen Entwicklungszusammenarbeit deutlich hervor. Doch nach Meinung der britischen Außen- und Entwicklungspolitik war die Organisation für die Erfüllung dieser Aufgaben nicht mehr im ausreichenden Maße gerüstet. Deshalb wurde durchgehend eine Reform der Vereinten Nationen, sowohl bei der Verteilung und effizienten Ausführung konkreter Aufgaben wie im Bereich der Entwicklungszusammenarbeit, als auch bei der Bereitstellung neuer zeitgemäßer Instrumente gefordert, die der Relevanz einer Verantwortung der internationalen Gemeinschaft gegenüber den Bevölkerungen von Staaten mehr Aufmerksamkeit schenken sollten. Dass die Etablierung und Weiterentwicklung solcher Instrumente von zunehmender Wichtigkeit sind, zeigt nicht zuletzt die seit 2003 andauernde Darfur-Krise, bei der sich die Vereinten Nationen bis zum heutigen Tag und trotz des Appells vieler Staaten und Nichtregierungsorganisationen auf kein gemeinsames Handeln einigen können.[452]

Neue und unerwartete Wege beschritt Blair auch mit seiner Nähe zu US-Präsident George W. Bush. Obwohl sozialdemokratische Premierminister in der Geschichte eher dazu neigten, besser mit demokratischen US-Präsidenten zusammenzuarbeiten, stellte das sehr freundschaftliche Verhältnis zwischen Blair und Bush zweifellos eine Überraschung dar und beeinflusste im nicht unerheblichen Maße auch das Verhalten Großbritanniens auf dem internationalen Parkett und innerhalb der drei Kreise britischer Außenpolitik. Dieses gute Verhältnis zur US-Präsidentschaft sollte besonders für die Rolle des Vereinigten Königreiches als internationaler Vermittler genutzt werden und war ein Bereich, in dem Tony Blair gerne selbst die Möglichkeit der Vermittlung übernahm. Blair glaubte fest daran, dass seine Persönlichkeit und die guten Beziehungen zu den Regierungschefs anderer Länder einen entscheidenden Unterschied bewirken könnten und auch auf die multilateralen Handlungen eher skeptisch gegenüberstehenden Amerikaner einwirken zu können. Deutlich wird dieses Verhalten sowohl während der Irak-Krise, bei der Blair sich bemühte, seine persönlichen Kontakte einsetzen zu können, um einerseits die Bush-Regierung vom Weg über die Vereinten Nationen überzeugen zu können und andererseits die nötige Mehrheit für entsprechende Resolutionen im UN-Sicherheitsrat zu erreichen, als auch im entwicklungspolitischen Bereich, wo der Premier hoffte, durch persönliches Engagement in der Afrika-Kommission, der EU und den G8 einen wichtigen Beitrag leisten zu können, um sowohl Geber- als auch Empfängerländer zur vor allem wirtschaftlichen Kooperation und einem klaren Bekenntnis zu den UN-Millenniumentwicklungszielen zu bewegen.

Dem Handeln Blairs gegenüber den UN unterlag dabei immer eine spezifische Spielweise des oftmals als charakteristisch britisch bezeichneten Pragmatismus. Ziele, die nicht oder nur schlecht durch das UN-System zu erreichen waren, wurden dann auch eher weniger – sieht man vom „normalen Arbeitsalltag“ bei der Zusammenarbeit mit den

[452] Weiterführend dazu: Gérard Prunier, Darfur. Der „uneindeutige“ Genozid, Hamburg 2007.

UN-Behörden einmal ab[453] – unter Zuhilfenahme dieses Systems bearbeitet. Besonders im Bereich der Entwicklungszusammenarbeit boten das Commonwealth, die G8 und die Bretton-Woods-Institutionen eine deutlich effizientere Möglichkeit, nationale Zielvorstellungen wie z.B. Schuldenerlass und Entwicklungsinvestitionen, durchsetzen zu können. Ebenso bestanden auch beim Thema Irak die Überlegungen Blairs eher darin, dass etwas unternommen werden musste, um den Frieden und die internationale Sicherheit sowie die Achtung der Menschenrechte zu wahren, die UN dazu jedoch nicht in der Lage waren. Blair war davon überzeugt, auch im Interesse der internationalen Gemeinschaft und ihrer Ziele zum Erhalt des Weltfriedens zu handeln, da diese immerhin über lange Zeit vom Irak im Unklaren über etwaige Waffenprogramme gelassen wurde.

Der 11. September 2001 stellte eine einschneidende Wegmarke nicht für die amerikanische, sondern ebenfalls die britische Außen- und UN-Politik und ihre Konzentration auf moralische Aspekte dar. Die Anschläge von New York und Washington D.C. stärkten die Bindung zwischen Tony Blair und George W. Bush und bestätigten den bisherigen Kurs der britischen Regierung, die Durchsetzung von „good governance" in scheiternden oder gescheiterten Staaten sowie die Etablierung neuer UN-Instrumente wie dem *Counter Terrorism Committee* und der *Peacebuilding Commission* voranzutreiben. Der Wille, den nächsten Schritt in der Entwicklung einer neuen Weltordnung gehen zu wollen, deren Zentrum die Vereinten Nationen bilden, wurde besonders deutlich in einer Aussage, die Blair im Oktober 2001 auf dem Labour-Parteitag in Brighton tätigte: „This is a moment to seize. The kaleidoscope has been shaken, the pieces are in flux. Soon they will settle again. Before they do, let us re-order this world around us."[454]

In nur wenigen Ländern ist die zivilgesellschaftliche Unterstützung der UN und ihrer Ziele so ausgeprägt wie in Großbritannien. Dies liegt vor allem daran, dass zivilgesellschaftliches Engagement viel dazu beitragen konnte, die Idee eines Systems kollektiver Sicherheit, wie es zuerst der Völkerbund und anschließend die Vereinten Nationen umzusetzen suchten, national und international zu etablieren. Sich gegen die Prinzipien der UN-Charta zu stellen wird demnach jedem britischen Premierminister, egal welcher politischen Partei er

---

453 Für einen umfassenden Überblick über die Aktivitäten des Vereinigten Königreiches innerhalb des Systems der UN, siehe: Secretary of State for Foreign and Commonwealth Affairs, The United Kingdom in the United Nations (Cm5898), http://www.fco.gov.uk 2003.

454 Blair, 02. Oktober 2001.

angehören mag, schweren innenpolitischen Schaden zufügen. Deutlich wurde dies sowohl 1956 während der Suezkrise als auch 2003 bei der Invasion im Irak. Medien, Verbände und die klare Mehrheit der Zivilbevölkerung sprachen sich dabei gegen eine Beteiligung Großbritanniens am Krieg gegen den Irak ohne Resolution des Sicherheitsrats aus. Die Entscheidung Blairs, diesen Schritt dennoch zu wagen, wurde von massiven Protesten und einem starken Abfall der Umfragewerte begleitet.[455] Obwohl der Einfluss zivilgesellschaftlicher Akteure auf die Regierung in diesem Band nur skizzenhaft dargestellt werden konnte, lässt sich dennoch feststellen, dass sowohl die für die Arbeit mit den UN zuständigen Ministerien, also größtenteils das FCO und das DFID, als auch Tony Blair selbst verstärkt auf die Expertise zivilgesellschaftlicher Akteure wie Nichtregierungsorganisationen und Expertenkommission bei der Formulierung ihrer außen- und entwicklungspolitischen Agenda zurückgriffen. Besonders die UNA-UK, die zentrale Interessengruppe für UN-Themen in Großbritannien und Nachfolgerin der maßgeblich an der Etablierung des Völkerbunds beteiligten *League of Nations Union*, wurde mit wichtigen Aufgaben wie der Erstellung eines umfassenden Forderungskataloges für eine UN-Reform vom Außenministerium betraut. Die Einbindung der Zivilgesellschaft fand erwartungsgemäß vor allem im weniger kontroversen Bereich der Entwicklungszusammenarbeit statt. Hier vertraute Tony Blair zudem auf den persönlichen Kontakt mit populären „Wortführern" der zivilen Entwicklungsbewegung wie z.B. Bob Geldof.

Lag in dem britischen Verhalten gegenüber den UN unter Tony Blair eine Kontinuität oder eine Diskontinuität zur traditionellen Rolle Großbritanniens in der Organisation vor? Die Antwort auf diese Frage fällt uneindeutig aus. Großbritannien führte seine Rolle als „moralische Instanz" der anglo-amerikanischen Beziehungen weiter und versuchte sowohl im Bereich der Sicherheitspolitik als auch bei entwicklungspolitischen Maßnahmen eine Mittlerfunktion zwischen den verschiedenen Interessen der drei außenpolitischen Kreise und den UN einzunehmen. Durch Tony Blair fand die Ausübung dieser Rolle auf einer neuen persönlichen Ebene statt. Während sich Blair in der Irak-Krise einem Dualismus zwischen USA und den europäischen Staaten gegenübersah, sollte auf entwicklungspolitischer Ebene vor allem eine Position eingenommen werden, die zwischen vielen Commonwealth-Staaten und

[455] Vgl. guardian.co.uk, Blair's popularity plummets (18.02.2003), http://www.guardian.co.uk/uk/2003/feb/18/politics.iraq Stand: 19.12.2008.

den G8 vermittelte. Über allem standen die Vereinten Nationen als der Schnittpunkt dieser drei Kreise und eine Instanz, die dem britischen Vorgehen moralischen wie völkerrechtlichen Rückhalt zu geben versprach. In den Punkten, wo sie diese Funktion nicht auszufüllen vermochte und sich aus britischer Sicht als ineffizient herausstellte, standen Forderungen nach Reformen, also auch implizit einer nachhaltigen Sicherung der Bedeutung der UN in den internationalen Beziehungen. Der grundsätzliche Stellenwert der Vereinten Nationen in der britischen Außenpolitik und die Unterstützung ihrer Ziele blieb traditionell hoch. Jedoch verlagerte sich der Fokus deutlich mehr auf die moralische Komponente sowie die Zielvorstellungen der Organisation in Bezug auf die Umsetzung von Menschenrechten und „guter Regierungsführung". Dabei führten Blair und New Labour eine spezifisch britische Entwicklung in den UN fort. Großbritannien, das anfangs nur wenig überzeugt war von einer Konzentration der UN auf soziale und menschenrechtliche Ziele bzw. diesen skeptisch aufgrund der Befürchtung gegenüberstand, durch diese an realpolitischer Macht zu verlieren, sollte sich im Laufe der Geschichte und mit steigendem Bedeutungsverlust zu einem starken Befürworter dieser Aspekte der Charta entwickeln. Die Regierungszeit Blairs führte dieser Entwicklung im Kontext einer neuen Zeit, in der die sozialen Zielvorstellungen der UN wichtiger denn je sind, konsequent weiter. Tony Blair brach dabei gewiss mit dem Nichteinmischungsgebot der UN-Charta, sah die Beziehung zu den USA sowie die Berichte über den Irak zu unkritisch und verlor dadurch zweifellos an Vertrauen, Ansehen und Glaubwürdigkeit im In- und Ausland. Er tat dies jedoch nicht, um die UN und ihre Autorität zu untergraben, sondern im Gegenteil, im festen Glauben an eine Verteidigung der Prinzipien der Charta und daran, dass eine Bedrohung für die internationale Sicherheit vorlag. Eine Diskontinuität lag besonders darin vor, dass Blair weniger dogmatisch mit den Prinzipien und der UN-Geschichte seiner Partei umging. Von einem Labour-Premierminister konnte ein solches Verhalten gegenüber den UN, eine derartige Nähe zu einer republikanischen US-Präsidentschaft und die Befürwortung militärischer Gewalt nicht erwartet werden. Die Partei positionierte sich stets klar gegen unilaterales Handeln und für den Weg über die UN. Tony Blair jedoch war kein Sozialdemokrat wie andere Labour-Parteiführer vor ihm. Zwar führte er die Ziele der Partei und die grundlegenden Handlungsvorstellungen fort, wie z.B. an der Einrichtung eines eigenen Ministeriums für Entwicklungszusammenarbeit und durch den Druck auf die US-Administration, den Weg über die UN zu suchen, zu erkennen war. Blair war sich jedoch den globalen Veränderungen nach dem Kalten Krieg und des Bedarfs an einer neuen Art internationaler Verantwortung bewusst. Dies erforderte einen neuen, einen „dritten Weg“, um mit diesen Entwicklungen insgesamt Schritt halten zu können, der sowohl im sicherheits- als auch im entwicklungspolitischen Bereich alternative Möglichkeiten für die Sozialdemokratie sondierte. Blair machte von Vornherein klar, dass er, falls notwendig, die Entscheidung über ein Eingreifen in die Angelegenheiten anderer Staaten bei massiven Verstößen gegen Menschen- und Völkerrecht, jedoch nicht einzig aufgrund nationaler Interessen, sondern im Zuge einer qualitativen Abwägung von Kriterien, auch ohne die UN und ihren Sicherheitsrat treffen würde. Kritikwürdig ist dabei vor allem Blairs unkritischer Umgang mit Geheimdienstinformationen und womöglich eine fehlende Weitsichtigkeit in Bezug auf die innen- und außenpolitischen Folgen seines Handelns.

Großbritannien hat das bis heute bestehende internationale System maßgeblich mitgestaltet. Unter Tony Blair sollte dieses Gestaltungsmoment weitergeführt werden, um die Organisation vor einem Schicksal wie es dem Völkerbund in den 1930er Jahren ereilte, nämlich einem Abdriften in Marginalität und Handlungsunfähigkeit, zu bewahren. Die Rolle des Landes in diesem Prozess ist auch nach der völkerrechtlich bedenklichen Teilnahme am Irak-Krieg noch immer hoch. Im Anschluss an diese stand ein starkes Bekenntnis Großbritanniens zu den Zielen und Aufgaben der Organisation. Kein Wunder also, dass der damalige UN-Generalsekretär Kofi Annan die Bemühungen Großbritanniens in der Vergangenheit, Gegenwart und Zukunft bei der Gestaltung der Ziele und Struktur sowie der Erhaltung der Autorität der Organisation hervorhob. Annan forderte sogar weiterhin eine internationale Führungsrolle des Landes, welches zwar an realpolitischer Macht in den vergangenen 60 Jahren verloren haben mag, jedoch durch seine kaum zu erschütternde Verbundenheit mit den Zielen der Organisation und seine Position am Schnittpunkt dreier Kreise noch immer ein globaler Akteur ist, der damals wie heute weltpolitischer Vorreiter und Vorbild sein kann:

> „Britain has the experience and prestige to play a leading role in reforming the governance of the United Nations. It has in fact already increased its prestige, by showing readiness not to put all its eggs in the permanent membership basket. What looks like giving away power

can increase British influence – because, if the UN is a ring in which you punch above your weight, it's in your interest to ensure that it's a ring the rest of the world really respects and cares about. In fact, the Gladwyn Jebbs[456] of today or tomorrow could play as big a role in recasting the UN edifice, as their forebears did in the great institution-building exercise of sixty years ago."[457]

[456] Gladwyn Jebb, der als Mitglied der britischen Delegationen bei den Konferenzen von Teheran, Jalta und Potsdam wesentlich an der Erarbeitung des Nachkriegssystems und der UN-Charta beteiligt war, war von Oktober 1945 bis Februar 1946 der erste, wenn auch kommissarische Generalsekretär der Vereinten Nationen.

[457] Kofi Annan, Address by the UN Secretary-General to the United Nations Association of the United Kingdom (31. Januar 2006), http://www.una-uk.org, Abs.51.

Abkürzungsverzeichnis

AU	Afrikanische Union
BBC	British Broadcasting Cooperation
BNE	Bruttonationaleinkommen
CDC	Commonwealth Development Corporation
CfA	Commission for Africa
CTC	Counter-Terrorism Committee
DGVN	Deutsche Gesellschaft für die Vereinten Nationen
DFID	Department for International Development
DRK	Demokratische Republik Kongo
EU	Europäische Union
EWG	Europäische Wirtschaftsgemeinschaft
FAO	Food and Agriculture Organization
FCO	Foreign and Commonwealth Office
FCO-ODA	Overseas Development Administration des FCO
FPC	Foreign Policy Centre
G4	Gruppe der Vier (Bewerberstaaten auf einen ständigen Sicherheitsratssitz)
G7	Gruppe der Sieben (führenden Industrieländer) - bis 1998
G8	Gruppe der Acht (führenden Industrieländer) - ab 1998
G77	Gruppe der Siebenundsiebzig (Entwicklungsländer)
GASP	Gemeinsame Außen- und Sicherheitspolitik
IAEO	Internationale Atomenergieorganisation
ICISS	International Commission on Intervention and State Sovereignty
IFF	International Finance Facility
ILO	International Labour Organization
ISG	Iraq Survey Group
IStGh	Internationaler Strafgerichtshof
IWF	Internationaler Währungsfonds
LoNS	League of Nations Society
MDG	Millennium Development Goals
MVW	Massenvernichtungswaffen
NAFTA	North-American Free Trade Agreement
NATO	North-Atlantic Treaty Organization
NEPAD	New Partnership for Africa's Development
NGO	Non-governmental Organization
OCUNA	Organisation of Commonwealth United Nations Associations
ODA	Official Development Assistance
OECD	Organization for Economic Co-operation and Development
P5	Permanent Five (Memberstates of the UN Security Council)
R2P	Responsibility to Protect
UdSSR	Union der Sozialistischen Sowjetrepubliken
UK	United Kingdom of Great Britain and Northern Ireland
UKMIS	UK Mission to the UN
UN	United Nations
UNA-UK	United Nations Association of Great Britain and Northern Ireland
UNA-USA	United Nations Association of the USA

UNCTAD	United Nations Conference on Trade and Development
UND	United Nations Department
UNDP	United Nations Development Programme
UNEF	United Nations Emergency Force
UNEP	United Nations Environment Programme
UNESCO	United Nations Educational, Scientific and Cultural Organization
UNFPA	United Nations Fund for Population Activities
UNIC	United Nations Information Centre
UNICEF	United Nations International Children's Emergency Fund
UNIDO	United Nations Organization for Industrial Development
UNMIK	United Nations Interim Administration Mission in Kosovo
UNMOVIC	United Nations Monitoring, Verification and Inspection Commission
UNRIC	United Nations Regional Information Centre
UNSCOM	United Nations Special Commission on Iraq
UNYSA-UK	United Nations Youth and Student Association of the UK
USA	United States of America
WFUNA	World Federation of United Nations Associations
WFP	World Food Programme
WHO	World Health Organization
WTO	World Trade Organization

Literaturverzeichnis

Monographien und Aufsätze

Allen, David/Oliver, Tim, The Foreign and Commonwealth Office, in: **Bache, Ian/Jordan, Andrew (Hrsg.)**, The Europeanization of British Politics, Basingstoke/New York 2006, S.52–66.

Altenburg, Günther, Genfer Gruppe, in: **Volger, Helmut (Hrsg.)**, Lexikon der Vereinten Nationen, Oldenburg 2000, S.183–184.

Altmann, Gerhard, Abschied vom Empire. Die innere Dekolonisation Großbritanniens 1945-1985, Göttingen 2005.

Andreae, Lisette, Reform in der Warteschleife. Ein deutscher Sitz im UN-Sicherheitsrat? München 2002.

Arnold, Hans, EU, GASP in den UN, in: **Volger, Helmut (Hrsg.)**, Lexikon der Vereinten Nationen, Oldenburg 2000, S.112–116.

Bache, Ian/Jordan, Andrew (Hrsg.), The Europeanization of British Politics, Basingstoke/New York 2006.

Baer, George W., Sanctions and Security. The League of Nations and the Italian-Ethiopian War, 1935-1936, in: International Organization, 27 1973, Nr. 2, S.165–179.

Behnke, Joachim/Baur, Nina/Behnke, Nathalie, Empirische Methoden der Politikwissenschaft, Paderborn u.a. 2006.

Blair, Tony, A Global Alliance for Global Values, London 2006.

Blair, Tony, A Battle for Global Values (Foreign Affairs Januar/Februar 2007 - Online-Ausgabe), http://www.foreignaffairs.org/20070101faessay86106/tony-blair/a-battle-for-global-values.html Stand: 29.11.2008.

Borchard, Edwin, The Dumbarton Oaks Conference, in: The American Journal of International Law, 39 1945, Nr. 1, S.97–101.

Buller, Jim, Foreign and European Policy, in: **Ludlam, Steve/Smith, Martin J. (Hrsg.)**, Governing as New Labour. Policy and Politics under Blair, Basingstoke/London 2004, 193–210.

Bulmer, Simon, Großbritannien und/in Europa, in: **Kastendiek, Hans/Sturm, Roland (Hrsg.)**, Länderbericht Großbritannien, 3. Auflage. Bonn 2006, S.549–570.

Campbell, Alastair/Scott, Richard (Hrsg.), The Blair Years. Extracts from the Alastair Campbell Diaries, 2. Auflage. London 2008.

Carter, Sarah/Mucha, Laura (Hrsg.), In Larger Freedom in the UK. An Agenda for Action Following the 2005 World Summit. Report of the FCO-UNA National Engagement on UN Reform, London 2005.

Catterjee, Deen K./Scheid, Don E. (Hrsg.), Ethics and Foreign Intervention, Cambridge 2003.

Chan, Steve/Safran, William, Public Opinion as a Constraint against War: Democracies' Responses to Operation Iraqi Freedom, in: Foreign Policy Analysis, 2006, Nr. 2, S.137–156.

Cook, Robin, Point of Departure. Why One of Britain's Leading Politicians Resigned over Tony Blair's Decision to Go to War in Iraq, New York 2003.

Cooper, John Milton, Breaking the Heart of the World. Woodrow Wilson and the Fight for the League of Nations, Cambridge 2001.

Copson, Raymond W., Africa, the G8 and the Blair Initiative. CRS Report for Congress, http://digital.library.unt.edu/govdocs/crs/permalink/meta-crs-7590.tkl 2005.

Curtis, Mark, Web of Deceit. Britain's Real Role in the World, London 2003.

Czempiel, Ernst-Otto, Die Reform der UNO. Möglichkeiten und Mißverständnisse, München 1994.

Darwin, John, The End of the British Empire. The Historical Debate, Oxford/Cambridge 1994.

Deen, Thalif, Systemweite Koheränz - aus der Sicht des Südens. Die G-77 lehnt eine Verbindung von Entwicklungshilfe und Menschenrechte ab, in: Vereinte Nationen, 2007, Nr. 2, S.52–55.

Donahue, Ray T./Prosser, Michael H., Diplomatic Discourse. International Conflict at the United Nations. Adresses and Analysis, Greenwich/London 1997.

Dorey, Peter, Policy Making in Britain. An Introduction, London/Thousand Oaks/New Delhi 2005.

Dyson, Stephen Benedict, Personality and Foreign Policy. Tony Blair's Iraq Decisions, in: Foreign Policy Analysis, 2006, Nr. 2, S.289–306.

Egerton, George W., The Lloyd George Government and the Creation of the League of Nations, in: The American Historical Review, 79 1974, Nr. 2, S.419–444.

Epstein, Leon D., Partisan Foreign Policy. Britain in the Suez Crisis, in: World Politics, 12 1960, Nr. 2, S.201–224.

Field, Frank, 60 Years of UNA-UK, London 2006.

Freedman, Lawrence, Defence, in: **Seldon, Anthony (Hrsg.)**, The Blair Effect, London 2001, S.289–305.

Fröhlich, Manuel, Dag Hammarskjöld und die Vereinten Nationen. Die politische Ethik des UNO-Generalsekretärs, Paderborn u.a. 2002.

Fröhlich, Manuel, Einleitung. Die Annan-Agenda. Prägungen, Erfahrungen und Schwerpunkte der Amtszeit Kofi Annans, in: **Derselbe (Hrsg.)**, Kofi Annan. Die Vereinten Nationen im 21. Jahrhundert. Reden und Beiträge 1997-2003, Wiesbaden 2004, S.14–58.

Fröhlich, Stefan, Special Relationship. Großbritannien und die USA, in: **Kastendiek, Hans/Sturm, Roland (Hrsg.)**, Länderbericht Großbritannien, 3. Auflage. Bonn 2006, S.533–548.

Gareis, Sven/Varwick, Johannes, Die Vereinten Nationen. Aufgaben, Instrumente und Reformen, 3. Auflage. Bonn 2003.

Giddens, Anthony, The Third Way. The Renewal of Social Democracy, Cambridge 1998.

Goodwin, Geoffrey L., Britain and the United Nations, London 1957.

Goodwin, Geoffrey L., The Political Role of the United Nations. Some British Views, in: International Organization, 15 1961, Nr. 4, S.581–602.

Greenwood, Sean, Britain and the Cold War 1945-91, London u.a. 2000.

Groom, A.J.R./Taylor, Paul, The United Kingdom and the United Nations, in: **Alger, Chadwick F./Lyons, Gene M./Trent, John E. (Hrsg.)**, The United Nations System. The Policy of Member States, Tokyo 1995, S.367–409.

Held, David, Soziale Demokratie im globalen Zeitalter, Frankfurt a.M. 2007.

Hermann Kinder, Werner Hilgemann, Manfred Hergt, DTV-Atlas Weltgeschichte. Band 2. Von der Französischen Revolution bis zur Gegenwart, 38. Auflage. München 2005.

Hill, Christopher, Foreign Policy, in: **Seldon, Anthony (Hrsg.)**, The Blair Effect, London 2001, S.331–353.

Jackson, Penny, The Commission for Africa, Gleneagles, Brussels and Beyond, in: African Affairs, 104 2005, Nr. 417, S.657–664.

Jacobson, Harold Karan, The United Nations and Colonialism. A Tentative Appraisal, in: International Organization, 16 1962, Nr. 1, S.37–56.

Jakobeit, Cord, Fünf Jahre NEPAD, in: APuZ, 2006, Nr. 32-33, S.21–25.

Johnstone, William C., The San Francisco Conference, in: Pacific Affairs, 18 1945, Nr. 3, S.213–228.

Judge, David, Political Institutions in the United Kingdom, Oxford 2005.

Kampfner, John, Blair's Wars, London 2004.

Kant, Immanuel, Zum ewigen Frieden. Ein philosophischer Entwurf (1795), Stuttgart 1993.

Kaplan, Eva, British Attitudes to Africa, http://www.chathamhouse.org.uk 2005, Chatham House Briefing Notes.

Kavanagh, Dennis, New Labour, New Millennium, New Premiership, in: **Seldon, Anthony (Hrsg.)**, The Blair Effect, London 2001, S.3–18.

Kelsen, Hans, The Old and the New League. The Covenant and the Dumbarton Oaks Proposals, in: The American Journal of International Law, 39 1945, Nr. 1, S.45–83.

Kennedy, Paul, Parlament der Menschheit. Die Vereinten Nationen und der Weg zur Weltregierung, Bonn 2007.

Kettell, Steven, Dirty Politics? New Labour, British Democracy and the Invasion of Iraq, London/New York 2006.

Kettenacker, Lothar, Großbritannien in der neuen Weltordnung seit 1945, in: **Kastendiek, Hans/Sturm, Roland (Hrsg.)**, Länderbericht Großbritannien, 3. Auflage. Bonn 2006, S.514–532.

Kitchen, Martin, The British Empire and Commonwealth. A Short History, Basingstoke/London 1996.

Krause, Keith/Knight, W. Andy, Introduction: Evolution and change in the United Nations system, in: **Krause, Keith/ Knight, W. Andy (Hrsg.)**, State, Society and the UN System. Changing Perspectives on Multilateralism, Tokyo 1995, S.1–36.

Kuperschmidt, Frank, The United Kingdom between Transatlantic Relationship and European Integration. Pragmatism Put to the Test, Berlin 2007, SWP Working Paper.

Landsberg, Chris/Kalete, David, The Africa Commission: A Critical Assessment. Discussion paper commissioned by the Nelson Mandela Foundation, www.cps.org.za/cps%20pdf/ BlairCommissionReport.pdf 2005.

Little, Richard/Wickham-Jones, Mark (Hrsg.), New Labour's foreign policy. A new moral crusade? Manchester 2000.

Malone, David M., The International Struggle Over Iraq. Politics in the UN Security Council 1980-2005, Oxford 2006.

Märker, Alfredo/Wagner, Beate, Vom Völkerbund zu den Vereinten Nationen, in: APuZ, 2005, Nr. 22, S.3–10.

McWilliam, Michael, The development business. A history of the Commonwealth Development Corporation, Basingstoke/London 2001.

Menzel, Ulrich, Zwischen Idealismus und Realismus. Die Lehre von den Internationalen Beziehungen, Frankfurt a.M. 2001.

Mergel, Thomas, Großbritannien seit 1945, Göttingen 2005.

Naughtie, James, The Accidental American. Tony Blair and the Presidency, New York 2004.

Paech, Norman, Die Rolle der UNO und des Sicherheitsrats im Irakkonflikt, in: APuZ, 2003, Nr. 24-25, S.35–44.

Pfeil, Alfred, Der Völkerbund. Literaturbericht und kritische Darstellung seiner Geschichte, Darmstadt 1976.

Prunier, Gérard, Darfur. Der „uneindeutige“ Genozid, Hamburg 2007.

Rachman, Gideon, Is the Anglo-American Relationship Still Special? in: The Washington Quarterly, 24 2001, Nr. 2, S.7–20.

Ralph, Jason D., Tony Blair's 'new doctrine of the international community' and the UK decision to invade Iraq, Leeds 2005.

Riddell, Peter, Blair as Prime Minister, in: **Seldon, Anthony (Hrsg.)**, The Blair Effect, London 2001, S.21–40.

Rohner, François, Systemweite Koheränz - aus der Sicht des Nordens. Die Reformvorschläge zu den UN-Entwicklungsaktivitäten sind wegweisend, in: Vereinte Nationen, 2007, Nr. 2, S.45–51.

Rudolf, Peter/Wilzewski, Jürgen, Beharrung und Alleingang. Das außenpolitische Vermächtnis William Jefferson Clintons, in: APuZ, 2000, Nr. 44, S.31–38.

Schlesinger, Stephen C., Act of Creation. The Founding of the United Nations. A Story of Superpowers, Secret Agents, Wartime Allies and Enemies, and Their Quest for a Peaceful World, Boulder (Colorado) u.a. 2003.

Scott, George, The Rise and Fall of the League of Nations, London 1973.

Seifert-Granzin, Jörg, Stellungnahme des Sprechers der VENRO-AG Internationale Finanzinstitutionen zu den Erwartungen deutscher Nichtregierungsorganisationen an die IWF/Weltbank-Jahrestagung in Dubai (18. September 2003), http://www.venro.org.

Seldon, Anthony (Hrsg.), The Blair Effect, London 2001.

Seldon, Anthony, Blair, London 2004.

Sharma, Shiva-Kumar, Der Völkerbund und die Großmächte. Ein Beitrag zur Geschichte der Völkerbundpolitik Großbritanniens, Frankreichs und Deutschlands 1929-1933, Band 98, Europäische Hochschulschriften, Reihe III, Frankfurt a.M., Bern, Las Vegas 1978.

Sieberg, Herward, Colonial Development. Die Grundlegung moderner Entwicklungspolitik durch Großbritannien. 1919-1949, Stuttgart 1985.

Skillen, James W., With or against the world? America's role among the nations, Lanham Md. u.a. 2005.

Stothard, Peter, Thirty Days. An Inside Account of Tony Blair at War, New York 2003.

Struett, Michael J., The Politics of Constructing the International Criminal Court. NGOs, Discourse, and Agency, New York 2008.

Stuchlik, Jan, Public Opinion and Foreign Policy Discourse in the United Kingdom and France during the Iraq Crisis (September 2002–March 2003), in: Perspectives. Central European Review of International Affairs, 2004, Nr. 23, S.5–35.

Theakston, Kevin, New Labour and the Foreign Office, in: **Little, Richard/Wickham-Jones, Mark (Hrsg.),** New Labour's foreign policy. A new moral crusade? Manchester 2000, S.112–127.

Trent, John E., Foreign Policy and the United Nations: National interest in the era of global politics, in: **Alger, Chadwick F./ Lyons, Gene M./Trent, John E. (Hrsg.),** The United Nations System. The Policy of Member States, Tokyo 1995, S.463–508.

Vickers, Rhiannon, Labour's search for a Third Way in foreign policy, in: **Little, Richard/Wickham-Jones, Mark (Hrsg.),** New Labour's foreign policy. A new moral crusade? Manchester 2000, S.33–45.

Volger, Helmut, Geschichte der Vereinten Nationen, 2. Auflage. Oldenburg 2008.

Weber, Hermann, Vom Völkerbund zu den Vereinten Nationen, Bonn 1987.

Wedgwood, Ruth, The Fall of Saddam Hussein. Security Council Mandates and Preemptive Self-Defense, in: The American Journal of International Law, 97 2003, Nr. 576, S.576–585.

Wickham-Jones, Mark, Labour's trajectory in foreign affairs. The moral crusade of a pivotal power? in: **Little, Richard/ Wickham-Jones, Mark (Hrsg.),** New Labour's foreign policy. A new moral crusade? Manchester 2000, S.3–32.

Williams, Paul D., British Foreign Policy under New Labour, 1997-2005, Basingstoke/New York 2005.

Winkler, Henry R., The Development of the League of Nations Idea in Great Britain. 1914-1919, in: The Journal of Modern History, 20 1948, Nr. 2, S.95–112.

Wintzer, Joachim, Deutschland und der Völkerbund. 1918-1926, Paderborn 2006.

Young, John W., Britain and the World in the Twentieth Century, London u.a. 1997.

Young, Ralph, New Labour and international development: a research report, in: Progress in Development Studies, 1 2001, S.247–253.

Internetquellen

BBC News, UK 'spied on UN's Kofi Annan' (26.02.2004), http://news.bbc.co.uk/1/hi/uk_politics/3488548.stm Stand: 07.12.2008.

Berndt, Mariele Schulze, Zwei für alle, http://archiv.tagesspiegel.de/archiv/10.10.2003/782467.asp Stand: 27.08.2008.

Catholic Fund for Overseas Development, Assessing Blair's legacy on international development, http://www.ekklesia.co.uk/node/5260 Stand: 11.12.2008.

Cooper, Daisy, The UN, the Commonwealth and the Millennium Development Goals, http://www.cpsu.org.uk/resource/publications.htm Stand: 25.11.2008.

DW-WORLD.DE, Letzte Runde für die Doha-Runde (19.07.2008), http://www.dw-world.de/dw/article/0,,3493137,00.html?maca=de-rss-de-all-1119-rdf Stand: 03.12.2008.

Global Policy Forum, Chronology of the UN Financial Situation 1995, http://globalpolicy.org/finance/chronol/fin1995.htm Stand: 11.08.2008.

Global Policy Forum, Regular Budget Payments of Largest Payers, http://globalpolicy.org/finance/tables/reg-budget Stand: 11.08.2008.

Global Policy Forum, Subjects of UN Security Council Vetoes, http://globalpolicy.org/security/membship/veto/vetosubj.htm Stand: 31.07.2008.

guardian.co.uk, British children: poorer, at greater risk and more insecure (14.02.2007), http://www.guardian.co.uk/society/2007/feb/14/childrensservices.politics Stand: 16.12.2008.

guardian.co.uk, Blair's popularity plummets (18.02.2003), http://www.guardian.co.uk/uk/2003/feb/18/politics.iraq Stand: 19.12.2008.

HM Government, The Official UK G8 Presidency homepage, www.g8.gov.uk Stand: 11.12.2008.

Hocking, Brian, Reconfiguring public diplomacy. From competition to collaboration, in: **Homepage des Foreign and Commonwealth Office (Hrsg.)**, Publications, http://www.fco.gov.uk/en/about-the-fco/publications/publications/pd-publication/reconfiguring-pd Stand: 02.09.2008.

Homepage der UK Mission to the UN, New York, About the Mission. Work of the UK Mission, http://ukun.fco.gov.uk/en/about-mission/work-uk-mission Stand: 06.09.2008.

Homepage der United Nations Association UK, Model UN and Citizenship, http://www.una-uk.org/education Stand: 01.09.2008.

Homepage der United Nations Association UK, About, http://www.una-uk.org/about.html Stand: 31.08.2008.

Homepage der United Nations Youth & Student Association of the UK, About Us, http://www.una-uk.org/youth/about.html Stand: 01.09.2008.

Homepage der World Trade Organisation, Understand the WTO: The Doha Agenda, http://www.wto.org Stand: 03.12.2008.

Homepage des Commonwealth Secretariat, Organisation of Commonwealth United Nations Associations (OCUNA), http: //www.thecommonwealth.org Stand: 31.08.2008.

Homepage des Department for International Development, About DFID. How DFID works in the UK, http://www.dfid.gov.uk/aboutdfid/intheuk/ Stand: 06.09.2008.

Homepage des Department for International Development, Press Release. UK keeps aid promises to the world's poor (04.04.2008), http://www.dfid.gov.uk/news/files/pressreleases/UK-keeps-promises-poor.asp Stand:12.12.2008.

Homepage des Foreign and Commonwealth Office, Lord Malloch-Brown. Minister for Africa, Asia and the UN, http://www.fco.gov.uk/en/about-the-fco/how-we-are-organised/ministers/lord-malloch-brown Stand: 06.09.2008.

Homepage des Regionalen Informationszentrums der UN für Westeuropa, About UNRIC, http://www.unric.org Stand: 24.09.2008.

Homepage des Regionalen Informationszentrums der UN für Westeuropa, UN System in the UK and Ireland, http://www.unric.org Stand: 25.09.2008.

Homepage des UN Office of the the Special Adviser on Africa, New Partnership for Africa's Development (NEPAD), http://www.un.org/africa/osaa/nepad.html Stand: 09.12.2008.

Homepage des Welsh Centre for International Affairs, UNA Wales, http://www.wcia.org.uk Stand: 24.09.2008.

Rennefanz, Sabine, Mobilmachung gegen den Kriegs-Premier, Online-Textarchiv der Berliner Zeitung vom 29. September 2004 (http://www.berlinonline.de/berliner-zeitung/archiv) Stand: 22.09.2008.

Rivera, Yolanda, UICIFD Briefing Paper No. 1: Debt Forgiveness, http://www.uicifd.com 2006.

Schieder, Siegfried, Altes Europa und neues Amerika? Reflexionen über die transatlantischen Differenzen und Gemeinsamkeiten (21.05.2004), http://www.bpb.de/themen/BILKUT Stand: 16.10.2008.

Spiegel Online, Tony Blair liest vorm Einschlafen die Bibel (25.11.2007), http://www.spiegel.de/politik/ausland/0,1518, 519512,00.html Stand: 27.09.2008.

Sueddeutsche.de, Zum Tod von Robin Cook. Ein intelligenter Parlamentarier (07.08.2005), http://www.sueddeutsche.de/ausland/ artikel/251/58193 Stand: 29.10.2008.

The Public Whip, Iraq - Declaration of War -18 Mar 2003 at 22:00, http://www.publicwhip.org.uk/division.php Stand: 17.01.2011.

Ulrich, Stefan, Am besten würde das Veto abgeschafft. Interview mit Tono Eitel vom 01.12.2004, http://www.sueddeutsche.de/ ausland/artikel/2/43958 Stand: 27.08.2008.

UN News Centre, Annan welcomes UK Commission on Africa report as important contribution to solutions (11.03.2005), http://www.un.org/apps/news/story.asp?NewsID=13624 Stand: 09.12.2008.

UN News Centre, Annan urges group of G8 nations to 'stretch out its helping hand' to the poor (06.07.2005), http://www.un.org/ apps/news/story.asp?NewsID=14916 Stand: 11.12.2008.

UN News Centre, Front-line UN agencies welcome G8 summit's commitment to Africa (11.07.2005), http://www.un.org/apps/ news/story.asp?NewsID=14964 Stand: 11.12.2008.

Walpole, Alice, A British Perspective on the P3 Initiative for Enhancing African Peacekeeping Capability (Published in Monograph No 21, Resolute Partners, February 1998), http://www.iss.co.za/Pubs/Monographs/No21/Walpole.html Stand: 04.12.2008.

Watson, Rob, Tony Blair: The US poodle? (31.01.2003), http://news.bbc.co.uk/2/hi/americas/2711623.stm Stand: 23.11.2008.

World Public Opinion.org, 23 Nation Poll Finds Strong Support for Dramatic Changes at U.N. http://www.worldpublicopinion.org Stand: 23.09.2008.

World Public Opinion.org, U.N. Continues to get Positive, though Lower, Ratings With World Public, http://www.worldpublicopinion.org Stand: 23.09.2008.

Regierungs- und UN-Dokumente

Annan, Kofi, In Larger Freedom. Towards Security, Development and Human Rights for All. Report of the Secretary-General, New York 2005.

British Labour Party, Britain will be better with new Labour. Labour Party Manifesto 1997, http://www.labour-party.org.uk/manifestos/1997 1997.

Commission for Africa, Our Common Interest. Report of the Commission for Africa, http://www.commissionforafrica.org 2005.

Department for International Development, Statistics on International Development, 2002/03-2006/07, http://www.dfid.gov.uk 2007.

Foreign and Commonwealth Office, The Government's Expenditure Plans 1997-98 to 1998-99, London 1997.

Foreign and Commonwealth Office, The Government's Expenditure Plans 1999-00 to 2001-02, London 1999.

Foreign and Commonwealth Office, Departmental Report. 1 April 2004 - 31 March 2005, London 2005.

Gruppe der Acht, Africa Action Plan, http://www.g8.gc.ca/2002Kananaskis/resources/documents-en.asp v. 26./27.06.2002.

HM Government, The UK's Contribution to Achieving the Millennium Development Goals, http://www.dfid.gov.uk 2005.

International Commission on Intervention and State Sovereignty, The Responsibility to Protect, Ottawa 2001.

Organisation for Economic Co-operation and Development, OECD.Stat, http://stats.oecd.org/WBOS/index.aspx Stand: 30.11.2008.

Secretary of State for Foreign and Commonwealth Affairs, The United Kingdom in the United Nations (Cm5898), http://www.fco.gov.uk 2003.

Secretary of State for Foreign and Commonwealth Affairs, The United Kingdom in the United Nations (Cm6892), http://www.fco.gov.uk 2004.

Secretary of State for International Development, Eliminating World Poverty: A Challenge for the 21st Century. White Paper on International Development, http://www.dfid.gov.uk 1997.

Secretary of State for International Development, Eliminating World Poverty: Making Globalisation Work for the Poor. White Paper on International Development, http://www.dfid.gov.uk 2000.

Secretary of State for International Development, Eliminating World Poverty: Making Governance Work for the Poor. White Paper on International Development, http://www.dfid.gov.uk 2006.

Secretary of State for Trade and Industry, Making Globalisation a force for good, http://www.berr.gov.uk/ 2004.

UN General Assembly, Road map towards the implementation of the United Nations Millennium Declaration. Report of the Secretary-General, UN Doc. A/56/326 v. 06.09.2001.

UN General Assembly, UN Doc. A/RES/55/2 v. 18.09.2000.

UN General Assembly, UN Doc. A/RES/2758 (XXVI) v. 25.10.1971.

UN Security Council, UN Doc. S/RES/660 (1990) v. 02.08.1990.

UN Security Council, UN Doc. S/RES/687 (1991) v. 03.04.1991.

UN Security Council, UN Doc. S/RES/661 (1990) v. 06.08.1990.

UN Security Council, UN Doc. S/RES/1441 (2002) v. 08.11.2002.

UN Security Council, UN Doc. S/RES/1448 (2002) v. 09.12.2002.

UN Security Council, UN Doc. S/2003/335 v. 18.03.2003.

UN Security Council, UN Doc. S/2003/350 v. 21.03.2003.

UN Security Council, UN Doc. S/RES/665 (1990) v. 25.08.1990.

UN Security Council, UN Doc. S/RES/1373 (2001) v. 28.09.2001.

UN Security Council, UN Doc. S/RES/678 (1990) v. 29.11.1990.

United Nations Department of Public Information (Hrsg.), United Nations Peacekeeping. Fact Sheet, UN Doc. DPI/2429/Rev.1 2007.

United Nations Development Programme (Hrsg.), Human Development Report 1998, New York 1998.

Reden und Stellungnahmen

Annan, Kofi, Address by the UN Secretary-General to the United Nations Association of the United Kingdom (31. Januar 2006), http://www.una-uk.org.

Ban Ki-Moon, Speech by UN Secretary General to UNA-UK (13. Juli 2008), http://www.una-uk.org.

Beckett, Margaret, Speech by the Foreign Secretary to the 61st United Nations General Assembly (22. September 2006), http://www.fco.uk.gov.

Blair, Tony, Speech by the Prime Minister at the Lord Mayor's Banquet (10. November 1997), http://www.fco.gov.uk.

Blair, Tony, Speech by the Prime Minister at the Lord Mayor's Banquet (12. November 2001), http://www.fco.gov.uk.

Blair, Tony, Speech by the Prime Minister at the Lord Mayor's Banquet (13. November 2000), http://www.fco.gov.uk.

Blair, Tony, Speech by the Prime Minister at the Lord Mayor's Banquet (22. November 1999), http://www.fco.gov.uk.

Blair, Tony, Speech by the Prime Minister at the UN Millennium Summit (06. September 2000), http://www.fco.gov.uk.

Blair, Tony, Speech by the Prime Minister to the 53rd United Nations General Assembly (21. September 1998), http://www.fco.gov.uk.

Blair, Tony, Comment by the Prime Minister at a joint press conference with Sir Bob Geldof at the 2005 UN World Summit (16. September 2005), http://www.number10.gov.uk.

Blair, Tony, Comment by the Prime Minister at a joint press conference with the UN Secretary General, Kofi Annan, in Athens (16. April 2003), http://www.number10.gov.uk.

Blair, Tony, Speech by the Prime Minister on the Doctrine of the International Community at the Economic Club, Chicago (24. April 1999), http://www.number10.gov.uk.

Blair, Tony, Statement by the Prime Minister on Iraq following UN Security Council resolution (08. November 2002), http://www.number10.gov.uk.

Blair, Tony, Speech by the Prime Minister at Labour's local government, women's and youth conferences (15. Februar 2003), http://www.therazor.org.

Blair, Tony, Speech by the Prime Minister to the Labour Party conference in Brighton, England (02. Oktober 2001), http://australianpolitics.com/news/2001/01-10-02b.shtml.

Bush, George W., Address of the President of the United States of America to a Joint Session of Congress and the American People (20. September 2001), http://www.whitehouse.gov.

Cook, Robin, Speech by the Foreign Secretary to the 52nd United Nations General Assembly (23. September 1997), http://www.fco.gov.uk.

Cook, Robin, Speech by the Foreign Secretary to the 54th United Nations General Assembly (21. September 1998), http://www.fco.gov.uk.

Cook, Robin, Speech by the Foreign Secretary to the United Nations Millennium Assembly (14. September 2000), http://www.fco.gov.uk.

Straw, Jack, Speech by the Foreign Secretary to the 56th United Nations General Assembly (11. November 2001), http://www.fco.gov.uk.

Straw, Jack, Speech by the Foreign Secretary to the 57th United Nations General Assembly (14. September 2002), http://www.fco.gov.uk.

Straw, Jack, Speech by the Foreign Secretary to the 58th United Nations General Assembly (25. September 2003), http://www.fco.gov.uk.

Straw, Jack, Speech by the Foreign Secretary to the 59th United Nations General Assembly (23. September 2004), http://www.fco.gov.uk.

Zeitfracht Medien GmbH
Ferdinand-Jühlke-Straße 7
99095 Erfurt, Deutschland
produktsicherheit@kolibri360.de